KONRAD LÖW

# Adenauer hatte recht

KONRAD LÖW

# Adenauer hatte recht

Warum verfinstert sich das Bild
der unter Hitler lebenden Deutschen?

Mit einem Nachwort von Alfred de Zayas

VERLAG INSPIRATION UN LIMITED

Bibliographische Information der Deutschen Nationalbibliothek

Die Deutsche Nationalbibliothek verzeichnet diese Publikation in der Deutschen
Nationalbibliographie; detaillierte bibliographische Daten sind im Internet unter
http://dnb.d-nb.de abrufbar.

Titelbild: Archiv für Christlich-Demokratische Politik (ACDP)

Umschlag: Katja Reimer, Zeichensetzen GmbH, 35578 Wetzlar

Satz: Maximilian Moj, München

Druck: Alfred Nordmann, Petach Tikva 49277, Israel

ISBN 978-3-945127-10-0 – Preis: 15,90 Euro

Otto von Hentig,

dem couragierten Mitarbeiter des
Auswärtigen Amtes unter Hitler

# Inhalt

Wenn „Kollektivscham" in „Sündenstolz" umschlägt (S. 180). „Deutsche Ethik" – aus dem Bundespräsidialamt (S. 182). Kein „Schulddogma gegen Adenauer und den Deutschen Bundestag" (S. 183). „Sehr geehrter Herr Vorsitzender" (S. 184).

## XIII. Warum verfinstert sich…? Die zusammenfassende Antwort S. 185

„Ein Volk, ein Reich, ein Führer" (S. 185). Die Sieger und die Kollektivschuld (S. 185). Die Mitläufer und ihre Kinder (S. 187). Unkenntnis? „Jeder Deutsche ist ein Mörder" (S. 189). Die Friedfertigen (S. 190). Fremde Schuld als Herrschaftsinstrument (S. 192). Das Wegsterben der Zeugen (S. 193). Nicht die NS-Gegner und nicht die Opfer (S. 193).

## XIV. Hitlers langer Schatten: Deutschland im Zuwanderungsrausch S. 194

Ein bizarrer deutscher Sonderweg (S. 194). Die Verortung von Pegida (S. 199). Wo steht eigentlich die „Antifa"? (S. 201). Wenn Linke Rechtsextremisten willkommen heißen (S. 203). Das Elend der falsch gestellten Fragen (S. 204). Ein vielfacher Rechtsbruch (S. 206).

## XV. Abschied vom deutschen Volk? Wenn die Umvolkung zum Programm wird S. 210

## XVI. „Noch ist Deutschland nicht verloren" Wie geht es wohl weiter? S. 213

„In der Erkenntnis der Aussichtslosigkeit" (S. 213). Kleine Erfolge (S. 214). Wider alle Erwartung (S. 215). Die Wahrheit ist zumutbar – Was müssen wir tun? (S. 216).

# Vorwort

Als dieses Buch Ende 2013 erschien, war absehbar, dass es in den großen Medien nicht gefeiert werden würde. Die spitz formulierte Kritik am Verhalten vieler großer Zeitungen und Sender bei den Themen „Umschreibung der Geschichte des Dritten Reiches" im Allgemeinen und „Behandlung des Rechtsstreits Konrad Löw versus Bundeszentrale für politische Bildung" im Besonderen war für die Betroffenen offenbar schwer verdaulich.

Nicht eben souverän, dass sie nicht mit Argumenten reagierten, sondern dass ausnahmslos alle von mir kritisierten Medien das Buch lieber unerwähnt ließen. Die erkennbare Hoffnung, damit Interesse und Beachtung zu vermeiden, hat indes getrogen. Besprechungen in vielen kleineren Blättern, persönliche Empfehlungen und die freie Meinungsäußerung im Internet haben dem Buch schnell zum Erfolg verholfen. Ein besonderer Dank gilt hier Alfred Grosser. Er hat es sich nicht nehmen lassen, bei seiner Rede vor dem Plenum des Deutschen Bundestages am 3. Juli 2014 zum 100. Jahrestag des Beginns des Ersten Weltkrieges mir im Beisein von Bundespräsident und Bundeskanzlerin mit folgenden Worten seine Solidarität zu bekunden:

*„Und die Studien, unter anderem von einem meiner Kollegen aus München, die zeigen, wie viele nicht-jüdische Deutsche jüdischen Deutschen geholfen haben, auf viele Art und unter Gefahr – das darf nicht wahr sein, denn DIE Deutschen waren doch alle Antisemiten."*

Schnell hatte sich im Internet herumgesprochen, wer dieser „Kollege aus München" denn war, und der Verlag hatte in der Folgezeit gut zu tun. Bald darauf war klar, dass eine 2. Auflage des Buches notwendig und möglich werden würde. Neben kleineren Korrekturen und Ergänzungen haben sich folgende neue Aspekte ergeben:

– Die frühere Präsidentin des Zentralrats der Juden in Deutschland, **Charlotte Knobloch,** hat in einer Fernsehsendung am 9. Mai 2015 neue Details über ihre Rettung in Arberg bekanntgegeben. Sie bestätigen weitgehend das in der ersten Auflage des Buches von mir gezeichnete Bild des Geschehens.

– Es habe sich beachtliche neue Belege dafür gefunden, dass die eminent hohen **Zahlungen Deutschlands in der Europäischen Union** bis heute nicht zuletzt als Wiedergutmachung für das NS-Unrecht gedacht sind. Eine so späte und massive Belastung von Millionen Nachgeborenen setzt aber die Vorstellung einer kollektiven Haftung und letztlich wohl auch einer kollektiven Schuld des deutschen Volkes voraus.

– Was die sogenannte „Nachruf-Affäre" von Joschka Fischer und das mehrbändige Werk **„Das Amt und die Vergangenheit"** angeht, so hat der frühere Bundesaußenminister unterdessen ganz ungeniert klargemacht, dass es ihm mit diesem angeblich „wissenschaftlichen" Buch nicht um die geschichtliche Wahrheit gegangen ist. Eine stärkere Bestätigung der Behauptungen dieses Buches hätte es nicht geben können.

– In diesem Zusammenhang haben sich ganz neue Aspekte bei der Beurteilung der Person des Juristen **Dr. Franz Nüßlein** ergeben, dessen 2003 publizierter Nachruf der Anlass für die quasi-offizielle Umschreibung der Geschichte des Auswärtigen Amtes in der NS-Zeit gewesen ist. Doch dieser von Fischer geradezu als Massenmörder geschmähte Diplomat hat im Dritten Reich offenbar nicht nur jede persönliche Verstrickung vermieden, sondern durch die geschickte Begutachtung von Begnadigungsanträgen einer Reihe von NS-Gegnern das Leben gerettet. Der auf Nüßlein veröffentlichte Nachruf war insofern tatsächlich anstößig: Allerdings nicht, weil er die Vita des Verstorbenen beschönigt hätte, sondern weil er dessen Verdienst verschwieg.

– Die größte Erweiterung der zweiten Auflage ist aber das neue Kapitel XIV: **„Hitlers langer Schatten: Deutschland in der Zuwanderungskrise"** Das große Thema des Jahres 2015, die Zuwanderung von über 1 Million Personen überwiegend muslimischen Glaubens nach Deutschland, hat viele Verbindungen zur Frage, wie die Deutschen zur NS-Zeit stehen. Nicht zufällig haben große Zeitungen davon gesprochen, die deutsche Politik stehe unter den langen Schatten der Vergangenheit. Was hier im Jahre 2015 geschehen ist, hat zwar mit Asylgewährung für politisch Verfolgte nicht viel zu tun gehabt. Allerdings wurde intensiv so argumentiert und ganz eindeutig ist unser beispiellos weitgehendes („subjektives") Asylrecht eine Reaktion auf das NS-Unrecht.

– Eng mit diesem Kapitel verbunden ist das neue Kapitel XV: „**Abschied vom deutschen Volk? – Wenn die Umvolkung zum Programm wird**". In enger innerer Verwandtschaft mit Überlegungen mehrerer Politiker der Grünen und teilweise auch der SPD hat im Sommer 2015 auch Bundespräsident Joachim Gauck zu verstehen gegeben, dass er eine Änderung der nationalen Identität des deutschen Volkes durch massenhafte Zuwanderung begrüßen würde. Einen Skandal oder auch nur eine breite Debatte haben seine Worte nicht ausgelöst. Wir analysieren das außergewöhnliche Interview des Staatsoberhauptes und fragen nach der verfassungsrechtlichen Zulässigkeit dieses Programms einer an sich offen erklärten „Umvolkung" der Deutschen, die aber nicht als solche benannt wird und in Deutschland auch kaum noch so benannt werden darf.

Diese Erweiterungen haben den Umfang dieses Buches um Einiges anwachsen lassen. Sie basieren in der Recherche fast ganz und in der Formulierung zu großen Teilen auf der Arbeit meines Verlegers Konrad Badenheuer, dem ich dafür einmal mehr herzlich danken möchte. Nicht minder herzlich danken möchte ich Herrn Dr. Ronald Berndt, der auch die zweite Auflage dieses Buches großzügig gefördert hat.

München, im Mai 2016

*Konrad Löw*

# Einleitung „Die Hürden für das freie Denken"

*AD FONTES!* Zu den Quellen!, lautet seit der Frühen Neuzeit eine Maxime für wissenschaftliches Arbeiten im Bereich historischer Forschung. Sie ist unbestritten. Wird sie auch dann befolgt, wenn es um Fragen geht, deren Beantwortung politische Vorgaben tangiert wie die Frage nach der „deutschen Schuld 1933–1945"? Mit anderen Worten: Haben die Deutschen mehrheitlich Hitlers Judenpolitik gebilligt, mitgetragen?

Sogar noch vor einer Feststellung von Fakten sollte eine Formulierung wie „deutsche Schuld" skeptisch machen. Schuld ebenso wie Verdienst ist etwas höchst Individuelles, ja Persönliches. Das ist nicht nur Konsens unter den Ethikern und Philosophen, sondern auch unter den Juristen eigentlich aller Zeiten und Länder. Aus gutem Grund wird deswegen in Rechtsstaaten sonst nie das Wort „Schuld" mit einem Adjektiv verbunden, das eine größere Gruppe oder gar eine ganze Nation bezeichnet[1].

Aber liegen die Fakten der Jahre 1933 bis 1945 womöglich wirklich so, dass von dem Prinzip: „Schuld kann niemals kollektiv" sein, im Falle der Deutschen dieser Jahre eine Ausnahme zu machen ist?

Als mich die Lektüre der Tagebücher Victor Klemperers stutzig machte, und auch andere Bekundungen von Zeitzeugen zusätzliche Zweifel an der pauschalierenden Formulierung „deutsche Schuld" wachriefen, kam es zu einem Eklat, nachdem ich meine Zweifel im *Deutschland Archiv*, einem angesehenen Organ der Bundeszentrale für politische Bildung, veröffentlicht hatte.

In einem an alle Leser des *Deutschland Archivs* gerichteten Schreiben distanzierte sich die Bundeszentrale „auf das Schärfste von dem im soeben erschienenen Heft 2/2004 des ‚Deutschland Archivs' veröffentlichten Text ‚Deutsche Identität in Verfassung und Geschichte'"[2] und stelle die Makulierung in Aussicht. Da die Bundeszentrale glaubte, an ihrer Diskriminierung meines Textes festhalten zu müssen, beschritt ich den Rechtsweg durch alle Instanzen – von der Richtigkeit meiner Ausführungen überzeugt.

---

1    Ein bezeichnendes Gegenbeispiel ist gerade die Propaganda und Politik des Nationalsozialismus, die „die" Juden kollektiv beispielsweise für die Ungerechtigkeiten der Friedensverträge von 1919 schuldig erklärten und in Haftung nahmen.
2    Der Brief trägt das Datum 2.4.2004 (Archiv des Autors). Der Artikel selbst ist im Anhang dieses Buches ab Seite 242 abgedruckt.

Mit Beschluss vom 17. August 2010 wurde schließlich seitens des Bundesverfassungsgerichts einstimmig festgestellt, dass meine Verfassungsbeschwerde „offensichtlich begründet" ist.[3] Dementsprechend wurden die
Entscheidungen der Vorinstanzen aufgehoben und das Verfahren an das
Verwaltungsgericht Köln zurückverwiesen.

Um meinen Schaden im Rahmen des Möglichen wieder gutzumachen,
kam es zur Verpflichtung der Bundeszentrale, eine Besprechung meines
Buches „Deutsche Schuld 1933–1945? Die ignorierten Antworten der Zeitzeugen" (München 2011) abzudrucken. Nicht ohne Sorge akzeptierte ich
den Rezensenten Dr. Günther Heydemann, Professor für Zeitgeschichte an
der Universität Leipzig und Direktor des Hannah-Arendt-Instituts in Dresden. Da ihn die Gegenseite ausgesucht hatte, befürchtete ich einen Verriss.
Umso größer war meine Überraschung und Freude, dass die Besprechung
sachlich ist und dem Leser verständlich macht, worum es geht, so wenn es
heißt:

*„Bedenkenswert aber scheint, ob die Nichtbeachtung oder die zu geringe Be-*
*achtung von Quellen, die eindeutig belegen, dass es auch Deutsche in der NS-*
*Zeit gab, die Juden halfen oder philosemitisch eingestellt waren, gelegentlich zu*
*wenig Berücksichtigung gefunden hat. Zu diesem Urteil gelangt Löw nach aus-*
*führlicher Auseinandersetzung mit den Forschungen und Publikationen füh-*
*render NS- bzw. Holocaust-Forscher und scheut dabei nicht vor einem harten*
*Urteil zurück: ,Das Ergebnis dieser Analysen … ist paradox: Jene, die mit Eifer*
*bestrebt sind, die schrecklichen zwölf Jahre aufzuarbeiten, schenken jedoch*
*den Stimmen derer, die damals zum Schweigen verurteilt waren, kaum Gehör,*
*und wenn doch, dann höchst halbherzig. Sie loben die jüdischen Zeitzeugen,*
*rufen sie aber nicht in den Zeugenstand'. Daher muss eine Revidierung dieses*
*,bias'[4], so Löw, zumindest was die historiographische Interpretation der Hal-*
*tung der Deutschen während der NS-Zeit betrifft, erfolgen.*
*Das ist natürlich starker Tobak und dürfte manch ärgerliche und rasche*
*Zurückweisung erfahren – nicht zuletzt von den Autoren, die Löw kritisiert.*
*Vorschnelle Reaktionen wären jedoch unangebracht."[5]*

---

3    1 BvR 2585/06.
4    engl. „(gewollte) Verzerrung, Ungleichgewicht, Einseitigkeit".
5    Günther Heydemann „Ich bin nicht ohne Hilfe geblieben." *Deutschland Archiv* 4/2011 S. 637 f.

Ja, es sollen die Stimmen derer vernommen werden, die damals zum Schweigen verurteilt waren und die auch heute – noch oder wieder – kaum Beachtung finden. Die „ärgerliche und rasche Zurückweisung" meiner Kritik, die der Rezensent erwartet hatte, ist bisher jedoch ausgeblieben. Über die Gründe kann man nur rätseln. Könnte es sein, dass es an der Stichhaltigkeit der Vorhaltungen und an der Brisanz des Themas liegt? Ein jüdischer Beobachter der deutschen Szene, Prof. Martin van Creveld von der Hebräischen Universität Jerusalem, urteilt: „In der deutschsprachigen Welt, und nicht nur dort, stehen die bei Weitem höchsten Hürden für das freie Denken um den Nationalsozialismus und den Holocaust."[6]

Im Folgenden geht es um eben diese Hürden, die dem freien Denken heute in den Weg gestellt werden: Es geht um das Wie, Wo und Warum einer Wirklichkeit, die uns alle beschäftigen müsste, um die Geschichtspolitik der Gegenwart.

---

6    Martin van Creveld „Freud hat sich geirrt" *Focus* 39/2010, S. 64.

# I. Das Böse wächst in der Retrospektive. Schuld als Staatswahrheit?

„Die Frage aller Fragen"[7]

Kinder fragen scherzend: „Wie kommt Milch in Kokosnuss, eine Kuh kann doch nicht fliegen?" Eine ausführliche aktuelle Buchbesprechung beginnt, dem Zeitgeist entsprechend, mit der, wie es ausdrücklich heißt, „Frage aller Fragen", nämlich: „Wie kam es, dass ein so zivilisiertes, fortschrittliches Volk wie die Deutschen etwas so Barbarisches wie die Entrechtung, Vertreibung und Ermordung der Juden dulden und ins Werk setzen konnte?"[8] Ja, wie kam es? Beide Fragesteller verblüffen, indem sie höchst Fragwürdiges wie ein schlichtes Faktum in ihre „Frage" einbauen. Kuhmilch in der Kokosnuss? Das deutsche Volk als Mörder?

„Die Frage aller Fragen" findet eine sehr eindeutige Antwort, wenn wir das eingangs schon zitierte Urteil teilen, das der um sein Überleben kämpfende Victor Klemperer nach jahrelanger hautnaher Beobachtung und Erfahrung gefällt hat, als Hitler im Zenit seiner Macht stand. Klemperer: „Fraglos empfindet das Volk die Judenverfolgung als Sünde."[9] Ist diese Feststellung im Kern richtig? Selbst wenn diese Einschätzung zugunsten der Deutschen zugespitzt sein sollte (aber welche Motive hätte gerade Klemperer dafür haben sollen?), wäre sie es nicht wert, ernst genommen und zumindest geprüft zu werden?

Etwas später nennt Klemperer sogar Zahlen, die geradezu zum Widerspruch drängen, so wenn er schreibt: „Einzeln genommen sind fraglos neunundneunzig Prozent der männlichen und weiblichen Belegschaft in mehr oder minder hohem Maße antinazistisch, judenfreundlich, kriegsfeindlich, tyranneimüde…, aber die Angst vor dem einen Prozent Regierungstreuer, vor Gefängnis, Beil und Kugel bindet sie."[10] Hinter diese Zahlen mag man ein Fragezeichen setzen, auch wenn sie sich nur auf die Belegschaft eines Betriebes und nicht auf alle Deutschen bezogen. Wer sich

---

7    Die „Frage aller Fragen" wird in dem Buch Götz Aly „Warum die Deutschen? Warum die Juden?" (Frankfurt am Main 2011) gestellt.
8    Gustav Seibt: „Judenfeinde wie wir" *Süddeutsche Zeitung*, 12.8.2011.
9    Victor Klemperer „Tagebücher 1940–1941" Berlin 1998, S. 173.
10   Victor Klemperer „Tagebücher 1944" Berlin 1998, S. 39.

als Historiker schlechterdings weigert, sich mit solchen Zeitzeugnissen auseinanderzusetzen, wird eine zutreffende Antwort auf „die Frage aller Fragen" vergeblich suchen. Vergegenwärtigen wir uns den Stand der Debatte über „die Frage aller Fragen".

## Der Holocaust im Nachkriegsbewusstsein

Es überrascht, wenn sich mit wachsendem zeitlichem Abstand ein Teil der Geschichte immer mehr verfinstert und nicht allmählich verblasst. Der Holocaust hat im Nachkriegsdeutschland keine überragende Rolle gespielt. Genauer gesagt: Eine strafrechtliche Verfolgung mit tausenden Ermittlungsverfahren und Prozessen hat es von Anfang an gegeben – zunächst durch alliierte, dann durch bundesdeutsche Gerichte –, aber im politischen und gesellschaftlichen Diskurs des Landes hat das Thema bis in die frühen 1960er Jahre alles andere als eine dominierende Rolle gespielt. Viele in Deutschland meinen, man habe ihn schlicht verdrängt. Doch im Ausland war es nicht viel anders, die USA und sogar Israel eingeschlossen. So heißt es in einem „Bericht zur Geschichte der Erinnerung" des israelischen Soziologen Natan Sznaider: „In Israel wurde, ähnlich wie in Deutschland und in den USA, erst Jahre nach dem Krieg von offizieller Seite des Holocaust gedacht…"[11] „Vor 1959 wurde der Holocaust im Bildungssystem kaum erwähnt …"[12] Es galt die Devise: „Das ist Vergangenheit, und wir müssen mit den gegenwärtigen Tatsachen fertig werden."[13] Rudolf Vrba, einer der wenigen, die aus Auschwitz fliehen konnten, wundert sich: „Zu meiner Überraschung musste ich feststellen, dass das Wort ‚Auschwitz' in den Lebenserinnerungen dieses modernen jüdischen Führers [die Rede ist von Chaim Weizmann, dem ersten Präsidenten des Staates Israel] nicht einer einzigen Erwähnung für wert befunden wurde."[14]

## Das negative Gedenken expandiert

Dan Diner, Professor für Geschichte an der Hebräischen Universität Jerusalem, pflichtet bei und ergänzt: „Über die zunehmende Wirkung des Ge-

---

11 Natan Sznaider „Israel" in: Volkhard Knigge u. a. „Verbrechen erinnern. Die Auseinandersetzung mit Holocaust und Völkermord" München 2002, S. 186.

12 Sznaider 2002: 187. Zahlreiche weitere Stimmen unterstreichen das Ausgeführte.

13 Peter Novick „Nach dem Holocaust. Der Umgang mit dem Massenmord" München 2003, S. 117.

14 Rudolf Vrba „Ich kann nicht vergeben. Meine Flucht aus Auschwitz" Frankfurt am Main 2010, S. 13.

dächtnisses an den Holocaust, jenen paradoxen Rücklauf der Erinnerung bei zunehmender zeitlicher Entfernung, ist viel spekuliert worden."[15] Christopher Browning, Professor für Geschichte an der University of North Carolina: „... bis in die frühen 1970er Jahre genoss die Holocaust-Forschung keinerlei wissenschaftliches Ansehen. An amerikanischen Universitäten wurden keine Kurse zu dem Thema gegeben ..."[16]

Auch der israelische Historiker Tom Segev, der die Geschichte der Holocaust-Erinnerung wie kein Zweiter aufgearbeitet hat, stellt 1995 als Fazit seines knapp 800 Seiten starken Werkes zu diesem Thema fest, dass die Bedeutung des Holocaust in der öffentlichen Wahrnehmung stetig zunehme: „Seit Beginn der achtziger Jahre ist kaum ein Tag vergangen, an dem der Holocaust nicht in einer der Tageszeitungen erwähnt wurde. Er ist das beherrschende Thema in Literatur und Dichtung, Theater, Kino und Fernsehen. Neue Institute zur Holocaust-Forschung schießen wie Pilze aus dem Boden."[17] Volkhard Knigge, Direktor der Stiftung Gedenkstätte Buchenwald, konstatiert nüchtern, „dass sich seit der Wiedervereinigung in der Bundesrepublik mit zunehmender Beschleunigung ... ein Prozess der Nationalisierung negativen Gedenkens vollzogen hat. Mit negativem Gedenken ist der Umstand gemeint, dass begangene bzw. zu verantwortende Verbrechen im kollektiven Gedächtnis der Deutschen dauerhaft aufgehoben werden sollen ..."[18] „Die Last der Geschichte wird [für Deutschland und die Deutschen] mit zunehmendem zeitlichen Abstand nicht leichter, sondern schwerer", konstatiert auch Henryk Broder.[19] Sogar auf den Theaterbühnen hat sich dieses Phänomen breitgemacht: Es „wächst Jahr für Jahr der Drang hiesiger Regietheatermacher, dem Publikum Nazis zu präsentieren, und da es kaum Nazi-Stücke oder gar -Opern gibt, rennen die SA- und SS-Männer eben in der Antike oder bei Schiller herum. Je länger das Dritte Reich zurückliegt, desto mehr Hakenkreuze prangen auf deutschen Bühnen", urteilte unlängst der Schriftsteller Michael Klonovsky[20]. Und schließlich noch die

---

15   Dan Diner „Gedächtnis und Restitution" in: Volkhard Knigge u. a. „Verbrechen erinnern. Die Auseinandersetzung mit Holocaust und Völkermord" München 2002, S. 301.

16   Christopher Browning „Die ‚Endlösung' und das Auswärtige Amt" Darmstadt 2010, S. 9 f.

17   Tom Segev „Die siebte Million. Der Holocaust und Israels Politik der Erinnerung" Reinbek 1995, S. 671 f.

18   Volkhard Knigge „Statt eines Nachworts" in: Volkhard Knigge u. a. „Verbrechen erinnern. Die Auseinandersetzung mit Holocaust und Völkermord" München 2002, s. Anm. 1, S. 423.

19   Henryk Broder „Vergesst Auschwitz!" München 2012, S. 124.

20   Michael Klonovsky „Auch du, mein Apollo?" *Focus* 42/2010, S. 82. In einer Tannhäuser-Inszenierung: „Nackte Statisten, eingesperrt in Glaswürfeln, werden ‚vergast', auch der Minnesänger Heinrich von Ofterdingen alias Tannhäuser beteiligt sich als SS-Mörder an Erschießungen." („Erste Hilfe" *FAZ*, 10.5.2013)

Stimme des Journalisten und Buchautors Bernhard Ücker, eines deutschen Zeugen von damals: „ … beginnend etwa mit dem letzten Jahrzehnt des 20. Jahrhunderts hat sich in Deutschland eine Art Bewältigungsindustrie aufgetan, betrieben von Ideologen und so genannten Historikern, die selbst nie auch nur einen Tag in einer schließlich mit Schaum vor dem Mund herrschenden Diktatur oder wirkliche Not erlebt haben."[21]

## Bundesregierung damals gegen Bundesregierung heute

Jeder Zweifel an der Richtigkeit dieses Befundes schwindet, wenn wir die amtliche Erklärung des Bundeskanzlers der Bundesrepublik Deutschland Konrad Adenauer, abgegeben am 27. September 1951 vor dem Plenum des Deutschen Bundestages, mit einem amtlichen Text der Bundeszentrale für politische Bildung (im Folgenden nur „Bundeszentrale"), erstmals veröffentlicht gut ein halbes Jahrhundert später, vergleichen. Die Erklärung Adenauers wurde schon eingangs zitiert: „Das deutsche Volk hat in seiner überwiegenden Mehrheit die an den Juden begangenen Verbrechen verabscheut und hat sich an ihnen nicht beteiligt…"[22] Das Protokoll vermerkte damals: „Lebhafter Beifall im ganzen Haus außer bei der KPD und auf der äußersten Rechten."

Zahlreiche Persönlichkeiten, die schon maßgeblich am Zustandekommen des Grundgesetzes im Parlamentarischen Rat beteiligt waren und die die politische Elite Deutschlands bildeten, waren nun Mitglieder des Deutschen Bundestages, so in der CDU Heinrich von Brentano, Jakob Kaiser und Helene Weber, in der CSU Wilhelm Laforet, in der FDP Thomas Dehler und Hermann Höpker Aschoff, in der SPD Ludwig Bergsträsser, Paul Löbe, Erich Ollenhauer, Carlo Schmid und Georg August Zinn, im Zentrum Helene Wessel (Gesamtdeutsche Volkspartei, später SPD). Dass die namhaften Parteifreunde in den Ländern anders als ihre Bonner Kollegen geurteilt hätten, dafür gibt es nicht den geringsten Anhaltspunkt. Ein größerer Konsens unter glaubwürdigen Zeitzeugen ist insofern kaum vorstellbar. Mehr als das. Wie der bereits erwähnte Tom Segev verdienstvollerweise nachgewiesen hat, haben führende Repräsentanten des Judentums

---

21  Bernhard Ücker „Führerschein Jahrgang 1909. Eine Jugend im Rückspiegel" München 2005, S. 118.
22  Adenauer, Plenarprotokoll des Deutschen Bundestages 1/165, S. 6698. Adenauer in einem *Spiegel*-Interview (21/1966, S. 4): „Das Weltjudentum gegen sich zu haben, das ist schrecklich."

an Adenauers Textfassung mitgewirkt.[23] Die zitierte Passage wurde von ihnen nicht beanstandet.

Heute gehen die Bewertungen offizieller bundesdeutscher Stellen über Wissen, Meinen und Beteiligung der breiten Mehrheit der Deutschen hinsichtlich der nationalsozialistischen Judenverfolgung in die direkt entgegengesetzte Richtung. In einem Text der Bundeszentrale, abgedruckt auf dem Umschlag eines von ihr seit 2003 vertriebenen Buches heißt es: „Der Autor... beweist stichhaltig, dass die Deutschen nicht nur von den Verbrechen der nationalsozialistischen Machthaber wussten, sondern... weit aktiver, als bisher bekannt war, mithalfen – durch Zustimmung, Denunziation oder Mitarbeit... Die gewöhnlichen Leute sahen erst zustimmend hin, wie ihre Mitbürger verhaftet und verschleppt wurden, und schauten später weg, als sie um das eigene Überleben kämpfen mussten."[24]

Diese beiden offiziellen Texte widersprechen einander diametral. Welcher von beiden ist richtig? Oder sind womöglich beide halbrichtig und die Wahrheit liegt irgendwo dazwischen? Wie konnte es zu dieser amtlichen Umwertung kommen? Wurden neue Fakten entdeckt? Hat sich eine neue Ethik etabliert? Oder? Oder? „Die Frage aller Fragen" über die NS-Zeit und den Umgang mit ihr wirft viele Zusatzfragen auf.

---

23 Segev 1995: 273: „Goldmann [der Präsident des World Jewish Congress] redigierte ihn mit roter Tinte, wie der Lehrer den Aufsatz eines Schülers, und schickte die korrigierten Seiten nach Jerusalem, wo sie noch weitere Änderungen erfuhren. Von dort aus gelangten sie schließlich ... wieder nach Bonn."
24 Robert Gellately „Hingeschaut und weggesehen. Hitler und sein Volk", Bundeszentrale für politische Bildung, Bonn 2003 ff.

# II. Die „Bewältigungsindustrie" –
# Gibt es neu entdeckte Fakten?

*„Greift zu, bedient euch.*
*Wir sind die Letzten.*
*Fragt uns aus.*
*Wir sind zuständig.*"[25]
(ein jüdisches NS-Opfer)

Nachgeborene gegen Zeitzeugen

Von Jahr zu Jahr werden die lebenden Zeitzeugen der NS-Ära weniger. Die
Nachgeborenen bestimmen den Diskurs. Die Frage, die sich da stellt, lautet:
Wer weiß über das Leben im Dritten Reich besser Bescheid, die unmittelba-
ren Zeugen oder die Nachgeborenen? Dass die Aufzeichnungen der Zeitzeugen durch die Bank nicht glaubwürdig seien, wird bisher nirgendwo behauptet. Im Gegenteil, ihr Wert wird von vielen Seiten hoch gepriesen.[26]
Also lautet die Antwort: Die Zeitzeugen sind glaubwürdiger, es sei denn
dass den Nachgeborenen andere, bessere Quellen als Beweismaterial zur
Verfügung stünden. Laufend erscheinen weitere einschlägige Publikationen, die neue Erkenntnisse für sich reklamieren. In der Tat gibt es immer
neue relevante Funde. Doch sind sie in der hier diskutierten Frage sensationell, legen sie gar eine gänzliche Neubewertung nahe? Können sie Adenauers Einschätzung erschüttern? Entspricht ihr Anspruch der Wirklichkeit?
Hier ist nicht genug Raum, um sie alle unter die Lupe zu nehmen.[27] Beschränken wir uns auf drei neuere „Staatswahrheiten", jene Rückblicke des
21. Jahrhunderts, die das amtliche Deutschland finanziert hat, die gleichsam das Gütesiegel „Bundesrepublik Deutschland heute" tragen, die somit
frei sein sollten von Willkür und Leidenschaft und methodisch dem Stand

---

25  Hans Sahl zitiert in: Margrit Delius „Gisela Jacobius – als Jüdin in Berlin" Teetz 2005, S. 13.
26  Zuletzt der 1947 geborene britische Historiker Richard J. Evans („Das Dritte Reich/3. Krieg", München 2009, S. 942). Er lobt „die einfachen, anspruchslosen Bürger, deren umfangreiche und gewissenhaft
geführte Tagebücher eine so unentbehrliche Quelle für das Alltagsleben unter den Nationalsozialisten
darstellen".
27  Verwiesen sei auf Konrad Löw „Deutsche Schuld 1933–1945? Die ignorierten Antworten der Zeitzeugen" München 2011, S. 299 ff., wo die wichtigsten einschlägigen Werke skizziert werden.

der geschichtswissenschaftlichen Forschung entsprechen müssten. Sie stehen für so gut wie alle einschlägigen Publikationen:[28]
 Diese drei quasi-amtlichen Publikationen sind (1.) ein Band aus einer
Schriftenreihe der Bundeszentrale für politische Bildung, (2.) eine Ausstellung in Berlin und (3.) eine Auftragsarbeit des Auswärtigen Amtes. Diese
drei „Staatswahrheiten" werden ergänzt durch (4.) die Besprechung eines
2011 erschienenen Buches, das gleich bei seinem Erscheinen Furore gemacht hat und in seiner Tendenz und seinen Methoden viele Parallelen mit
Goldhagens Bestseller „Hitlers willige Vollstrecker" aufweist. Des Weiteren
wird (5.) eine Monographie diskutiert, die sich auf 450 Seiten ausschließlich
mit dem antisemitischen Judenboykott in Deutschland beschäftigt, aber
dabei die Bekundungen der Zeugen – auch der jüdischen – fast völlig ignoriert. Ferner bietet (6.) das Werk „Die Verfolgung und Ermordung der europäischen Juden durch das nationalsozialistische Deutschland 1933–1945.
Deutsches Reich 1933–1937" eine Fülle von Dokumenten, die nicht unberücksichtigt bleiben dürfen. Zwei aktuelle Texte namhafter Zeitzeuginnen
werden mit früheren Texten der selben Autorinnen verglichen (7. und 8.).
Dieser Vergleich veranschaulicht – im Vorgriff sei es gesagt –, wie auch die
Darstellung mancher Zeitzeugen vom sich verändernden Zeitgeist beeinflusst worden ist, sodass es dort, wo in ihren Berichten Widersprüche auf-
scheinen, sinnvoll ist, nach ihren frühen, mitunter sogar aus der NS-Zeit
selbst stammenden Aussagen zu fragen und diesen im Zweifel auch den
Vorzug zu geben. Erwähnung verdient auch, dass und mit welcher Begründung das Institut für Zeitgeschichte unlängst ein (weiteres) Zentrum für
Holocaustudien eingerichtet hat (9.) und wie einseitig Schulbücher heute
auf das Thema Antisemitismus fokussiert werden – und dabei dennoch
durch Weglassungen ein schiefes Bild zeichnen (10).

## 1. „Hitler und sein Volk"

An erster Stelle sei das Buch des kanadischen Historikers Robert Gellately
erwähnt: „Hingeschaut und weggesehen. Hitler und sein Volk". Seit 2003 bis
2010 hat es die Bundeszentrale für politische Bildung, eine nahezu komplett

---

28   Erwähnung verdient auch, da staatlich subventioniert und neuen Datums: Olivier Guez „Heimkehr
der Unerwünschten. Eine Geschichte der Juden in Deutschland nach 1945" München 2011. Häufig gebraucht er die Wortkombination „im Land der Mörder" für Deutschland. Auch „Volk von Henkern" statt
„die Deutschen" findet Verwendung. Von den Bekundungen der Zeitzeugen macht er keinen Gebrauch.

steuerfinanzierte und dem Bundesministerium des Innern unterstehende Anstalt des öffentlichen Rechts, vertrieben. Auf der Rückseite war folgende Empfehlung zu lesen: „Der Autor, Professor für die Geschichte des Holocaust am Center for Holocaust Studies, USA, beweist stichhaltig..." Es folgt, wie oben bereits zitiert, „dass die Deutschen nicht nur von den Verbrechen der nationalsozialistischen Machthaber wussten", sondern zustimmend und aktiv mitgemacht hätten.[29]

## Die Kassation der „stichhaltigen" Beweise

Wer nun in dem Buch die „stichhaltigen Beweise" sucht, sucht vergebens.[30] Wer sich daraufhin an die Mitverantwortlichen des Buches wendet, wie ich es getan habe, so den Bundesminister des Innern als Rechtsaufsichtsbehörde der Bundeszentrale, den Petitionsausschuss des Deutschen Bundestages, den Präsidenten des Deutschen Bundestages und das für die Bundeszentrale zuständige Kuratorium des Deutschen Bundestages, findet schließlich seine Skepsis bestätigt. Jede dieser Instanzen hat mir zwar geantwortet, aber keine hat die gesuchten „Beweise" benannt und bemerkenswerterweise hat auch keine den zitierten Text ausdrücklich verteidigt. Es wurde vielmehr, wie man so schön sagt, „herumgeeiert". Die Antworten auf meine entsprechenden Anfragen[31] lauteten der Reihe nach: ich würde den Text missverstehen, der Text gebe nicht die Meinung der Bundeszentrale wieder und schließlich: das Buch würde nun nicht mehr ausgeliefert.

---

29 Robert Gellately „Hingeschaut und weggesehen. Hitler und sein Volk" Lizenzausgabe für bpb. Bonn 2003, 3. Auflage 2005 U. 4. Siehe oben, Seiten 20 und 22.

30 Meine Kritik des Buches in: Löw 2011: 311 ff.

31 Auszug aus meinem Brief an die Vorsitzende des Petitionsausschusses vom 14.7.2007: „Unerheblich ist auch, ob der Text reißerisch aufgemacht ist oder nicht [So hatte sie geschrieben.]. Er enthält eine ungeheuerliche Tatsachenbehauptung, nämlich den Vorwurf der Mittäterschaft der Deutschen, also doch der Mehrheit der Deutschen, an einem der schlimmsten Verbrechen in der Geschichte. Wer einen solchen Vorwurf erhebt, muss ihn beweisen. Dazu habe ich ihn immer wieder aufgefordert. Bis heute wurde nicht einmal der Versuch eines Nachweises vorgelegt. Ich habe den Gegenbeweis angetreten, auf den man aus guten Gründen mit keinem Wort eingegangen ist. Für mich stellt sich die Frage, ob das Verhalten der Verantwortlichen nicht geradezu kriminell ist. Bitte lassen Sie Abdruck dieses Schreibens allen Mitverantwortlichen zuleiten."

Was wussten die gewöhnlichen Deutschen über den Terror der Nazis? Kannten sie Vorgänge in den Konzentrationslagern? Der Autor, Professor für die Geschichte des Holocaust am Center for Holocaust Studies, USA, beweist stichhaltig, dass die Deutschen nicht nur von den Verbrechen der national-sozialistischen Machthaber wussten, sondern darüber offen informiert wurden und weit aktiver, als bisher bekannt war, mithalfen – durch Zustimmung, Denunziation oder Mitarbeit. Mit einer Fülle von Dokumenten zeigt Gellately, wie die Nazis die Loyalität des Volkes zu ihrem Regime erst aufbauten und dann für ihre Verbrechen nutzten. Die gewöhnlichen Leute sahen erst zustimmend hin, wie ihre Mitbürger verhaftet und verschleppt wurden, und schauten später weg, als sie um das eigene Überleben kämpfen mussten.

**bpb:** Bundeszentrale für politische Bildung

*Trotz der Unterschrift der Bundeszentrale unter dem skandalösen Text wurde – nach langem Ausweichen, Drehen und Prüfen – dem Autor keck mitgeteilt, „dass der von der Verlagspublikation übernommene Klappentext nicht die Bewertung der Bundeszentrale wiedergibt".[32]*

---

32  Schreiben Ernst-Reinhard Beck vom 6.3.2009 an den Autor. Beck schrieb als Vorsitzender des Kuratoriums des Deutschen Bundestages zur Kontrolle der bpb; Archiv des Autors.

Nur Bundestagspräsident Norbert Lammert (CDU) hat sich ausdrücklich von dem Text distanziert und offenbar ist es ihm zu verdanken, dass das Buch nun tatsächlich nicht mehr im Katalog der Bundeszentrale steht, obwohl es nach Auskunft von deren Vertrieb immer noch sehr gefragt ist. Anscheinend sind die Verantwortlichen zu der Einsicht gelangt, dass das Buch gerade nicht beweist, was es beweisen soll, und deshalb – ganz vorsichtig gesagt – eine breite Angriffsfläche bietet. Doch es wurde von Zehntausenden gelesen, die seinem haarsträubenden Kollektivschuldvorwurf wohl oft Glauben geschenkt haben. Es steht selbstverständlich weiterhin in den Regalen von sehr vielen Lehrern, Journalisten und anderen Meinungsmachern und wird von ihnen immer wieder konsultiert. Das Gift der leichtfertigen wenn nicht vorsätzlichen Desinformation ist im Umlauf und zeigt Wirkung.

## 2. „Hitler und die Deutschen"

Das zweite Beispiel stellt sich mit ähnlichen Worten vor wie das erste, nämlich: „Hitler und die Deutschen. Volksgemeinschaft und Verbrechen". Dies der Titel einer Ausstellung im Deutschen Historischen Museum zu Berlin, die im Winterhalbjahr 2010/2011 zu besichtigen war. Der Andrang war gewaltig, weshalb sie verlängert wurde.

Ein Gang durch die Räume zeigte: Zunächst ging es um „Hitler unter den Deutschen". Bilder dokumentierten den Soldaten Hitler, den Agitator, den Verfasser von „Mein Kampf". „Hitler und die NSDAP" war ein Thema für sich. Der Besucher begegnete zahlreichen Mitstreitern, einzelnen und in Gruppen, mit und ohne Uniform, Bekundungen irrationaler Verehrung. „Machtübertragung und nationale Revolution" war eine weitere Station überschrieben. Hitlers Zylinder, Demonstrationen der Macht, Begeisterung und Unterdrückung wurden hier dem Besucher vorgeführt und wieder und wieder Menschenmassen, die dem Führer fanatisch huldigen. Der „Führerstaat" demonstrierte die architektonische Megalomanie der neuen Machthaber und ihr Werk: die Zerstörung von Synagogen 1938. Schließlich der Massenmord. Er begann im Januar 1940 mit der Selektion und Tötung von über 70.000 geistig Behinderten und psychisch Kranken. Auf die Entrechtung und Vertreibung von Juden folgten Deportation, Zwangsarbeit und Massenmord. Das alles lässt sich gut veranschaulichen.

## Goebbels' „Volksgemeinschaft"

Wer tiefer in die Thematik: „Hitler und die Deutschen" einsteigen wollte, dem wurde der stattliche Ausstellungskatalog angeboten: 328 Seiten, Großformat DIN A4.[33] Er bietet nicht nur zahlreiche Abbildungen von Exponaten, sondern auch Aufsätze, die zusammengefasst sind u. a. unter den Überschriften „Zur Person Hitler", „Führerbewegung", Der „Führerstaat", „Volksgemeinschaft", „Der nationalsozialistische Krieg" – „Hitler und kein Ende".

Manche dieser Beiträge sind sehr gediegen, andere rufen schon deshalb Widerspruch hervor, weil immer wieder von *den* Deutschen die Rede ist, wo es schlimmstenfalls *die große Mehrheit* der Deutschen heißen dürfte. Ein Autor räumt ein, dass die Verwendung von „NS-Material ganz unbewusst und ungewollt deren Sicht" konserviere.[34] Wie treffend! Begeisterung für Hitler war ganz im Sinne des Regimes und wurde deshalb von der Propaganda immer wieder provoziert und abgebildet. Doch wie sollte man die *abweisenden* Empfindungen dokumentieren? Der Oppositionelle war gut beraten, seine wahre Gesinnung zu verbergen und sich nur engsten Freunden zu offenbaren. Hans Mommsen widerspricht in seinem Beitrag denn auch völlig zu Recht der Einflüsterung, dass die „Volksgemeinschaft" Hitlers Politik getragen habe: „Die Fiktion einer geschlossenen ‚Volksgemeinschaft' war zwar durchweg Gegenstand der offiziellen Propaganda, aber sie gab es nur bedingt und nur bezogen auf die aktiven NSDAP-Anhänger."[35] Ein anderer Zeitzeuge: „Von der unbestreitbaren Mehrheit all derer, die Hitler zunächst unsympathisch bis widerlich fanden, dann ablehnten und schließlich zum Teufel wünschten – von dieser zur Stummheit gezwungenen Masse gibt es naturgemäß keine Fotos und Filme, die ein ganz anderes und eher wahrheitsgetreues Bild der Volksstimmung vermitteln könnten."[36] Die jüdische Berlinerin Ruth Winkelmann hatte ein Versteck gefunden. Ihr Beschützer, ein „Parteigenosse" namens Lindenberg, der für das NS-Winterhilfswerk hätte sammeln sollen, überließ ihr diesen ungeliebten Auftrag. Es wurde für sie zu einer absurden, ja tragikomischen Erfahrung, denn sie be-

---

33  Hans-Ulrich Thamer (Hg.) „Hitler und die Deutschen. Volksgemeinschaft und Verbrechen" Dresden 2010.

34  Gerd Krumeich „Hitler, die Deutschen..." in: Hans-Ulrich Thamer (2010), S. 35.

35  Hans Mommsen „Zerstörung der Politik und Amoklauf des NS-Regimes..." in: Hans-Ulrich Thamer (Hg.) „Hitler und die Deutschen. Volksgemeinschaft und Verbrechen" Dresden 2010, S. 73.

36  Bernhard Ücker „Führerschein Jahrgang 1909. Eine Jugend im Rückspiegel" München 2005, S. 205.

schreibt, wie sie Tür für Tür abgefertigt wurde: Die letzte in der Reihe: „Dass du dich nicht schämst!" zischte sie. „Verdammte Nazigöre!"

Ruth: „Ich riss fassungslos die Augen auf. ‚Nazigöre!' hatte sie mir ins Gesicht gespuckt … Vermutlich waren sie bei Herrn Lindenberg sonst zurückhaltender, … hatten Respekt vor seinem Parteiabzeichen. Vielleicht auch Angst … Bei mir nahmen sie kein Blatt vor den Mund."[37] – Wer derlei sucht, kann es nach langer Suche finden, aber nicht in der Ausstellung. Was gewiss nur die allerwenigsten Besucher der Ausstellung und Leser des Katalogs wahrgenommen haben und wahrnehmen, ist das schlichte *Fehlen* der Zeitzeugen und der von ihnen hinterlassenen Dokumente.

Einer der ganz wenigen doch zitierten Zeitzeugen ist der Reserveoffizier Wilhelm August („Wilm") Hosenfeld (1895–1952), der sich während des Krieges durch riskante Hilfsbereitschaft für Polen und polnische Juden in Warschau große Verdienste erworben hat; mindestens zwölf Menschen hat er das Leben gerettet. Hosenfeld war kurz nach der Machtergreifung, am 15. April 1933, der SA beigetreten und 1935 der NSDAP. An Unrechtstaten war er jedoch nicht beteiligt: Bevor er im Jahre 2008 als „Gerechter unter den Völkern" geehrt wurde, wurde intensiv und ergebnislos nach entsprechenden Hinweisen gesucht. Er gehörte also zu den Aufrichtigen, die es auch in den Reihen der Millionen Nazis gegeben hat. Die Ausstellung zitiert ihn mit den Worten: „Wir verdienen keine Gnade. Wir sind alle mitschuldig." Dieser Satz ist objektiv unsinnig, denn zweifellos gab es Deutsche, die noch eindeutiger als Hosenfeld selbst in keinster Weise mitschuldig geworden sind, man denke nur an diejenigen, die direkt nach der Machtergreifung inhaftiert worden sind und die folgenden Jahre in Haft verbracht haben. Zumindest diese Deutschen – aber doch wohl sehr viele weitere – benötigen mangels Schuld auch keine „Gnade", was wiederum die Frage erledigt, ob sie diese Gnade denn „verdient" hätten. Der mutige Lebensretter Hosenfeld hat hier also ein ethisch unsinniges Urteil abgegeben, was das Verdienst seiner Rettungstaten in Warschau kein bisschen schmälert und sogar sympathisch ist, weil es sehr viel Selbstkritik einschließt. Die bittere Pointe ist, dass die Ausstellungsmacher von „Hitler und die Deutschen" diese schiefen Einschätzungen Hosenfelds manipulativ missbraucht haben, indem sie den Eindruck erwecken: Wenn selbst ein solcher Mann von der Kollektivschuld

---

37  Ruth Winkelmann „Plötzlich hieß ich Sara" Berlin 2011, S. 100.

der Deutschen überzeugt war, dann muss es sie ja wohl gegeben haben.[38] Es ist aber kein Pappenstiel, Millionen nicht nur im Sinne des Strafrechts, sondern auch im strengeren Sinne von überpositivem Recht und Ethik[39] objektiv Unschuldigen in dieser Weise eine Mitverantwortung, ja Mitschuld an millionenfachem Mord anzuhängen, zumal wenn diese fast alle nicht mehr leben und sich deswegen dieser Verleumdung nicht widersetzen können. Es belastet die verantwortlichen bundesdeutschen Entscheidungsträger, dass sie eine solche Ausstellung ideell und finanziell unterstützt haben.

Und warum kommt in dieser Ausstellung kein jüdischer Zeitzeuge zu Wort und kein sonstiger Gegner des Systems? Ihnen verdanken wir höchst erfreuliche Aussagen über das deutsche Volk, so dem evangelischen Christen Jochen Klepper, der aus Sympathie mit seiner jüdischen Frau vor ihrer Deportation den Freitod wählte, nachdem er seine Beobachtung niedergeschrieben hatte: „Das Volk ist ein Trost."[40]

Diese und Hunderte ähnlicher Feststellungen – erinnert sei an die ebenso voluminösen wie aufschlussreichen Berichte der Auslands-SPD – hätte man durchaus in einem eigenen Raum dem Betrachter zeigen können. Dann stünde wohl nicht im Gästebuch der Ausstellung: „Das Bild, das hier vor allem ausländischen Besuchern vermittelt wird, ist sehr unvollständig."

---

38  Wahr ist freilich auch: Für echte NS-Mitläufer und -Verbrecher (und manchmal auch für deren Kinder) ist die pauschale Anklage „der Deutschen" subjektiv entlastend, weil sie den ganz persönlichen Schuldanteil relativiert und verwischt, s. unten S. 158, 174 f. und 187. Ein aktuelles Beispiel dafür ist Thomas Harlan, der Sohn von Veit Harlan, dem Regisseur des NS-Agitationsfilmes „Jud Süß". Als Thomas Harlan im Oktober 2010 starb, wurde er mit der Einschätzung zitiert (Edo Reents „Der Mann, der das Grauen angefasst hat" Frankfurter Allgemeine Zeitung, 19.10.2010), zu groß sei die Schuld, „als dass so etwas wie ‚Aussöhnung' zwischen Deutschland und Israel ... auch nur denkbar gewesen wäre". Setzt dieser weitgehende Schluss nicht doch die Annahme einer deutschen Kollektivschuld voraus?

39  Das Schuldprinzip von überpositivem Recht und allgemeiner Ethik ist deswegen strenger als das des Strafrechts, weil hier bestimmte Rechtfertigungsargumente nicht gelten, insbesondere nicht das Prinzip „keine Strafe ohne Gesetz" (nulla poena sine lege). Im strafrechtlichen Sinne schuldig macht sich von seltenen Ausnahmen abgesehen nur, wer gegen ein zur Tatzeit geltendes, hinreichend bestimmt formuliertes Gesetz verstoßen hat. Schuld im ethisch-sittengesetzlichen Sinne kann es aber sehr wohl auch dort geben, wo gegen kein solches Gesetz verstoßen wurde, insbesondere dann, wenn in einer Diktatur das niedergeschriebene („positivierte") Recht vor einer problematischen Handlung oder Unterlassung entsprechend ausgestaltet worden ist. Auch das Rechtfertigungsprinzip des Befehlsnotstandes reicht im Strafrecht deutlich weiter als in der Sphäre grundsätzlich-ethischer Erwägungen. Nun lässt sich aber zeigen, dass selbst in dieser rigiden Definition Millionen Deutsche, vermutlich die große Mehrheit des Volkes, ohne Schuld an der nationalsozialistischen Judenverfolgung geblieben sind. Umso frappierender sind die hier erörterten Schuldzuweisungen der jüngsten Zeit. Mit ihnen laden letztlich nur diejenigen, die sie erheben, selbst Schuld auf sich – aber wiederum nicht im strafrechtlichen Sinne, sondern „nur" gemessen am Maßstab von allgemeiner Ethik, Sittengesetz und überpositivem Recht.

40  Jochen Klepper „Unter dem Schatten deiner Flügel ..." Stuttgart 1957, S. 676.

Einer der schärfsten Kritiker der Ausstellung war kein geringerer als der aus Hitler-Deutschland emigrierte französische Jude Alfred Grosser, der „voller Empörung über die Grundeinstellung des Ganzen" herzieht – 96 Zeilen lang, als Leserbrief unter der Überschrift „Die deutsche Kollektivschuld ist wieder da" am 28. Dezember 2010 in der *Frankfurter Allgemeine Zeitung* abgedruckt. Er endet mit den Worten: „Die viel gerühmte Ausstellung strotzt von Einseitigkeiten."[41] Er hätte wohl auch schreiben können: „Goebbels' später Triumph!" Denn der Durchschnittsbetrachter konnte sich der suggestiven Kraft der Bilder kaum entziehen. So wurde die von Goebbels erträumte und angestrebte, aber nie erreichte „Volksgemeinschaft" in den Köpfen Zehntausender im Jahre 2010 zur vermeintlichen Wirklichkeit.[42] Ein ausländischer Beobachter urteilt: „Adolf hat sie immer noch fest im Griff."[43] Man könnte boshaft auch von der „Hitlerjugend – heute" sprechen.

Schon vor Jahrzehnten erkannte Sebastian Haffner: „Die Vernichtung Deutschlands war das letzte Ziel, das Hitler sich setzte. Er hat es nicht ganz erreichen können … Und … weniger gut ist, dass viele Deutsche sich seit Hitler nicht mehr trauen, Patrioten zu sein. Denn die deutsche Geschichte ist mit Hitler nicht zu Ende. Wer das Gegenteil glaubt und sich womöglich darüber freut, weiß gar nicht, wie sehr er damit Hitlers letzten Willen erfüllt."[44]

Die Ausstellung mag manche an den Propagandafilm „Der Führer schenkt den Juden eine Stadt" erinnern. Der Streifen war im Lager Theresienstadt gedreht worden und sollte den schlimmen, aber leider durchaus zutreffenden Gerüchten entgegenwirken, die über die Lager im Umlauf waren. Mit teuflischer List gelang es, sogar gegenüber professionellen internationalen Beobachtern die Fassaden von Theresienstadt für das Ganze sprechen zu lassen. So berichtete der Gesandte des Internationalen Roten Kreuzes[45] nach Genf: „Wir müssen sagen, dass wir äußerst erstaunt waren,

---

41  Alfred Grosser „Die deutsche Kollektivschuld ist wieder da" *Frankfurter Allgemeine Zeitung*, 28.12.2010. Die *Süddeutsche Zeitung* hat Grossers Leserbrief nicht abgedruckt.

42  Schon 1945 schrieb Hannah Arendt („Essays in Understanding 1930–1954" New York 1994, S. 121): "It is the central thesis of this Nazi political strategy that there is no difference between Nazis and Germans, that the people stand united behind the government…"

43  Kári Stefánsson, *Die Welt* 21.10.2011, zitiert nach *Forschung & Lehre* 11/2011, S. 831.

44  Sebastian Haffner „Anmerkungen zu Hitler" München 1978, S. 204.

45  Man kann gerade dem Roten Kreuz auch sonst den Vorwurf nicht ersparen, angesichts des Holocaust versagt zu haben. Siehe dazu v.a. das Buch von Jean-Claude Chavez „Das Internationale Rote Kreuz und das Dritte Reich" München 1989.

eine Stadt im Ghetto vorzufinden, in der man ein ganz normales Leben führte. Wir hatten Schlimmeres erwartet."[46]

### 3. „Das Amt"

Nun zum dritten offiziösen Beleg. Ende 2010 erschien, im Auftrag von Bundesaußenminister Joschka Fischer verfasst: „Das Amt und die Vergangenheit. Die deutschen Diplomaten im Dritten Reich und in der Bundesrepublik"[47]. Etwas penetrant wurde betont, dass diese Studie „weisungsfrei" erstellt worden sei, doch wurde sie mit 1,5 Millionen Euro bezuschusst. Gleich beim Erscheinen im Rampenlicht, wurde das Buch von den meisten Medien mit großem Beifall bedacht. Es habe einen Skandal enthüllt, so der Tenor der auflagenstärksten Tageszeitungen: „Das Ende aller Vertuschung"[48], „Endlich sprechen die Akten"[49]. „Der Bericht der Historikerkommission ergibt: Das Auswärtige Amt war systematisch an der Judenvernichtung beteiligt."[50] Und schließlich sei zitiert: „Das braune Haus"[51]. – Das „Braune Haus" war die Zentrale der NSDAP in der „Hauptstadt der Bewegung", in München. Mit der letztgenannten Überschrift werden das Auswärtige Amt und Hitlers Parteizentrale geradezu auf eine Stufe gestellt.

### „Worin besteht die Sensation?"

Mit dieser Frage betitelt der Direktor des Instituts für Zeitgeschichte München/Berlin, Horst Möller, seine Stellungnahme zu dem Opus „Das Amt und die Vergangenheit", die er mit dem Satz beschließt: „Mit 1,5 Millionen Euro Aufwand jedenfalls ein ‚kostbarer' Befund – liegt nicht hier der eigentliche Skandal?"[52] Aber „Das Amt" war doch beim Erscheinen, wie gezeigt, von Rampenlicht angestrahlt, mit großem Beifall bedacht worden. Fast

---

46   Hans Adler „Theresienstadt 1941–1945. Das Antlitz einer Zwangsgemeinschaft" Tüb. 1960, S. 170 f.

47   Eckart Conze, Norbert Frei, Peter Hayes, Moshe Zimmermann „Das Amt und die Vergangenheit. Die deutschen Diplomaten im Dritten Reich und in der Bundesrepublik" München 2010.

48   So die Überschrift zu Christopher R. Brownings ganzseitigem Beitrag in der *FAZ*, 10.12.2010.

49   So die Überschrift zu Nils Minkmars Beitrag in der *Frankfurter Allgemeinen Zeitung* vom 25.10.2010.

50   Frank Schirrmacher „Die Täter vom Amt", *Frankfurter Allgemeine Zeitung* 24.10.2010.

51   So die Überschrift zu Franziska Augsteins Beitrag in der *Süddeutschen Zeitung* vom 25.10.2010.

52   Horst Möller „Worin besteht die Sensation?" *Frankfurter Allgemeine Zeitung* 18.1.2011.

gleichzeitig mit dem Superlob setzte jedoch scharfe Kritik ein, im *Spiegel*
unter der Überschrift: „Unkenntnis und Ignoranz"[53].

Immer wieder die Frage: Was ist neu? So schreibt der frühere Staatssekretär des Auswärtigen Amtes und Botschafter in Paris Jürgen Sudhoff:
„Die Tatsachen lagen längst auf dem Tisch. Wo in diesem Buch findet der
Leser Enthüllungen, die es verdienen, als epochale Entdeckungen ministeri-
ell gelobt und medial gefeiert zu werden?"[54] Rainer Blasius von der *Frankfurter Allgemeinen Zeitung* wird noch konkreter: „Im Großen und Ganzen
erzählt die Kommission über die Mitwirkung des Amtes bei der Judenverfolgung und Judenvernichtung das nach, was durch die Edition der ‚Akten
zur deutschen auswärtigen Politik' (ADAP) sowie durch Untersuchungen…
bekannt ist."[55]

Die Hauptautoren des Buches wissen das und räumen auch ein: „All dies
ist seit langem bekannt."[56] Norbert Frei wiederholte auf einer Podiumsdiskussion: „Das Amt" wolle nichts beweisen und fälle keine moralischen
Urteile.[57]

Das Amt war sicher kein Hort des Widerstandes, sondern ein Rad im
großen Getriebe rücksichtsloser Macht. Das Auswärtige Amt war auch
nachweislich schon seit Jahrzehnten ehrlich genug, sich eben nicht als „Hort
des Widerstandes" zu stilisieren, obwohl nachweislich mehr Angehörige des
AA im Widerstand ums Leben gekommen sind als in anderen Ministerien
oder führenden Institutionen des Dritten Reiches – was „Das Amt" unfai-
rerweise beides unterschlägt. Eigentlich skandalös und völlig neu ist die Behauptung im Klappentext: „Es [das Amt] schirmte die ‚Judenpolitik' des
Dritten Reiches nicht nur nach außen ab, sondern war in allen Phasen aktiv
an ihr beteiligt." Dieser Vorwurf der Rädelsführerschaft bei der Judenvernichtung wird im Buch sogar noch zugespitzt. Nicht Himmler und Heydrich
sollen neben Hitler selbst die Hauptschuldigen am millionenfachen Mord
gewesen sein, nicht die Wannseekonferenz vom 20. Januar 1942 das entscheidende Datum der Beschlussfassung, sondern Außenminister Ribbentrop soll auf einem Treffen am 17.9.1941 die entscheidenden Absprachen

---

53  Klaus Wiegrefe „Unkenntnis und Ignoranz" *Der Spiegel* 49/10, S. 38 f.
54  Jürgen Sudhoff „Haltlose und unredliche Vorwürfe" *Frankfurter Allgemeine Zeitung* 22.12.2010.
55  Rainer Blasius „Schnellbrief und Braunbuch" *Frankfurter Allgemeine Zeitung* 13.1.2011. Im Ergebnis ebenso Hans Fenske „In eigentümlicher Beleuchtung: ‚Das Amt'" *Extremismus & Demokratie* 23,
327: „Insgesamt ist es wenig befriedigend."
56  Eckart Conze u. a. „Unser Buch hat einen Nerv getroffen" *Süddeutsche Zeitung* 10.12.2010.
57  Patrick Bahners „Wie einmal sogar Habermas überrascht war" *FAZ* 14.1.2011.

mit Hitler getroffen haben. Im Buch liest sich das so: „An der Entscheidung über die ‚Endlösung' war die Spitze des Auswärtigen Amtes direkt beteiligt. Das Schicksal der deutschen Juden wurde am 17. September 1941 besiegelt: An diesem Tag fand ein Treffen Hitlers mit Ribbentrop statt… Das Auswärtige Amt ergriff die Initiative zur Lösung der ‚Judenfrage' auf europäischer Ebene."[58] Wer Belege für die Richtigkeit dieser Tatsachenbehauptung sucht, sucht vergebens, obwohl für „Das Amt" an die 30 Personen im In- und Ausland Berge von Akten gesichtet haben. Der Hintergrund dieser Manipulation ist inzwischen geklärt, siehe unten S. 42 f.

Die vier Herausgeber erhielten in der *Süddeutsche Zeitung* eine ganze Seite, um sich gegen die viele Kritik, die ihrem Werk auch ohne Beachtung dieses zentralen Schwachpunktes von Anfang an entgegengeschlagen war, zu verteidigen. Sie beginnen mit den Worten: „‚Das Amt' hat einen Nerv getroffen", und fahren fort: „‚Buch der Rache' - ‚Buch der Versöhnung': Was für Bewertungskriterien werden hier an eine wissenschaftliche Untersuchung herangetragen."[59] Doch sie selbst nähren derlei Vorwürfe, wenn sie mehrmals pauschal über „die Deutschen" richten, etwa mit dem Verdikt, „die Deutschen" hätten sich nach dem Kriege ihrer Mitverantwortung für die verbrecherische Politik der Nationalsozialisten zu entziehen versucht. – Doch die große Mehrheit war von der Entnazifizierung gar nicht betroffen, hatte nichts zu vertuschen, hatte nicht einmal einen Mitläuferstatus. „In der amerikanischen Besatzungszone kam es bei 950.000 vor den Spruchkammern verhandelten Fällen nur in drei Prozent zu einer Einstufung in die Kategorie der Hauptschuldigen oder der Belasteten."[60] In den anderen Zonen war es ähnlich. „Die nicht vollständige Entnazifizierungsstatistik der Westzonen führt 1949/1950 3.660.648 bearbeitete Fälle auf. 1667 Personen wurden als Hauptschuldige eingestuft, 23.060 als Schuldige, 150.425 als Minderbelastete. Als Mitläufer galten 1.005.874 Personen, 1.213.873 als entlastet. Die restlichen Verfahren wurden aus unterschiedlichen Gründen eingestellt, darunter gegen 782.803 vom Gesetz nicht Betroffene (Entlastete).

---

58  Conze, Frei, Hayes, Zimmermann 2010: 185. Den selben Vorwurf hat Eckart Conze auf einer Tagung in Bad Tutzing am 21.–23. Juni 2013, zu deren Teilnehmern ich gehörte, erhoben.
59  Eckart Conze u. a. „Unser Buch hat einen Nerv getroffen", *Süddeutsche Zeitung* 10.12.2010. Und doch: „Man kann die Arbeit nicht lesen, ohne den Eindruck zu gewinnen, die Verfasser seien über die deutschen Diplomaten moralisch empört und sie wollen mit ihrer Darstellung moralisch empören." So Bernhard Schlink nach Reinhard Müller „Der Vor-Versteher", *Frankfurter Allgemeine Zeitung* 16.6.2011.
60  Christian Meier „Versöhnen und vergessen", *Der Spiegel* 30/2010, S. 125. Siehe auch Löw 2011: 288 ff.

Insgesamt wurden also so viele Personen und -gruppen erfasst wie in keiner anderen postdiktatorischen Gesellschaft.", resümiert der Historiker Horst Möller das Ergebnis der Entnazifizierung.[61]

Und die Millionen, die weder vor einem Strafgericht noch vor der Spruchkammer erscheinen mussten, waren entweder ganz kleine Fische oder völlig unbelastet. Die spätere Aufarbeitung des NS-Unrechts durch bundesdeutsche Gerichte bestätigt diese Größenordnungen: Zwischen 1945 und dem 1. Januar 1978 waren nach Angaben der Bundesregierung 82.667 Ermittlungsverfahren gegen Personen geführt worden, die der Beteiligung an NS-Straftaten verdächtigt wurden. 6425 Personen waren rechtskräftig verurteilt worden, in 71.554 Fällen gingen die Verdächtigen straffrei aus und weitere 4688 Verfahren waren zum Zeitpunkt dieses Berichts noch anhängig.[62]

Aber auf derlei Einwände verschwendet „Das Amt" keine Zeile. Verwunderung wird vielmehr darüber geäußert, dass von Leuten mit einer derart schlimmen Vergangenheit, wie sie die meisten Mitarbeiter des Amtes angeblich hatten, ein liberaler Staat aufgebaut werden konnte. Vielleicht lautet des Rätsels Lösung: Die große Mehrheit bestand eben gar nicht aus eingefleischten Nazis, sondern aus äußerlich Angepassten, wie in allen Diktaturen? Nur wer das nicht wissen will oder tatsächlich nicht weiß, muss sich darüber wundern, dass diese Mitarbeiter des AA nach 1945 so problemlos einen demokratischen Staat mit aufbauen konnten.

Obwohl „Das Amt" 880 Seiten zählt, kommen absolut glaubwürdige Zeitzeugen nicht zu Wort, deren Bekundungen aufschlussreicher sind als manch amtliches Dokument. Hier zwei Belege, die bisher auch von der Kritik nicht erwähnt wurden: Ernst Marcus, ein namhafter Jude, sollte während des Pogroms vom 9./10. November 1938 für die Reichsvertretung der Juden eine Verbindung mit dem Auswärtigen Amt herstellen, was ihm auch gelang. Sein 1967 publizierter Bericht lautet: „Im Auswärtigen Amt erlebte ich den ersten Eindruck offenen Abscheus… Entgegen seiner Gewohnheit, mich allein zu empfangen, war er [Otto v. Hentig] von einigen Attachés seines Referates umgeben. Alle Anwesenden waren mir persönlich bekannt. Hentig… drückte mir unumwunden seinen Abscheu gegenüber den Ereignissen aus. ‚Ich schäme mich für mein Volk', diese herausgestoßenen Worte

---

61  Horst Möller „Unser letzter Stolz" *FAZ* 9.6.2012.
62  Herwig 2013: 181.

blieben mir im Gedächtnis. Einer der Attachés – alle gehörten der SS an –
fügte hinzu: ‚Glauben Sie mir, wir werden diese Taten büßen müssen. Dieser
Tag bleibt nicht ungesühnt. Vielleicht ist Ihnen das ein Trost'. Es war in der
Tat ein Trost. Denn ich empfand, dass es diesen Männern, vielleicht weil sie
ihr Vaterland liebten, ernst war mit ihrer Abneigung gegen den Geist des
Nationalsozialismus, des Urhebers der von ihnen verurteilten Taten."[63]
Im Klappentext von „Das Amt" lesen wir: „Das Selbstbild des Auswärtigen Dienstes ist vielfach noch heute von der Vorstellung geprägt, die Diplomaten des Dritten Reiches hätten dem Regime distanziert gegenübergestan-
den." Belegt wird diese Behauptung nicht. Walter Scheel, von 1969 bis 1974
Bundesminister des Auswärtigen, erinnert sich: „Das Bild, das der Kommissionsbericht vom Auswärtigen Dienst der Nachkriegszeit zeichnet, steht
im Widerspruch zu meiner Erfahrung. Ich habe keinen Mitarbeiter erlebt,
der die Ansicht vertrat, das Amt sei in den zwölf Jahren ein Hort des Widerstandes gewesen, oder der dessen Verstrickung in die Aggressions- und
Vernichtungspolitik des NS-Staats geleugnet hätte."[64] Nicht bedacht wurde
in „Das Amt" auch, was die in Yad Vashem als „Gerechte unter den Völkern"
geehrte Journalistin Ruth Andreas-Friedrich am 28. Januar 1941 in ihrem
Tagebuch vermerkt hat: „Cocktail-Party bei Erich Tuch. Das halbe Auswärtige Amt ist erschienen. Das heißt – genauer gesagt – die ‚andere Hälfte' des
Auswärtigen Amtes. Die Gegenhälfte. Denn unter den hundertundzwanzig
Anwesenden dürfte sich kaum ein Nazi befinden. Man redet getarnt und
geschickt. Wie es sich für Diplomaten geziemt. Doch hinter den umschrei-
benden Worten spürt jeder bei jedem den gleichen Sinn: Wir sind nicht der
Meinung! Wir lehnen sie ab, die Politik dieser Gangster-Regierung. ‚Und
doch macht ihr sie mit', sagt Andrik [ein Begleiter der Autorin] zu Tuch. –
‚Machen wir sie wirklich mit?' fragt dieser. ‚Ich bitte Sie, was sollen wir denn
tun?'"[65] Nach Andreas-Friedrich waren also viele Mitarbeiter zumindest
keine begeisterten Gefolgsleute des Führers. Warum hätte die Judenhelferin
die Wirklichkeit zugunsten der im Auswärtigen Amt Tätigen verzeichnet
haben sollen?

---

63  Ernst Marcus in: Kurt Ball-Kaduri „Vor der Katastrophe. Juden in Deutschland 1934–1939", Tel
Aviv 1967, S. 178 f. Trotz seiner aufrichtigen Haltung in der NS-Zeit ist Otto v. Hentig kaum mehr bekannt, daher ist ihm dieses Buch gewidmet.
64  Walter Scheel „Für mehr Diskussionskultur" *Frankfurter Allgemeine Zeitung* 21.3.2012, S. 10. Einen
anschaulichen Einblick vermittelt Hans-Otto Meissner „In stürmischer Zeit. Als Diplomat in London,
Tokio, Moskau, Mailand" Esslingen 1990.
65  Ruth Andreas-Friedrich „Der Schattenmann. Tagebuchaufzeichnungen 1938–1945" Berlin 1983,
S. 75 f.

Ein anderes Thema ist die Frage einer öffentlichen Selbstkritik des Amtes nach dem Neubeginn 1949. Derlei war damals in der Tat unüblich, erscheint aber auch in der Praxis eines Ministeriums keine einfache Sache. Hätten die Unbelasteten den Entnazifizierten im Dienstalltag Vorwürfe machen sollen? Etwas ganz anderes wäre es gewesen, wenn es sich bei den Entnazifizierten um Ewig-Gestrige gehandelt hätte und man wäre nicht eingeschritten. Doch dieser Vorwurf wird von niemandem erhoben. Die in Gnaden wieder Aufgenommenen erwiesen sich in aller Regel dankbar und loyal.

## Dennoch ein Verkaufsschlager

Trotz der fundierten Kritik an „Das Amt und die Vergangenheit" war der Absatz gewaltig: Über 80.000 Exemplare in sechs Auflagen fanden Käufer. Übersetzungen ins Polnische, Französische und Englische waren im Sommer 2013 in Vorbereitung.[66] Man fühlt sich an den Erfolg von Goldhagens Buch „Hitlers willige Vollstrecker" erinnert.

## Fischers Eingeständnis über „Das Amt und die Vergangenheit"

Schon in der ersten Auflage dieses Buches habe ich dargelegt, dass das 880-Seiten-Werk „Das Amt und die Vergangenheit" im Grunde kein wissenschaftliches Buch ist, sondern eher eine politische Kampfschrift in wissenschaftlichem Gewand. Dafür gibt es inzwischen den stärksten Beweis, der vorstellbar ist: Das Eingeständnis des Auftraggebers. Den Auftrag für das Buch „Das Amt und die Vergangenheit" hat im Juli 2005 der damalige Bundesaußenminister Joschka Fischer erteilt. Er stand damals durch eine doppelte Affäre massiv unter dem Druck der Öffentlichkeit und aus den Reihen seines eigenen Ministeriums. Zum einen war da die sogenannte Visa-Affäre. Zumindest geduldet von Fischer und dann auch mit seiner Unterschrift hatte im Herbst 1999 Ludger Volmer (Grüne), damals Staatssekretär im Auswärtigen Amt (AA), in einem Erlass die deutschen Botschaften und Konsulate angewiesen, bei Visa-Anträgen im Zweifel großzügig zu sein. Dadurch kamen in den Folgejahren mehrere Hunderttausend Personen illegal nach Deutschland und in die EU. Ihre Einreise widersprach deutschen Gesetzen ebenso wie EU-Recht, namentlich den Schengen-Vereinbarungen. Allein im Jahre 2001 konnten mit Visa, die die deutsche Botschaft in Kiew

---

66  Christian Mentel „Die Debatte um ‚Das Amt und die Vergangenheit'" APuZ 2012, S. 38.

auf der Basis des Volmer/Fischer-Erlasses wie am Fließband ausstellen musste, etwa 300.000 Menschen in die EU einreisen – viele davon an sich illegal. Der Erlass, der erst 2004 faktisch widerrufen wurde, erwies sich damit geradezu als Förderprogramm für organisierte Menschenhändler, viele Geschleuste landeten direkt in der Schwarzarbeit oder in Bordellen. Anfang 2005 sah sich das Landgericht Köln außerstande, einen zigtausendfachen Schleuser angemessen zu bestrafen, weil Fischer und Volmer ihm faktisch zugearbeitet hätten. Er bekam fünf Jahre Haft statt der vom Gesetz eigentlich geforderten zehn, wie der zuständige Richter Ulrich Höppner offen bedauerte. Der mutige Richter äußerte in dem Verfahren und im Urteil Kritik an der Regierung, die in ihrer Schärfe beispiellos in der deutschen Rechtsgeschichte ist. Die massenhafte Visavergabe trotz fehlender Voraussetzungen „hat etwas mit Protektion zu tun, wenn nicht mit Korruption", erklärte er rundheraus und regte an, gegen Zeugen aus dem AA wegen des Verdachts der Falschaussage Verfahren anzustrengen, da sie in dem Prozess „glatt gelogen" hätten. Offensichtlich war das geschehen, um den verantwortlichen Minister zu schützen und mutmaßlich hatte er das sogar angestiftet, was der Richter zwar nicht auch noch sagte, aber erkennbar meinte[67]. Sein Fazit war drastisch: Geschehen sei „so etwas wie ein kalter Putsch der politischen Leitung des Auswärtigen Amtes gegen die bestehende Gesetzeslage". Der Skandal war da, auch dem SPIEGEL war die Sache im Februar 2005 einen für Fischer äußerst peinlichen Aufmacher wert. Ein Untersuchungsausschuss folgte und dieser trug in den kommenden Monaten zum vorzeitigen Ende der Kanzlerschaft von Gerhard Schröder bei.

Der Druck auf Fischer wuchs noch, als im März 2005 bekannt wurde, dass auf seine Weisung hin frühere Angehörige des Auswärtigen Amtes, wenn sie einst Mitglieder der NSDAP waren, nach ihrem Ableben grundsätzlich keinen ehrenden Nachruf des AA mehr erhalten dürften – egal ob sie tatsächlich belastet waren und welche Verdienste auch immer sie sonst vor oder nach 1945 erworben hatten. Diese Weisung stammte schon vom September 2003, aber Fischer hatte sie nicht veröffentlichen lassen. Bekannt wurde sie erst, als Ende 2004 der hochverdiente Spitzendiplomat Franz Krapf nach seinem Tode ohne Nachruf im Ministeriumsblatt *internAA* blieb, was im Auswärtigen Amt und unter pensionierten Diplomaten Anfang 2005 zu einem öffent-

---

67  Konkret ging es darum, dass die Spitze des AA in diesem Prozess mehreren Mitarbeitern zunächst keine Aussagegenehmigung erteilt hatte und zwar mit der Begründung, sie würden von der russischen Mafia bedroht. Als sie später doch aussagten, wussten die Zeugen von derlei Bedrohungen nichts.

lichen Ausbruch der Empörung in Form einer großen *FAZ*-Zeitungsanzeige
sorgte, sogar Unterschriftenlisten gegen die neue Nachrufpolitik kursierten
im sonst so loyalen Auswärtigen Amt. Hans-Dietrich Genscher persönlich
hatte zuvor Krapf beim Trauergottesdienst in Bad Godesberg am 29. Oktober
2004 ausführlich als große Persönlichkeit des Diplomatenstands und der
Aufbaugeneration der Bundesrepublik Deutschland geehrt.

Es bleibt eine Ironie des Schicksals, dass Fischers Pauschalverdächtigung
gegen alle früheren Mitglieder der NSDAP ausgerechnet durch den Tod von
Franz Krapf bekannt wurde. Denn Krapf war trotz Mitgliedschaft in der
Partei und sogar in der SS-Reiterstaffel nicht nur unbelastet, er war ein
Mann des Widerstandes. Im Entnazifizierungsverfahren wurde er 1948
folglich nicht etwa als Mitläufer, sondern ausdrücklich als „entlastet" eingestuft. Erich Kordt, eine wichtige Figur des Widerstandes gegen den Nationalsozialismus, bezeugte nach Kriegsende an Eides statt, dass Krapf im
Sommer 1938 während der geplanten Verschwörung um General Ludwig
Beck gegen Hitlers Kriegspläne nicht nur zum kleinen Kreis der Eingeweih-
ten gehört hatte, sondern auch als Kurier zwischen den Verschwörern agierte.[68] Anfang 1941 trafen sich Kordt und Krapf als Diplomaten in Tokio wieder, in der Folgezeit haben die beiden, so Kordt, „eng zusammengearbeitet"
und beispielsweise „Versuche einer Hitler und Ribbentrop nicht genehmen
Friedensvermittlung zwischen Deutschland und der Sowjetunion" gefördert. Zudem habe Krapf mitgewirkt bei „der Sabotage aller Weisungen nationalsozialistischen Inhalts, insbesondere solcher, die rassisch Verfolgte und
Feinde des Regimes betrafen".[69] Krapf hat also zum – gewiss kleinen – Kreis
derjenigen gehört, die nicht etwa nur ohne innere Überzeugung der NSDAP
angehört hatten, sondern letztlich zur Tarnung ihrer regimefeindlichen
Aktivitäten. Interessanterweise war auch Erich Kordt selbst, dessen Zugehörigkeit zum Widerstand nun wirklich niemand in Abrede stellt, Mitglied
sowohl der NSDAP als auch der SS gewesen.[70] Dass es solche Personen
überhaupt gegeben haben könnte[71], scheint die Auffassungsgabe des früheren Frankfurter Taxifahrers Joseph Martin Fischer zu sprengen. Jedenfalls

---

68  Guido Heinen: Der Botschafter Franz Krapf rückt in neues Licht, *Die Welt* vom 13.4.2005
69  Ebd.
70  Daniel Koerfer: Diplomatenjagd, Potsdam 2013, S. 185
71  Selbstverständlich waren nur äußerst wenige Mitglieder der SS innerlich gegen den Nationalsozialismus eingestellt waren und auch nur eine kleine Minderheit in der NSDAP. Ebenso klar ist, dass es im
Dritten Reich vice versa etliche Personen gab, die Verbrechen begingen, ohne je Mitglied einer NS-
Organisation gewesen zu sein.

war nun ausgerechnet Krapf der erste, den Fischers Bannstrahl traf. Der Minister stand jetzt erst recht unter Druck aus dem eigenen Hause, wo man natürlich wusste, dass unter diese Regelung gleich zwei ehemalige Bundes-außenminister fallen würden – Hans-Dietrich Genscher und Walter Scheel. Beide waren einst NSDAP-Mitglieder gewesen, zwar nicht wie Krapf als NS-Gegner, aber ebenfalls ohne sich moralisch kompromittiert zu haben oder gar im juristischen Sinne schuldig geworden zu sein.

In dieser misslichen Lage versuchte Fischer, sich mit der Historikerkom-mission Luft zu verschaffen. Dass es dabei noch nicht einmal im Ansatz um wissenschaftliche Erkenntnisse ging, sondern schlicht um eine politisch-ideologische Schlammschlacht, hat er Anfang 2013 in einem Gespräch mit dem Historiker Fritz Stern[72] überdeutlich erklärt – und damit sind wir bei dem eingangs erwähnten Eingeständnis des früheren Bundesaußen-ministers: „Plötzlich stand ich in einem Kulturkampf 1938 gegen 1968. Da habe ich allerdings gesagt: Ja, wenn ihr den wollt, Freunde, dann könnt ihr den haben. Als dann die Visa-Affäre hochkochte, ging's richtig los. Da dach-ten die wohl, jetzt haben wir ihn. Ohne die ganze Visa-Affäre hätte die Frage der Nachrufe wohl niemals eine solche Wirkung entfaltet. Das habe ich mir alles ein Weilchen angeguckt, dann hatte ich die Faxen dicke und habe diese Kommissionsidee ausgebrütet. Mir war klar, dass ich da meinen letzten Stein in die Luft werfe, der lange in der Luft sein würde, sich während des Fluges aber auf wundersame Weise verändern und am Ende als Hinkelstein auf die römischen Legionäre niedergehen würde. Mir war zugleich klar, dass ich den Einschlag, das Erscheinen des Kommissionsberichtes, selbst nicht mehr im Amt erleben würde."[73] Sein Gesprächspartner Fritz Stern fragte nach, woher er denn damals so sicher gewesen sei, dass die Kommis-sion überhaupt zu einer Verurteilung der früheren Mitarbeiter des AA kommen würde. Vielleicht verwundert über Sterns Naivität antwortete Fischer direkt: „Ich ging fest davon aus, dass es so kommt."[74]

Diese Einlassungen sollte man zweimal lesen. Fischer selbst, damals im-merhin Vizekanzler der Bundesrepublik Deutschland, vergleicht das vier-bändige „wissenschaftliche" Werk im Rückblick mit einem großen Stein,

---

72  Fischer, Joschka/Stern, Fritz: „Gegen den Strom. Ein Gespräch über Geschichte und Politik", C.H. Beck Verlag, 2013 – Das Buch ist bereits Anfang 2013 erschienen, kurz vor dem Erscheinen der 1. Auf-lage dieses Buches. Aufmerksam wurde ich darauf leider erst durch einen Artikel von Thomas Schmid vom 18.11.2013 in der *Welt*.
73  Fischer, Joschka/Stern, Fritz (2013), S. 50
74  Zitiert nach Daniel Koerfer: Diplomatenjagd, Potsdam 2013, S. 133.

den er auf andere geworfen habe – auf frühere deutsche Diplomaten und auf seine eigenen politischen Gegner. Das Sprachbild mit den vom Hinkelstein erschlagenen römischen Legionären, bei dem Fischer sich offenbar in der Rolle des Helden Asterix gesehen hat, ist – Comic hin oder her – von frappierender Gewaltsamkeit. Vollends obszön wird es vor dem Hintergrund von Fischers Biographie. Der inzwischen zum fünften Mal Verheiratete war in den 1970er Jahren mehrere Jahre lang eine führende Figur in der damaligen Frankfurter Hausbesetzer-Szene. Die höchst gewalttätige „Putzgruppe"[75] trainierte unter seiner Anleitung im Wald den Straßenkampf mit der Polizei. Der Wurf von Molotow-Cocktails und Steinen gehörte dabei zu den üblichen Techniken, was zu großen Sachschäden und zu unzähligen, teils schweren Verletzungen von Polizisten geführt hat. Einer von ihnen, Jürgen Weber, erlitt bei einem der von Fischer mit organisierten Straßenkämpfe am 10. Mai 1976 durch einen Molotowcocktail Verbrennungen von 60 Prozent seiner Haut, was er nur knapp überlebte[76]. Die Staatsanwaltschaft Frankfurt ermittelte wegen versuchten Mordes und der Verdacht gegen den damals 28-jährigen Fischer war so konkret, dass er zusammen mit dreizehn anderen für zwei Tage in Untersuchungshaft kam, Fischer galt als einer der fünf am meisten Verdächtigen[77]. Mangels Beweisen wurde er schon nach zwei Tagen wieder freigelassen. Sein tatsächlicher Tatbeitrag im Vorfeld dieser Straßenschlacht ist bis heute nicht genau geklärt, zumal Fischers Staatsschutzakte auf mysteriöse Weise verschwand, nachdem er 1985 hessischer Umweltminister wurde[78]. Festzustehen scheint, dass er die beinahe tödliche

---

75 Auch bekannt als Putztruppe. Sie bestand von 1971 bis 1976, zählte rund 40 Personen und war der militanteste Teil der ebenfalls von Fischer maßgeblich geprägten Frankfurter Sponti-Gruppe Revolutionärer Kampf (RK). Der Name wird teilweise auch P.U.T.Z. geschrieben und als Abkürzung für „Proletarische Union für Terror und Zerstörung" erklärt, was aber vermutlich nicht die ursprüngliche Bedeutung war.

76 Der Tod tritt nach solchen Verbrennungen üblicherweise erst nach mehreren Tagen ein. Weber galt in dieser Phase als sicherer Todeskandidat, im Krankenhaus versuchte man, ihm seine vermeintlich letzten Stunden so angenehm wie möglich zu machen. Er war nach eigenen Angaben der erste Brandverletzte in Deutschland, der eine so großflächige Verbrennung überlebt hat. Telefonische Auskunft von Jürgen Weber gegenüber Konrad Badenheuer, damals freier Mitarbeiter des *Bayernkurier*, Anfang des Jahres 2001.

77 Daniel Koerfer: Diplomatenjagd, Potsdam 2013, S. 166. Dort wird die Attacke auf Weber genau geschildert: Am Ende des Demonstrationszuges drehte sich eine Gruppe von etwa 40 bis 50 Personen „wie auf Befehl" um und attackierte das Polizeiauto, in dem Weber saß, gezielt mit etlichen Molotowcocktails. Ob diese Gruppe direkt Fischers Putztruppe war oder sich mit dieser überschnitten hat, ist unbekannt.

78 Medienberichten zufolge hat sich der damalige Ministerpräsident Holger Börner (SPD) die Akte in sein Büro liefern lassen; seitdem gilt sie als verschollen. Vgl. u.a. Hans Heckel: Der Fall Joschka Fischer – Ein Kartell des Schweigens, *Ostpreußenblatt* vom 13.1.2001

Brandflasche nicht selbst geworfen hat – genauso wenig, wie er am 11. Mai 1981 den hessischen Wirtschaftsminister Heinz-Herbert Karry (FDP) erschossen hat. In diesem ungeklärten Mordfall beschränkt sich Fischers gesicherter Tatbeitrag darauf, dass mehrere Jahre zuvor die Tatwaffe in dem auf ihn zugelassenen Auto transportiert wurde. Den Wagen hatte er 1973 seinem damaligen Freund Hans-Joachim Klein, der später als Terrorist verurteilt wurde, ausgeliehen – nach eigenen Angaben, damit dieser einen neuen Motor einbaue; vom Waffentransport habe er nichts gewusst[79].

Interessant auch: Als Fischer einmal darauf angesprochen wurde, als junger Mann Steine geworfen zu haben, antwortete er schlicht: „Ich habe Auschwitz nicht gemacht."[80] In einem intellektuell und ethisch teilweise deformierten Umfeld hat das ausgereicht, ihm eine politische Karriere ohne jegliche Übernahme von Verantwortung für seine vielen Straftaten zu ermöglichen – zumindest schwerer Landfriedensbruch, Widerstand gegen die Staatsgewalt, Hausfriedensbruch und Sachbeschädigungen sind kaum zu bestreiten.

Ausgerechnet ein Mann mit dieser Vergangenheit meint, über die Vergangenheit anderer Menschen richten zu können – und das mit jämmerlich schwachen Argumenten. Ein Mann mit dieser Vergangenheit vergleicht dabei eine von ihm veranlasste „wissenschaftliche" Studie mit einem Hinkelstein, der eine Gruppe von Menschen erschlägt. Die politische Öffentlichkeit hat dieses Eingeständnis unbeeindruckt hingenommen, soweit sie davon überhaupt Kenntnis erhalten hat.

## Vernichtende Kritik von vielen Seiten

Zu den angesehensten Experten der NS-Zeit gehört der in Cambridge lehrende Historiker Richard J. Evans. Er unterzog das Buch „Das Amt und die Vergangenheit" einer vernichtenden Kritik. Der Bericht zeichne sich „durch eine durchgängige Tendenz aus, die aktive Teilhabe des Auswärtigen Amtes an einer Reihe von kriminellen Aktivitäten der Nazis zu übertreiben". Dabei werde in einigen Teilen der aktuelle Forschungsstand nicht beachtet, was zu „Fehlern und Fehlinterpretationen" führe. Das Buch falle „hinter die wissenschaftlichen Standards zurück, die man von einem Kommissionsbericht

---

79  Georg Mascolo: Die tote Spur. *Der Spiegel*, 8.1.2001
80  Daniel Koerfer: Diplomatenjagd, Potsdam 2013, S. 200.

dieser Wichtigkeit" erwarten dürfe, beklagt der Brite, es sei sogar versäumt
worden, „die relevante Sekundärliteratur zu konsultieren". Nicht einmal
Standardwerke würden ausreichend zitiert, und der Blick auf spezielle Literatur fehle ganz.[81] Evans' Kritik wiege besonders schwer, meinte sogar der
SPIEGEL, denn: „Er gehört keiner deutschen akademischen Seilschaft an
und blickt von außen auf die Diskussion. Der 1947 geborene Historiker ist
apologetischer Absichten völlig unverdächtig, er hatte sich schon während
Historikerstreits von 1986 um den Massenmord an den europäischen Juden
gegen jeden Versuch verwehrt, die deutsche Geschichte rein zu waschen."[82]
Der Historiker Johannes Hürter vom renommierten Institut für Zeitgeschichte bescheinigte dem Werk „bodenlose Behauptungen", „Über-
zeichnungen, Vereinfachungen, Widersprüche" und „schlichtweg falsche
Befunde".[83]

Die wohl ausführlichste und genaueste Analyse des Buches „Das Amt
und die Vergangenheit", seiner Vorgeschichte und Entstehung, der Motive
der Beteiligten und der nachfolgenden Debatte hat der Berliner Historiker
Daniel Koerfer vorgelegt. Sein über 540 Seiten umfassendes, überaus le-
senswertes Buch „Diplomatenjagd – Joschka Fischer, seine Unabhängige
Kommission und Das Amt" ist ein erschütterndes Dokument der intellektuellen und moralischen Zerrüttung nicht nur der deutschen Geschichtswissenschaften, sondern auch von Teilen unserer Medien und der politischen
Klasse in Deutschland. Zwei besonders verrückte Fälschungen aus „Das
Amt" sollen nun noch aufgegriffen werden. Das eine ist die Behauptung,
nicht etwa von Hitler, Himmler und Heydrich sei die Entscheidung zum
Holocaust getroffen worden, sondern in einem Gespräch zwischen dem damaligen Außenminister Ribbentrop und Hitler (siehe oben Seite 31 f.). Das
andere ist der, pardon, Rufmord an dem 2003 verstorbenen Juristen und
Diplomaten Franz Nüßlein, der überhaupt den Ausgangspunkt für Fischers
Nachruf-Affäre darstellt und der zugleich ein absolutes Extrembeispiel
dafür ist, wie sich das Bild der unter Hitler lebenden Deutschen hierzulande
verfinstert hat.

---

81  Richard J. Evans, The German Foreign Office and the Nazi Past, in: Neue Politische Literatur, 56
   (2011) 2, S. 165–184, zitiert nach *Der Spiegel*, 27.5.2011
82  Jan Friedmann: Debatte um „Das Amt": „Dieses Buch ist zutiefst fehlerhaft", *Der Spiegel* vom
   27.5.2011.
83  Zitiert nach *Der Spiegel* vom 27.5.2011.

## Hat die Spitze des Auswärtigen Amtes den Holocaust beschlossen?

Wie bereits oben auf S. 31 f. dargestellt, behauptet die Studie „Das Amt und die Vergangenheit" allen Ernstes, die Spitze des Auswärtigen Amtes habe „die Initiative zur Lösung der ‚Judenfrage' auf europäischer Ebene" ergriffen und zwar bei einem Treffen Hitlers mit dem damaligen Außenminister Ribbentrop am 17. September 1941. Damals sei „das Schicksal der deutschen Juden ... besiegelt" worden.[84] Belegt wird das nicht, die Autoren geben sogar ebenso freimütig wie ignorant zu, dass es keine Aufzeichnungen über die Inhalte dieses Gesprächs gebe. Ja, wenn die Behauptung dennoch stimmen würde, dann wäre das eine Sensation. Hatte nicht Hitler persönlich schon 1939 Reinhard Heydrich mit der „Endlösung der Judenfrage" beauftragt? Hatte dieser sich das nicht im Sommer 1941 von Göring schriftlich bestätigen lassen und mit der Leitung der Wannsee-Konferenz am 20.1.1942 klar bestätigt, dass er diese Zuständigkeit für den Völkermord auch tatsächlich ausübt? Und hatte der Holocaust nicht bereits im Juli 1941 mit den Massenerschießungen von Juden hinter der Front in der Sowjetunion begonnen? Diese Fragen ließen sich vermehren. All das müsste revidiert werden, sogar Himmler und Heydrich wären teilweise entlastet, wenn die Historikerkommission in diesem zentralen Punkt Recht hätte.

Aber was wurde auf diesem Treffen am 17. September 1941 denn nun wirklich besprochen? Obwohl kein Protokoll existiert, ist der Gesprächsinhalt sehr wohl überliefert, es ging „um die nach der amerikanischen Erklärung über den bewaffneten Geleitschutz nach Island entstandene Lage und sich daraus ergebende Folgerungen für den Krieg im Atlantik". Dass das der Inhalt des Gesprächs war, ist belegt und auch publiziert[85], was die Historikerkommission aber anscheinend nicht wusste. An diesem Tage trafen sich nicht etwa Hitler und Ribbentrop unter vier Augen, wie die Kommission suggeriert, sondern Hitler empfing „Raeder, Keitel, Jodl, Dönitz, Ribbentrop", also die oberste Marine- und Militärführung sowie den Außenminister, wobei dieser, obwohl der Ranghöchste, als letzter genannt wurde. Seine Rolle bei dem Gespräch war also offenbar nicht die wichtigste. Zwei Tage zuvor hatte der US-amerikanische Marineminister Frank Knox donnernd erklärt, die US-Flotte habe den Befehl, deutsche Kriegsschiffe im Nord-

---

84   Conze, Frei, Hayes, Zimmermann 2010: 185.
85   Martin Vogt (Hg.): Herbst 1941 im „Führerhauptquartier". Berichte Werner Koeppens an seinen Minister Alfred Rosenberg, Koblenz 2002, S. 20f.

atlantik ab dem 16. September „mit allen verfügbaren Mitteln aufzubringen
oder zu zerstören". Für Deutschland stellte sich die Frage, wie darauf zu reagieren wäre. Wie der Historiker Stefan Scheil herausgearbeitet hat[86], bestand offenbar die Sorge, dass die deutschen U-Boote bei der Verfolgung
und Bekämpfung alliierter Geleitzüge nach Ablösung der Briten durch die
Amerikaner im Nordatlantik zunehmend Gefahr liefen, amerikanische
Schiffe zu versenken. Damals befand sich Deutschland aber noch nicht mit
den USA im Kriegszustand und es hatte zu diesem Zeitpunkt auch kein Interesse, diesen zu provozieren. Es war damals noch allgemein im Bewusstsein, welche Bedeutung die Versenkung des US-Passagierschiffes *Lousiana*
im Mai 1915 für die weitere Haltung der USA im Ersten Weltkrieg und
letztlich für die Niederlage Deutschlands in diesem Krieg gehabt hatte. Mit
dem Holocaust hat das alles nichts zu tun. Aber in dem mit Millionenauf-
wand erstellten und hunderttausendfach verkauften, regierungsamtlichen
Bericht wird nun die geradezu lachhafte These vertreten, Ribbentrop und
Hitler hätten – in einem Gespräch im Beisein unter anderem des damaligen
Verantwortlichen für die U-Boot-Waffe, Dönitz, aber unter Umgehung des
tatsächlich Hauptverantwortlichen Heydrich den Beginn des Holocaust beschlossen, der zu diesem Zeitpunkt tatsächlich bereits seit mehreren
Wochen in vollem Gange war.

## Der Rufmord an Franz Nüßlein

Bisher unerwähnt geblieben ist der eigentliche Auslöser der Nachruf-Affäre.
Es war der Nachruf auf den im Februar 2003 verstorbenen Juristen und
Diplomaten Dr. Franz Nüßlein, auf den im Mai 2003 in der bereits erwähn-
ten Mitarbeiterzeitung *internAA* des Auswärtigen Amtes eine würdigende
Todesanzeige erschienen war, die mit der Formel endete „Das Auswärtige
Amt wird ihm ein ehrendes Gedenken bewahren". Dieser Nachruf enthielt
nur eine echte Ungenauigkeit: Nüßlein war nicht etwa nach „10-jähriger
Internierung in der Tschechoslowakei" 1955 in das AA eingetreten, sondern
nach etwas über acht Jahren Haft in verschiedenen Gefängnissen des Landes. Eine Weglassung bestand darin, dass dieser Nachruf die vielleicht

---

86  Stefan Scheil: „Ribbentrop – oder: Die Verlockung des nationalen Aufbruchs" (2013) und ders: „Das
Falsche hat Bestand – Das Auswärtige Amt hält an umstrittener Studie fest", in: *Junge Freiheit* vom
15.2.2013

größte Lebensleistung Nüßleins unerwähnt ließ:[87] Der 1909 in Kassel geborene war zwischen 1939 und 1945 in Prag unter anderem für Begnadigungsverfahren von zum Tode verurteilte Tschechen zuständig. Er hatte über diese Gnadengesuche nicht zu entscheiden und mit den Prozessen selbst hatte er schon gar nichts zu tun, er bekam fertige Urteile auf den Tisch. Doch oblag es ihm, zu den Gnadengesuchen der Verurteilten und ihrer Anwälte gutachterlich Stellung zu nehmen, was auf die Gnadenentscheidung Einfluss hatte. Diesen kleinen Spielraum nutze Nüßlein geschickt und konsequent aus, und damit gelang es ihm, dass eine ganze Reihe von Delinquenten „dem Tode von der Schippe springen konnten". Der Diplomat und Historiker Heinz Schneppen belegt mit zahlreichen Details fast ein Dutzend Fälle, in denen Nüßlein entscheidend zur Rettung von zum Tode Verurteilten beitragen konnte. Eine gewiss ernst zu nehmende Stimme, der damalige Schweizer Generalkonsul Albert Huber ging nach dem Kriege so weit, Nüßlein folgendermaßen zu würdigen: „Ich habe die Tätigkeit von Herrn Nüßlein während der fünf Jahre [als Generalkonsul in Prag ab Herbst 1940] sorgfältig beobachten können und kann ohne Vorbehalt sagen, dass Herr Nüßlein geradezu eine Oase des Rechtsempfindens in der sonst so rechtlosen Atmosphäre des Protektorats um sich aufgebaut"[88] hat. Sein Wort hat besonderes Gewicht, wenn man weiß, dass das Schweizer Generalkonsulat in Prag damals die diplomatischen Anliegen einer Reihe weiterer Staaten, die im Protektorat nicht mehr vertreten waren, mit vertreten hat. Diese Würdigung ist umso bemerkenswerter angesichts der nachgeordneten Stellung Nüßleins in der Hierarchie der Protektoratsverwaltung.

1942 wurde Nüßlein zum „Oberstaatsanwalt" befördert, er hatte allerdings weiterhin, vielleicht abgesehen von einer Schreibkraft, keine Mitarbeiter. Zwischen ihm und dem Reichsprotektor, der ab 1943 über Gnadengesuche zu entscheiden hatte, befanden sich zwei weitere Hierarchiebenen. Seine Beförderung 1942 gestaltete sich schwierig, denn Nüßleins Distanz zum Regime war bekannt und aus den Akten ist belegt, dass eben das der Grund war, warum seine Beförderung zunächst abgelehnt wurde. Seine da-

---

87  Die folgenden Ausführungen basieren hauptsächlich auf folgenden drei Publikationen: a) Heinz Schneppen: Der Fall des Generalkonsuls a.D. Franz Nüßlein – Eine Rekonstruktion, in: *Zeitschrift für Geschichtswissenschaft (ZfG)* 12/2012, S. 1007-1037. b) Daniel Koerfer: Die „Akte Nüßlein", in: (ders.) Diplomatenjagd (2013), S. 327-328. c) Michael F. Feldkamp: Franz Roman Nüßlein (1909-2003) und die sog. „Nachruf-Affäre" des Auswärtigen Amtes im Jahre 2005, in: *1863-2013 – Festschrift zum 150. Stiftungsfest des katholischen Studentenvereins Arminia*, Bonn 2013, S. 74-101.
88  Auswärtiges Amt: 54513 PA Nüßlein

malige Personalakte vermerkt kritisch den regelmäßigen Besuch des Sonntagsgottesdienstes, ja sogar die Teilnahme an Fronleichnamsprozessionen im besetzten Prag. Letzteres war ein Akt demonstrativer Regimeferne und eine Geste der Solidarität mit der tschechischen Bevölkerung, weil an diesen öffentlichen Prozessionen in der schon damals zu über 90 Prozent tschechischen Stadt Prag natürlich viel mehr Tschechen als Deutsche teilnahmen. Um dennoch in Berlin die Beförderung „durchzudrücken", verfasste sein damaliger direkter Vorgesetzter, Ministerialrat Helmut Krieser, eine Lobeshymne auf ihn, die dann der damalige Reichsprotektor abzeichnete und in der Nüßeins „besondere politische Verdienste" und sein „Verständnis für die Notwendigkeit" einer „entschlossenen Bekämpfung" von „Reichsfeinden" gelobt werden. Diese Peinlichkeit steht indes völlig isoliert nicht nur in der Personalakte von Nüßlein da, sie widerspricht auch allen Aussagen der deutschen, tschechischen und schweizerischen Zeitzeugen, die Nüßleins Arbeit in Prag aus der Nähe kannten. Genaue Nachforschungen des AA in den späten 1950er Jahren haben zu dem Ergebnis geführt, dass es sich um eine Zwecklüge gehandelt hat, um die von Krieser angestrebte Beförderung seines Mitarbeiters Nüßleins zu bewirken und die Nüßlein nicht einmal bekannt wurde[89].

Obwohl er sich also ab 1942 „Oberstaatsanwalt" nennen durfte, blieb seine Position weit unten in der Hierarchie, er war ein Experte, der nicht selbst entscheiden durfte. Und doch konnte er mit seinen Stellungnahmen zu Gnadengesuchen eine Reihe von Verurteilten retten. Nüßlein ist insofern ein schönes Beispiel dafür, was auch in der NS-Zeit eine integre Persönlichkeit durch geschickte Ausnutzung kleiner Freiheitsgrade an Gutem bewirken konnte. Freilich, auch Nüßlein musste sich vor den „Geßlerhüten" des Regimes verbeugen. 1937 wurde er, nach mehrfacher Aufforderung und der Andeutung, dass er andernfalls womöglich nicht in den Staatsdienst aufgenommen würde, Mitglied der NSDAP und offen regimekritisch äußerte er sich nicht. Außerdem war es in Prag Nüßleins bittere Pflicht, abgelehnte Gnadengesuche „zur weiteren Veranlassung" gegenzuzeichnen und an das Sondergericht beim Landgericht Prag zurückzuschicken. Der materielle Beitrag Nüßleins zu den Todesurteilen war trotz dieser Formel nicht größer

---

89  „Herr Dr. Nüßlein wäre sehr erstaunt gewesen, wenn er gewusst hätte, was das [= die Beförderung] für eine ‚Schwergeburt' gewesen sei; sogar gelogen hatte er [= Krieser] für ihn." Aussage von Willy Greuel, 1959 Ministerialrat im Bundesfinanzministerium und 1942 zuständiger leitender Personalsachbearbeiter in Prag. Personalakten Auswärtiges Amt, Sonderakten Leiter der Zentralabteilung (D 1), Bd. 13.

als derjenige des Postboten, der das Schreiben dann beförderte, denn diese Urteile waren schon mit ihrer Verkündigung rechtskräftig.

Nach Kriegsende verlangte die Tschechoslowakei die Auslieferung Nüßleins, die von den US-Behörden am 1. April 1947 nach monatelangem Zögern vollzogen wurde. Womöglich hatten die Prager Behörden Oberstaatsanwalt Dr. Franz *Nüßlein* mit Oberstaatsanwalt Dr. Franz *Ludwig* verwechselte, das war jedenfalls Nüßleins eigene Vermutung und mit diesem Argument hat er sofort gegen seine Verhaftung protestiert. Und es lag nahe, denn Ludwig war tatsächlich ab 1940 einer der Ankläger am Sondergericht Prag und war dadurch offenbar mit verantwortlich für über 75 Todesurteile. Auf ihn, wie auch auf eine Reihe weiterer Ankläger und Richter an den deutschen Sondergerichten in Prag und Brünn könnte der Begriff des „furchtbaren Juristen" durchaus passen, aber eben nicht auf Nüßlein[90].

In der Tschechoslowakei hatte sich nach Kriegsende der Hass auf alles Deutsche überschlagen, etwa drei Millionen Sudetendeutsche wurden bis Weihnachten 1946 vertrieben und entschädigungslos enteignet, die Zahl der dabei Getöteten und Umgekommenen geht weit in die Zehntausende. Parallel dazu tobte die sogenannten Retributionsjustiz (die tatsächlich so hieß) und beförderte nach Gerichtsverfahren auf stalinistischem Niveau mehrere Hundert Deutsche sowie vermeintliche und tatsächliche tschechische Kollaborateure ins Jenseits. Wer sich auch nur ein wenig mit diesen Verfahren befasst hat weiß, dass die meisten dieser Todesurteile als Justizmorde bezeichnet werden können. So schrieb Paragraph 7 (3) des Retributionsdekretes vom 19. Juni 1945 die Todesstrafe vor für „[d]ie Verursachung des Todes oder einer schweren Körperverletzung bzw. die Herbeiführung einer Deportation durch eine gerichtliche und administrative Entscheidung", was von den Tribunalen und Gerichten auch noch exzessiv weit ausgelegt wurde[91]. Wer in dieser Lage als Deutscher in der ČSR auch nur ent-

---

90  Tatsächlich verlangte die ČSR Ludwigs Auslieferung und er stand sogar als gesuchter mutmaßlicher Kriegsverbrecher auf einer entsprechenden Liste der UNO (dem *Alphabetical Index of War Criminals* der United Nations War Crimes Commission). Dennoch konnte er in Westdeutschland nach 1945 gleich wieder als Staatsanwalt arbeiten und blieb bis zu seiner Pensionierung 1961 unbehelligt in dieser Funktion.

91  Beispielsweise wurden von der Retributionsjustiz der ČSR Mitarbeiter der deutschen Arbeitsverwaltungen zum Tode verurteilt und hingerichtet, die im Zuge der damaligen Arbeitsverpflichtung der tschechischen Bevölkerung (der der Kriegsdienst erspart geblieben ist) Tschechen zur Arbeit ins Reich vermittelt hatten. Die Begründung war, dass einige der Arbeitsverpflichteten dort den alliierten Luftangriffen zum Opfer fielen.

fernt etwas mit dem Tod eines Tschechen zwischen September 1938 und Mai 1945 zu tun hatte, dessen Schicksal war besiegelt.

Nun, Nüßlein war weder bei der Gestapo noch ein Konfident des SD, das anerkannten sogar seine Ankläger. Seine Unterschrift stand weder unter den Anklagen noch unter den Todesurteilen. Sie stand noch nicht einmal unter abgelehnten Gnadengesuchen – in keinem einzigen Fall wohlgemerkt. Sie stand aber, wie bereits erwähnt, unter einem Teil der Begleitschreiben, mit denen Gnadengesuche, die der „Reichsprotektor" oder in der Anfangszeit der Justizminister in Berlin abgelehnt hatte, an das Gericht „zur weiteren Veranlassung" zurückgeschickt wurden. Sein Leben hing damit am seidenen Faden. Prager Zeitungen forderten in Berichten mit dem Portrait Nüßleins Belastungszeugen auf, sich zu melden. Doch nun geschah etwas Unerwartetes: Kein Belastungszeuge meldete sich, stattdessen aber einige der von Nüßlein Geretteten und einer ihrer Anwälte, Dr. Lankaš. Sie setzten sich unter Nachteilen für sich selbst so engagiert für Nüßlein ein, dass dieser im Herbst 1947 vor der Freilassung stand. Doch just in diesen Wochen drehte der innenpolitische Wind in der ČSR. Nach einer gewissen Mäßigung des antideutschen Furors im Jahre 1947 gewannen nun die massiv deutschfeindlichen Kommunisten die Oberhand, was am 25. Februar 1948 im kommunistischen Putsch endete. Dadurch platzte die Entlassung Nüßleins, der Prozess wurde mit abenteuerlicher Begründung wieder aufgenommen. Dass er nicht mit der Hinrichtung Nüßleins endete, sondern „nur" mit Verurteilung zu 20 Jahren Haft grenzt angesichts der damaligen Urteilspraxis an ein Wunder. Es war keine Übertreibung als Daniel Koerfer dieses Urteils auch wegen der Begründung mit den Worten kommentiert hat: „das ist in der Stalin-Ära fast ein Freispruch"[92].

Im Juni 1955 kam Nüßlein frei und trat wenig später er in die Dienste des AA ein. Befürwortet hatte das Hans Berger, ein ausgewiesener Gegner des NS-Regimes; im AA lag Nüßleins Personalakte aus dem Reichsjustizministerium aus der Zeit vor 1945 vor. Man wusste von daher, dass er „sauber" war, auch wenn das tschechoslowakische Urteil von 1948 noch nicht bekannt war. Dieses stalinistische Urteil bildet seit seinem Bekanntwerden in Deutschland 1965 gleichsam den Schlussstein der Entlastung von Franz

---

92 So Koerfer im November 2011 in der *Frankfurter Allgemeinen Sonntagszeitung (FAS)* im Gespräch mit Frank Schirrmacher, zitiert nach *Preußische Allgemeine Zeitung* vom 2.12.2010; vgl. auch Koerfer 2013: 33 und 339ff.

Nüßlein, weil es sogar einige seiner „Guttaten" erwähnt. Die Verurteilung Nüßleins wird in diesem Urteil nur mit dem „Gummiparagraphen" 3 des Retributionsdekrets vom 19.6.1945 begründet, mit dem praktisch alle deutschen öffentlichen Bedienstete im Protektorat zu bis zu 20 Jahren Haft verurteilt werden konnten.

Doch aus Ost-Berlin setzten schon bald Kampagnen gegen angebliche und tatsächliche Altnazis in der Bundesrepublik ein. Dabei war die Fähigkeit oder der Wille zur Unterscheidung geringer als selbst unter den stalinistischen Richtern im Prag des Jahres 1948. Nüßlein wurde nun im Mai 1960 bezichtigt, als hochrangiger Ankläger („Generalstaatsanwalt") oder sogar als Richter im besetzten Prag an über 900 Todesurteilen beteiligt gewesen zu sein. Eine andere Denunziation aus Ost-Berlin – kaum vereinbar mit der erstgenannten – war, er sei „für die Genehmigung und Ablehnung der Gnadengesuche" verantwortlich gewesen und habe so über die Hinrichtung von „918" politischen Gegnern des NS-Regimes entschieden. Beides waren reine Verleumdungen, die vom AA damals und bei weiteren, ähnlichen Attacken in den Folgejahren zurückgewiesen wurden.

Jahre später, unter Joschka Fischer als Bundesaußenminister, war das anders. Eine in der Sache komplett substanzlose Beschwerde gegen den Nachruf auf Franz Nüßlein führte dazu, dass Fischer – schlecht beraten, ideologisch verblendet oder beides zugleich – sich die Ostberliner Denunziation von 1960 praktisch vollinhaltlich zu eigen machte. Eine kurze Recherche im Archiv des eigenen Ministeriums hätte zum gegenteiligen Ergebnis führen müssen, eigentlich nicht nur zum „Freispruch erster Klasse" für Nüßlein, sondern zur positiven Würdigung seiner Haltung während der NS-Zeit. Fischer wollte es anders. Seine Antwort war der oben erwähnte Nachruf-Erlass, der dann etwa anderthalb Jahre später, nach dem Tode von Franz Krapf, bekannt wurde. Die Argumentation der Historikerkommission in „Das Amt und die Vergangenheit" folgt fast wörtlich den Denunziationen aus der DDR von 1960 und behandelt Nüßlein viel weniger fair als selbst das tschechoslowakische Urteil von 1948. Auch der ehemalige Bundesaußenminister selbst hält bis heute an diesem Rufmord an Franz Nüßlein fest. Die von ihm dabei gewählten Formulierungen sind umso niederträchtiger, als Fischer dabei regelmäßig *im Ton der Selbstkritik* sein Bedauern darüber bekundet, wie ihm nur der schreckliche Fehler der Würdigung Nüßleins habe unterlaufen können. In seinem Buch „I am not convinced" von 2011 liest sich das dann so: „Ich hatte, wie die Akten bestätigten, einem

Nazitäter, der Blut an den Händen hatte, ein ‚ehrendes Gedenken‘ aussprechen lassen!“ Nüßlein sei in Prag „unter anderem für Gnadenangelegenheiten, d.h. für die Bestätigung von Todesurteilen zuständig“ gewesen. „Er soll an etwa 900 solcher Urteile beteiligt gewesen sein.“[93]

Wenn Nüßlein noch lebende Nachkommen hätte, dann hätten diese gute Aussichten, die Verbreitung dieses Buches unterbinden zu lassen. Denn Nüßlein war *eben nicht* zuständig für die Bestätigung von Todesurteilen[94] und er hatte *eben kein* Blut an den Händen. Dass er mit „etwa 900“ Fällen dieser Art befasst gewesen wäre, ist sowieso ein evidenter Unsinn, denn das entspricht knapp der Zahl sämtlicher Todesurteile der beiden deutschen Sondergerichte während der Protektoratszeit (Prag und Brünn). Zu bei weitem nicht allen Urteilen wurden aber Gnadengesuche gestellt und mit den Gesuchen aus Brünn war Nüßlein, der wohl irgendwann auch einmal Urlaub hatte oder krank war, nicht befasst. Doch Nüßlein war nie verheiratet und hat keine Nachkommen. In Deutschland gibt es daher mangels „Aktivlegitimation“ niemanden, der rechtlich etwas gegen den vom früheren Vizekanzler Fischer und der Historikerkommission in hoher Auflage und quasi-amtlich verbreiteten Rufmord an diesem Diplomaten unternehmen könnte. Schlimmer noch: Der Steuerzahler musste dieses regierungsamtliche Unrecht sogar mit finanzieren. Es bleibt also nur der politisch-publizistische Weg, zu dem auch dieses Buch ein Beitrag sein will.

## 4. „Warum die Deutschen? Warum die Juden?“

So lautet der Titel einer Neuerscheinung[95], die der bekennende „Alt-Achtundsechziger“ Götz Aly[96] 2011 veröffentlicht hat und die im ersten Jahr gleich mehrere Auflagen erlebte. Nicht nur insofern ist sie mit Goldhagens Bestseller „Hitlers willige Vollstrecker“ vergleichbar. Schon im Vorwort werden die diversen Förderungen des Buchprojekts herausgestellt, ein si-

---

93  Joschka Fischer: „I am not convinced“. Der Irak-Krieg und die rot-grünen Jahre, Köln 2011, S. 323.
94  Nach damaligem „Recht“ traten diese Urteile mit Verkündigung in Kraft. Genau genommen hat also auch nicht der Reichsprotektor, der tatsächlich über die Gnadengesuche zu entscheiden hatte, diese Urteile bestätigt.
95  Götz Aly „Warum die Deutschen? Warum die Juden? Gleichheit, Neid und Rassenhass 1800–1933“ Frankfurt am Main 2011.
96  Götz Aly „Unser Kampf. 1968 – ein irritierter Blick zurück“ Bonn 2008.

cheres Indiz dafür, dass es nicht gegen die Vorgaben der Political Correctness verstößt.

## „Sozialneid"

Alys Kernthese lautet: Der Sozialneid der Deutschen sei es gewesen, der Hitler und sein Morden ermöglicht habe. Mit Alys eigenen Worten lautet die neue Aufklärung: „Nicht die wenigen, die lauthals schrien ‚Juda verrecke!', bildeten die Basis für 1933 – ausschlaggebend war der lange eingefressene, in seinen Ausdrucksformen oft dezente, vehemente, scheelsüchtige und dumpfe Antisemitismus, der in allen Schichten nistete."[97]

Diese Sicht überrascht. Gab es wirklich „in allen Schichten" einen letztlich Vertreibung und Mord tragenden „lange eingefressenen … Antisemitismus"? War die große christliche Mehrheit insofern ohne moralische Substanz? War die Bejahung des Dekalog seitens der Kirchen und ihrer Gläubigen nur ein Lippenbekenntnis? Gibt es Belege, mit denen diese Fragen solide zu beantworten sind?

Überspringen wir aus Raumgründen die Kapitel „1800–1870: Judenfreunde, Judenfeinde", „1880: Antisemitismus als soziale Frage", „Volkskollektivismus im Vormarsch" und beginnen mit „Krieg, Niedergang und Judenhass":

„Als Reaktion auf den wachsenden Antisemitismus konstituierte sich 1893 der Centralverein deutscher Staatsbürger jüdischen Glaubens (C.V.)", schreibt Aly zu Beginn.[98] – Ja, es es kam sogar zur Gründung antisemitischer Parteien, die bei der Reichstagswahl von 1887 mit einem Stimmenanteil von 0,2 Prozent erstmals ein Abgeordnetenmandat gewannen und auf ihrem Höhepunkt 1898 zusammen 3,7 Prozent (284.000 Stimmen) bei einer Reichstagswahl auf sich vereinigten. Mit einer 5-Prozent-Hürde, die es damals noch nicht gab, hätten sie nie einen Reichstagssitz gewonnen. Diese Parteien hielten sich in der Folge bis zum Ersten Weltkrieg, doch war der Antisemitismus in Deutschland jedenfalls kein Massenphänomen und hier mit Sicherheit weniger verbreitet als etwa in Polen, Russland oder auch Frankreich. Dies belegen eine Fülle jüdischer Zeugnisse sowie die Wanderungsbewegungen.

---

97   Götz Aly „Wehler in der Sackgasse" *Frankfurter Allgemeine Zeitung* 21.12.2011, S. 30.
98   Aly 2011: 144.

Natürlich waren mit den gescheiterten Parteigründungen die Antisemiten nicht von der Bildfläche verschwunden, wofür Aly den jüdischen Soldaten Jakob Wassermann (1873–1934) in den Zeugenstand ruft. Der erinnert sich an den Ersten Weltkrieg: „Obwohl ich meine Ehre und ganze Kraft darein setzte, als Soldat meine Pflicht zu tun und das geforderte Maß der Leistung zu erfüllen, gelang es mir nicht, die Anerkennung meiner Vorgesetzten zu erringen."[99] Über Wassermann erfahren wir von Aly: „Er war als Kind eines Fürther Spielwarenfabrikanten wohlbehütet aufgewachsen."[100] Schon hier stimmen die Fakten nicht recht. Als die Mutter starb, war Jakob neun Jahre alt. Mit dem Vater verstand er sich nicht und brannte durch; mit dem Onkel verstand er sich ebenfalls nicht und litt. Seine Lebenserinnerungen, 1987 unter dem Titel „Mein Weg als Deutscher und Jude" erschienen, sind voller Bitterkeiten. Über Deutsche ebenso wie über Juden werden darin ebenso harte wie fragwürdige Urteile gefällt, so wenn er schreibt: „Ich erkannte aber bald, dass die ganze Öffentlichkeit von Juden beherrscht wurde. Die Banken, die Presse, das Theater, die Literatur, … alles war in den Händen der Juden."[101] Wassermann hätte – wenn er denn schon so überspitzt urteilt – auch den Anwaltsstand und die Ärzteschaft hinzufügen können. Doch einem Bekannten, der den Juden ihre Maßlosigkeit zum Vorwurf machte, antwortete er: „… seine Gefahr und sein Unrecht lägen in der Verallgemeinerung. Es gäbe solche und solche Juden."[102]

Auch seine Vorhaltungen an die Adresse der Deutschen mildert er wieder ab: „Übrigens enthält dieses ‚die Deutschen' in seiner Wiederholung und Fixierung eine Absurdität. Ich kenne deutsches Leben genug, um zu wissen, was an der Oberfläche liegt und was in der Tiefe; was auf der Straße vorgeht und was im verschwiegenen Innern des eigentlichen Volkes. Ich kenne vor allem Deutsche genug, um nicht in Zweifel zu sein, wogegen die Mißbilligung und der heimliche Ekel der Besten unter ihnen sich kehrt. Freunde und Weggenossen weiß ich da wie dort."[103]

Doch von dieser wichtigen Differenzierung findet sich bei Aly kein Wort. Erst recht fehlt jeder Hinweis auf die vielen jüdischen Soldaten des Ersten Weltkrieges, die betont haben, auf keine Weise diskriminiert worden zu sein. So bekundet der Literat Karl Löwith: „Einen Unterschied der Rasse

99  Aly 2011: 148.
100  Aly 2011: 165.
101  Jakob Wassermann „Mein Weg als Deutscher und Jude" Berlin 1987 S. 107.
102  Wassermann 1987: 55.
103  Wassermann 1987: 130.

habe ich während meines ganzen Frontlebens weder von der Mannschaft noch vom Offizierskorps jemals zu spüren bekommen."[104] Von Justin Fleischmann heißt es: „Der junge jüdische Soldat aus Hitlers Regiment erwähnt in seinen Tagebüchern keinerlei antisemitische Vorfälle."[105]

Das Buch, dem dieses Zitat entnommen ist, enthält zahlreiche ähnliche Belege, so: „Beispielsweise wurde nur in einem einzigen der 754 Briefe, die der Direktor des jüdischen … Waisenhauses in Berlin im Krieg von 81 Frontsoldaten erhielt, ein antisemitischer Vorfall geschildert."[106] Warum bleibt derlei ausgeblendet? Wassermanns Betrachtungen stehen unter der Überschrift: „Mein Weg als Deutscher und Jude". Doch Aly trennt die Juden von den Deutschen, obwohl sich die meisten Juden Deutschlands wie Wassermann bis in die 1930er Jahre hinein und etliche bis zum heutigen Tage als Deutsche und Juden zugleich gefühlt haben und fühlen. Auch Ignatz Bubis hat diese Möglichkeit erwähnt und die Erwartung geäußert, dass selbstverständlich zu respektieren sei, wenn Juden in Deutschland sich als Deutsche verstehen. Aly lässt für dieses Selbstverständnis fast keinen Raum und handelt insoweit in diesem Punkt letztlich im Sinne der Machthaber der Jahre 1933–1945.

Die unerwünschten Zeugnisse

Aly beklagt, „dass es trotz intensiver Suche nur selten gelingt, private Briefe und Tagebücher arischer Deutscher zu finden, in denen die Verfasser die Judenverfolgung … kommentieren".[107] Diese Klage verschlägt fast den Atem, denn Aly ist Historiker mit Schwerpunkt NS-Zeit. Es gibt nachweislich Dutzende solcher Dokumente, und mit ihren Bekundungen können ganze Bücher gefüllt werden, so mit den Tagebuchaufzeichnungen des evangelischen Theologen und Publizisten Jochen Klepper. Hunderte Juden haben die Judenverfolgung einschießlich des Verhaltens der nichtjüdischen Deutschen beschrieben und kommentiert und ihre Aufzeichnungen sind als Quelle mindestens ebenso wertvoll. Aly nimmt auch davon kaum Notiz. Victor Klemperers Tagebuch fehlt zwar nicht im Literaturverzeichnis. Doch wer eines der hier abgedruckten, m.E. besonders aussagekräftigen Zitate[108]

---

104 Karl Löwith „Mein Leben in Deutschland vor und nach 1933 – ein Bericht" Stuttgart 1986, S. 3.
105 Thomas Weber „Hitlers erster Krieg" Berlin 2011, Foto Nr. 14.
106 Weber 2011: 235.
107 Götz Aly 2011: 260 f.
108 Siehe Kapitel I. dieses Buches.

bei Aly sucht, sucht vergebens. Offenbar passen die hautnah gewonnenen Einsichten des in Dresden vegetierenden Klemperer einfach nicht in Alys Konzept.

Dagegen zitiert er die Berliner Ärztin Hertha Nathorff. Der Text verrät aber nur, wie schon im April 1933 eine ärztliche Standesorganisation den Wünschen der neuen Machthaber entsprach. Ob die Mehrheit der Ärzte aus Feigheit oder aus Begeisterung die Vorgabe von oben befolgte, wird von Aly nicht geprüft und lässt sich anhand des Zitats auch nicht feststellen. Indessen würden andere Bekundungen Nathorffs durchaus Antwort auf Alys „Frage aller Fragen" geben, doch eben diese bleiben unerwähnt. Hier eine kleine Auswahl, sie betreffen die ersten Monate der NS-Zeit:

„30. Januar 1933: Hitler Reichskanzler. Alle Leute sind erfüllt davon, meine Patienten reden von nichts anderem. Viele sind erfüllt von Freude, viele machen besorgte Gesichter. Einig sind sich alle in den Worten: ‚Nun wird es anders.' Ich aber … höre, wie sie an ihn glauben, glauben wollen…"[109]

„Zum ersten Mal ist in meiner Sprechstunde heute über Juden in abfälliger Weise gesprochen worden."[110] Offenbar war manchen Patienten die „Rasse" ihrer Ärztin unbekannt, da gleichgültig, wenn man nicht gerade annehmen will, dass diese Patienten nichts dabei fanden, ihre eigene Ärztin, also derjenigen, der sie aus freier Entscheidung ihre Gesundheit und womöglich auch ihr Leben anvertrauten, zu beleidigen. Die Notiz ist auf den 2. Februar 1933 datiert.

„1. April 1933 [Boykott-Tag]: … Ich selber habe heute mit Absicht in Geschäften gekauft, vor denen ein Posten stand. Einer wollte mich abhalten, in ein kleines Seifengeschäft zu gehen. Ich schob ihn aber auf die Seite mit den Worten: ‚Für mein Geld kaufe ich, wo ich will'. Warum machen es nicht alle so? Dann wäre der Boykott schnell erledigt. Aber die Menschen sind ein feiges Gesindel, ich weiß es längst."[111] Das ist zwar nicht schmeichelhaft für die so Charakterisierten, impliziert allerdings doch die Überzeugung, dass nicht Antisemitismus die Menschen beherrscht habe.

Nathorffs Urteil über „das Volk" schwankt. Unter dem 1. April lautet es: „Die Arztschilder an den Häusern sind besudelt und zum Teil beschädigt,

---

109 Nathorff 1987: 35.
110 Nathorff 1987: 35.
111 Nathorff 1987: 38 f.

und das Volk hat gaffend und schweigend zugesehen."[112] 2. Juni 1933: „Wie dumm und doch wie gut ist dieses Volk im Grunde…"[113]

Der folgende Eintrag vom 20. Juni 1933 lässt erahnen, wie die Bevölkerung schon wenige Monate nach Hitlers Machtantritt manipuliert wurde – kaum wahrnehmbar für die Außenstehenden und für die Betrachter von Goebbels Filmen damals wie heute. Nathorff: „Immer wieder wollen sie von mir Atteste haben, um sich vor Versammlungen, Aufmärschen etc. zu drücken. Ich bescheinige keine Krankheit, kein Gebrechen, das nicht tatsächlich besteht."[114] Also mussten sich die Hilfesuchenden wohl oder übel den Befehlen beugen.

Die letzte Kassensprechstunde darf sie am 30. Juni 1933 abhalten. Beliebtheit und Dankbarkeit finden sichtbaren Ausdruck und beweisen, dass längst nicht alle der antisemitischen Hetze zum Opfer gefallen waren: „Meine Wohnung gleicht einem blühenden Garten. Abschiedsblumen."[115] Darüber lohnt es sich, ausführlicher nachzudenken:

## Was sonst, wenn nicht Vertrauen?

„In Wien stellten 1938 die Juden 65 Prozent der Ärzteschaft, in Berlin machten sie zeitweise ein Drittel der Ärzte aus", hat eine ganz aktuelle Untersuchung ergeben.[116] In den anderen deutschen Städten wird es *mutatis mutandis* ähnlich gewesen sein. Aly berichtet, dass in Karlsbad von 160 Ärzten 120 Juden gewesen seien.[117] Da aber nicht der Arzt seine Patienten aussucht, sondern umgekehrt die Patienten den Arzt ihres Vertrauens, so belegen die genannten Zahlen das große Vertrauen eines hohen Prozentsatzes der nichtjüdischen Deutschen zu jüdischen Ärzten, ein Phänomen, das bei anderen Berufen, in denen es ebenfalls auf ein besonderes Vertrauensverhältnis ankommt, wie etwa bei Rechtsanwälten, Parallelen hatte. Der Annahme eines „lange eingefressenen … Antisemitismus" in allen Schichten, wie von Aly behauptet, widerspricht dieser Befund diametral. Die jüdischen Geschäfte sind in der Regel nicht deshalb eingegangen, weil sie von

---

112 Nathorff 1987: 38.
113 Nathorff 1987: 45.
114 Nathorff 1987: 45 f.
115 Nathorff 1987: 46.
116 Martina Lenz-Schulte „Jüdische Ärzte – besser und billiger", *FAZ* 25.5.2011.
117 Aly 2011:261.

der Kundschaft boykottiert worden wären, sondern durch unmittelbare oder mittelbare behördliche Einwirkung.[118]

Und wie sah es an den Universitäten aus? Aly spricht bereits für die Jahre vor 1933 von einem „weitgehenden Ausschluss [der Juden] von Hochschullehrerstellen."[119] Diese Behauptung ist glatt unwahr. Um das Jahr 1900 entfielen im Deutschen Reich auf 100.000 Katholiken 3,5 akademische Dozenten aller Stufen, auf 100.000 Evangelische 10,65, auf 100.000 Juden jedoch 69,89. Bei den ordentlichen Professoren war diese Relation bei den Katholiken 1,69, Evangelische 3,35, bei den Juden jedoch 6,55.[120] Um Ordinarius zu werden, müssen mehrere Gremien mehrheitlich und dazu das zuständige Ministerium ja sagen. Wie hätten da jüdische Wissenschaftler so erfolgreich sein können, wären die Antisemiten auch nur annähernd so einflussreich gewesen, wie Aly das behauptet? Er selbst teilt denn auch mit, dass im August 1924 ein Hitleranhänger im Bayerischen Landtag geklagt habe, „dass die Staatsregierung so viele Juden einstelle, zumal an den Hochschulen."[121]

„Polen, Franzosen, Pfaffen, Junker und Juden sind Deutschlands Unglück", zitiert Aly Burschenschafter des 19. Jahrhunderts.[122] Derlei ist vor 1945 immer wieder nachweisbar. Es zeigt die Vielfalt der Animositäten, wobei die Juden – wie auch hier – meist nicht an erster Stelle genannt werden. Man denke nur an den Kulturkampf, in dem vor allem die Katholiken verfolgt wurden. Walther Rathenau, selbst jüdisch, hat als Zeitzeuge noch in der Kaiserzeit festgestellt: „Das Unrecht, das gegen das deutsche Judentum und teilweise gegen das deutsche Bürgertum geschieht, ist nicht das größte, aber es ist auch eines. Deshalb muss es ausgesprochen werden."[123]

Doch indem die anderen Antagonisten bei Aly kaum erwähnt werden, entsteht leicht der Eindruck, als habe es einerseits *die* Christen und andererseits *die* Juden gegeben, ein völlig ahistorisches Bild. So gab es Juden in fast allen Parteien von ganz links bis weit rechts. Dass Juden sich auch gegenseitig bekämpften, überrascht von daher kaum und ist aus jüdischen Quellen eindrucksvoll belegbar. Jakob Wassermann beklagt: „… die heillose Spal-

---

118 Ein sprechendes Beispiel bietet: Amelie Fried „Schuhhaus Pallas. Wie meine Familie sich gegen die Nazis wehrte" München 2008.
119 Aly 2011: 177.
120 Notker Hammerstein „Antisemitismus und deutsche Universitäten 1871–1933" Frankfurt a. M. 1995, S. 12.
121 Aly 2011: 184.
122 Aly 2011: 59.
123 Walther Rathenau in Werner (Hg.) „Juden im Wilhelminischen Deutschland" Tübingen 1998, S. V.

tung innerhalb der Judenschaft selbst… und mit welcher Feindseligkeit mein eigener ‚Weg als Deutscher und Jude' von dieser Seite empfangen worden ist."[124]

Jüdische Polemik traf andere Juden ebenso wie Nichtjuden. Aly formuliert das vielleicht zugespitzt, wenn er schreibt: „Der ‚schnellblütige, kecke, bis zur Frivolität gesteigerte Humor des jüdischen Ingeniums' und dessen ‚wundersam beweglicher, sarkastischer, skeptischer, undisziplinierbarer Geist' reizte die bedächtig-gehorsame christliche Volksmehrheit bis zur Weißglut."[125] Die verbale Aggressivität eines Kurt Tucholsky[126] könnte diese Diagnose bestätigen, wobei dahingestellt sei, ob die „christliche Volksmehrheit" sich wirklich dermaßen provoziert fühlte wie Aly meint oder ob sie an jüdischem Esprit nicht oft auch einfach ihre Freude hatte.

Zutreffend schreibt Aly: „Das Gesetz, mit dem Tausende deutsche Juden 1933 aus dem öffentlichen Dienst entlassen wurden, hieß ‚Gesetz zur Wiederherstellung des Berufsbeamtentums'"[127]. Unerwähnt lässt er, dass diesem Gesetz zunächst NS-Gegner aller Lager zum Opfer fielen, insbesondere Kommunisten, Sozialdemokraten, Angehörige des Zentrums und der Bayerischen Volkspartei. Anfangs gab es zugunsten von Juden sogar bemerkenswerte Ausnahmen. Das alles verträgt sich nicht mit dem Zerrbild, „die christlichen Deutschen" hätten gleichsam nur auf Hitler gewartet, um sich endlich austoben zu können.

## Verhöhnung der Opfer

Einen traurigen Höhepunkt bilden die Ausführungen Alys zum Thema „Euthanasie": „Unter dem allgemeinen erbhygienischen Druck, dem sich die Deutschen selbst unterworfen hatten, erzeugten solche Angehörigen … das ambivalente Gefühl, mit der eigenen Sippe könne irgendetwas nicht stimmen … Genau das war eine der Ursachen für den sehr verhaltenen Widerstand gegen die so genannte Euthanasie."[128] Wodurch hatten sich

---

124 Jakob Wassermann „Deutscher und Jude. Reden und Schriften 1904–1933" Heidelberg 1984, S. 153. So stand in der *Jüdischen Rundschau* zu lesen (27.11.1928, S. 660), anonym: „Damit aber … hat er sein Recht verwirkt, über Judentum Vorträge zu halten; er ist kompetent für die Judenneurose des Juden Wassermann…"
125 Aly 2011: 183.
126 Siehe Konrad Löw „Im heiligen Jahr der Vergebung. Wider tabu und Verteufelung der Juden" Osnabrück 1991, S. 66 ff.
127 Aly 2011: 266.
128 Aly 2011: 272.

„die" Deutschen diesem Druck unterworfen? Ferner: Ein Richter darf nicht urteilen, wenn der Angeklagte nicht zugegen ist. Angeklagt sind durch Aly die Angehörigen der Opfer. Die Anklage ist ungeheuerlich, waren sie doch als Hinterbliebene auch Opfer. Ich habe das Leid einer Mutter erlebt, als ihr Sohn Franz aus dem Heim deportiert und bald darauf ermordet wurde.[129] Ganz sicher hat ihr damals niemand aus dem Bekanntenkreis geraten, Widerstand zu leisten – ohne jede Aussicht auf Erfolg, jedoch mit der Gefahr, dass ihr das Sorgerecht für die anderen Söhne entzogen wird. Was soll am Verhalten dieser Mutter und ihrer Bekannten auszusetzen sein, erst recht, wenn sie zur Mehrheit derjenigen gehörten, die 1932/33 eben nicht die NSDAP gewählt hatten? Und jetzt dieser Vorwurf eines schlecht informierten Nachgeborenen!

In seiner Rezension in der *FAZ* nennt Hans-Ulrich Wehler Alys Buch „einen klassischen ‚Flop', der zentrale Elemente nicht einmal ins Auge fasst … Man fragt sich, wie überaus wohlwollende Rezensenten … auf solch ein flüchtig fabriziertes Buch hereinfallen konnten."[130] Warum bekam der so Demaskierte gegen alle Usancen[131] die Möglichkeit zu einer mehrspaltigen Gegenattacke im selben Blatt?[132] Hier werden offenbar Machtkonstellationen jenseits des Wissenschaftsbetriebes erkennbar. So erhielt Aly den Ludwig-Börne-Preis 2012, und in der Würdigung hieß es, er erinnere mit „seinem Kampf gegen nationale Legenden und Vorurteile sowie seinem Plädoyer für Freiheit von Bevormundung" an den Namensgeber.[133]

### „Deutscher Größenwahn" – einmal andersherum

Alys Ausführungen und die zahlreichen gleichgerichteten Publikationen erinnern peinlich an die Frage, die der Historiker Thomas Weber, Universität Aberdeen, gestellt hat: „Was sagt es eigentlich über die Deutschen aus, dass in diesem Land immer wieder … Bücher zu Bestsellern werden, in denen behauptet wird, dass die Deutschen in dem Jahrhundert vor dem Holocaust

---

129 Die Rede ist von Josepha Obermeier, wohnhaft in der Winzererstraße 122, München, und ihrem Sohn Franz. Meine Mutter war ihre engste Freundin seit der Schulzeit. Beide wurden 1897 geboren.
130 Hans-Ulrich Wehler „Götz Alys neuer Irrweg" *Frankfurter Allgemeine Zeitung* 13.12.2011.
131 Siehe S. 125 f.
132 Götz Aly „Wehler in der Sackgasse" *FAZ* 21.12.2011. Und Yehuda Bauer, fünf Spalten lang: „Götz Aly hat nicht nur gute Quellen, sondern auch gute Argumente" (*FAZ* 21.3.2012), die Bauer aber gerade nicht nachweist.
133 L. J. „Der Unerschrockene" *FAZ* 1.3.2012.

die größten Antisemiten der Weltgeschichte gewesen seien? Ist auch das deutscher Größenwahn?"[134]

## 5. „Deutsche, kauft nicht bei Juden!"

So der Haupttitel einer Dissertation von Hannah Ahlheim, die 2011, gefördert von der Axel Springer Stiftung, als Buch erschienen ist. Dem Buch ist zu entnehmen: „Von der Fakultät für Geschichtswissenschaft der Ruhr-Universität Bochum als Dissertation angenommen im Jahre 2008". „Namentlich danken möchte ich meinen beiden Gutachtern ... Prof. Dr. Constantin Goschler und Prof. Dr. Dieter Ziegler ..."

Von den zahlreichen jüdischen Zeitzeugen, die es aus allen Teilen Deutschlands zum Thema Boykott gibt,[135] kommen allerdings nur zwei zu Worte, die ihre Erfahrungen mit Nichtjuden notiert haben, Kurt Jakob Ball-Kaduri aus Berlin und Edwin Landau aus Deutsch-Krone in Westpreußen.

Kurt Jakob Ball-Kaduri

Ahlheim erwähnt, dass Ball-Kaduri zwar von Nichtjuden berichte, die ihn ihrer Loyalität versichert hätten. Doch ihr Kaduri-Zitat endet in der Dissertation mit den Worten: „Die große Masse blieb stumpf oder gab, soweit sie schon genügend nazistisch bearbeitet und umgemodelt war, sogar ihrer Freude Ausdruck."[136] Freilich nimmt Ball-Kaduri diese Kritik wenig später weitgehend wieder zurück, indem er mit Blick auf die Reichshauptstadt, wo die meisten Juden und auch er selbst wohnte(n), worüber er also am besten Bescheid wusste, schreibt: „Ein Lichtblick in dieser Zeit war das Verhalten der deutschen Bevölkerung in Berlin: Hatte die Partei erwartet, mit dem Boykott einen allgemeinen Pogrom in Deutschland hervorzurufen, so wurde ihre Erwartung enttäuscht. Die Masse der Bevölkerung machte nicht mit... Wenn Jakob [er meint damit sich selbst] später alle diese Ereignisse überdachte, so empfand er, wie anständig sich damals das deutsche Volk noch verhalten hatte, bevor der Massenwahn oder die Angst es ergriff. Bis zum Tage der Ermordung der SA-Führer im Juni 1934 gab es im deutschen

---

134 Thomas Weber „Neid, Geist, Wahn" *FAZ* 10.10.2011.
135 Siehe Löw 2011: 59 ff.
136 Hannah Ahlheim „„Deutsche, kauft nicht bei Juden!' Antisemitismus und politischer Boykott in Deutschland 1924 bis 1935" Göttingen 2011, S. 260.

Volke – und sogar in manchen Nazikreisen – noch den Mut der eigenen Meinung…"[137] „Hört, hört!" möchte man da ausrufen. Doch von all dem kein Wort in „Deutsche, kauft nicht bei Juden!"

## Edwin Landau

Kaum anders verhält es sich mit dem Zeugnis Edwin Landaus, aufgezeichnet 1940 in Palästina. Zeitpunkt und Aufenthaltsort machen extrem unwahrscheinlich, dass Landau sein Bild der Deutschen geschönt hätte. Im Buch „Deutsche, kauft nicht bei Juden!" endet sein Zeugnis mit den betrüblichen Worten: „Gab es keinen Kameraden mehr aus dieser Zeit [des 1. Weltkriegs], den dieses Treiben [= Boykott 1933] anekelte? … Sie hatten ein Lächeln auf dem Gesicht, das ihre heimtückische Freude verriet."[138] Die Einlassungen Landaus sind damit aber nicht abgeschlossen, jedoch verschweigt Ahlheim ihren Lesern folgendes: „Trotz alledem kamen auch noch an diesem Tage eine Anzahl Kunden zu mir, besonders Katholiken, und es war so mancher dabei, der mich nur aus Protest gegen das Treiben da draußen besuchte. Auch der Bürodirektor des Landrats kam, um, wie er so schön sagte, mir nur die Hand zu drücken."[139]

Dann schildert Landau, wie ein jüdischer Lehrer von SA-Leuten in Gegenwart der Schüler aus der Klasse verjagt wurde. Landau: „Aber eine Freude sollte er noch erleben. Am Nachmittag erschienen in seiner Wohnung viele Schülerinnen mit Blumen und anderen Aufmerksamkeiten. Es war die Kritik einer noch unverdorbenen und unbeeinflussten Jugend."[140]

Dies alles ereignete sich in Westpreußen, genauer in Deutsch-Krone. Besonders repräsentativ sind die Vorgänge dort nicht gerade für das ganze Reich, die Region war durch den Versailler Vertrag besonders hart getroffen worden, die NSDAP dort weit stärker als im Durchschnitt des Reiches – und doch gab es auch dort diese Gesten des Protests gegen den staatlich organisierten Antisemitismus. Und ob die Schülerinnen in Deutsch-Krone später im Sinne der braunen Ideologie „verdorben" wurden, konnte Landau

---

137 Kurt Jakob Ball-Kaduri „Das Leben der Juden in Deutschland im Jahre 1933…" Frankfurt am Main 1963, S. 288.
138 Ahlheim 2011: 260.
139 Edwin Landau „Mein Leben vor und nach Hitler" in: Monika Richarz (Hrsg. „Jüdisches Leben in Deutschland" Bd. 3) Stuttgart 1982, S. 104.
140 Landau 1982: 106.

jedenfalls nicht mehr aus eigener Anschauung in Erfahrung bringen, da er noch 1934 nach Palästina auswanderte.

Fassen wir zusammen: Von den unzähligen jüdischen Zeugnissen über die Reaktion der nichtjüdischen Deutschen auf den Boykott von 1933 erwähnt diese Arbeit nur zwei, wobei auch diese jeweils tendenziös so verkürzt werden, dass ein zulasten der Nichtjuden verzerrtes Bild entsteht. Noch bis in die 1990er Jahre wäre diese Vorgehensweise von kaum einer bundesdeutschen Universität im Rahmen einer wissenschaftlichen Arbeit akzeptiert worden. Heute drängt sich der Eindruck auf, dass diese Arbeit nicht trotz, sondern gerade *wegen* dieses haarsträubenden methodischen Vorgehens reüssiert hat. Der Niedergang der wissenschaftlichen Standards ist evident und man kann sagen: So wurde nach 1945 – genauer: zwischen 1949 und dem Beginn des organisierten „Kampfes gegen rechts" in den 1990er Jahren – in Deutschland eigentlich nur noch in der DDR „geforscht".

## 6. Ein „Schriftdenkmal" in sechzehn Bänden

Mit den Worten „Ein Schriftdenkmal für die ermordeten Juden" wirbt der Oldenbourg Verlag für das im Entstehen begriffene Opus magnum „Die Verfolgung und Ermordung der europäischen Juden durch das nationalsozialistische Deutschland 1933–1945" (im Folgenden: VEJ), dessen erster Band den Untertitel „Deutsches Reich 1933–1937" trägt und 2008 erschienen ist. Im Prospekt heißt es, mit dieser Edition werde erstmals eine umfassende, auf sechzehn Bände geplante Auswahl von Quellen vorgelegt.

Schon der Titel „Die ... Ermordung der europäischen Juden"? verdient ein erstes Fragezeichen. Ja, eine Überschrift muss verkürzen und ja, Hitlers Vernichtungspolitik zielte auf alle Juden Europas ab. Und doch gab es Gott sei Dank beachtliche Teile des Kontinents, die von dieser Politik verschont geblieben sind. Man denke an die Iberische Halbinsel, an Großbritannien und Irland, an Schweden, die Schweiz aber auch Bulgarien und Dänemark. Sollte man sich angesichts des ja nun wirklich unvorstellbaren Grauens der Shoah nicht vor Übertreibungen hüten?

Die Bände bieten vor allem Dokumente, 320 sind es in Band 1. Beschränken wir uns auf ihn. Für die anderen gilt das hierzu Gesagte. „Mit dem Verzicht auf thematische Bündelung wollen die Herausgeber interpretierende und dramatisierende Abfolgen vermeiden",[141] steht im Vorwort. So tut sich der Laie schwer zu beurteilen, ob ein Text typisch oder exzeptionell ist. Da trägt Dokument 18 die Überschrift: „Privatlehrer Ackermann regt am 30. März 1933 den Boykott jüdischer Privatlehrer in München an." Dass es derlei Kanaillen gegeben hat, ist bekannt, aber wie viele waren es? Waren solche Fälle auch nur entfernt typisch?

In der Einleitung lesen wir unter der Überschrift „Verhaltensweisen der ‚arischen' Mehrheit": „Die Frage, wie es um den gesellschaftlichen Antisemitismus zu Beginn der NS-Herrschaft bestellt war, lässt sich schwer beantworten."[142] Wirklich? Richtig ist: Es gibt zu eben dieser Frage ja nicht nur unzählige Aussagen von NS-kritischen oder zumindest neutralen Ausländern und von nichtjüdischen Deutschen jeglicher politischer Couleur, sondern eben auch Hunderte jüdischer Verlautbarungen, die auf persönliche Erfahrungen gestützt Antwort geben.[143] Wer sie aber in diesem Buch sucht, sucht vergebens. Dort bilden NS-amtliche Verlautbarungen den Schwerpunkt. Natürlich atmen sie den Ungeist der neuen Zeit und lassen so gut wie nichts von der inneren Distanz sehr vieler Deutscher zur Judenverfolgung erkennen[144]. Die wohl wertvollsten Bekundungen, die der jüdischen Opfer, werden stark vernachlässigt. Hier einige Beispiele aus München, Hamburg und Breslau.[145] Sie sind typisch und nicht exzeptionell.

---

141 Wolfgang Gruner (Bearbeiter) „Die Verfolgung und Ermordung der europäischen Juden durch das nationalsozialistische Deutschland 1933–1945. Deutsches Reich 1933–1937" (VEJ 1) S. 7.

142 VEJ 1: 35.

143 Siehe Löw 2011: 59–74.

144 Interessanterweise ist es sogar möglich, anhand von NS-Dokumenten aufzuzeigen, wie groß die Widerstände in der deutschen Bevölkerung gegen die Judenverfolgung waren. Gemeint sind die umfangreich erhaltenen und publizierten, bis 1945 geheimen „Meldungen aus dem Reich" des SD (*Meldungen aus dem Reich 1938–1945. Die geheimen Lageberichte des Sicherheitsdienstes der SS*, hrsg. von Heinz Boberach, Bd. 1–17, Herrsching 1984), gleichsam „Stasi-Akten" des NS-Regimes. Aufgabe des SD war es, für die Zwecke des Regimes die Stimmung in der Bevölkerung über die schwankende Kriegslage, die verschiedenen Maßnahmen des Regimes, die zunehmend schwierige Versorgungslage und eben auch über die Judenverfolgung möglichst genau zu erfassen. Ihr Quellenwert ist hoch, da sie gerade nicht zur Veröffentlichung bestimmt waren. Auch die „Meldungen aus dem Reich" bestätigen den Befund der inneren Distanz der Mehrheit der Deutschen vom organisierten Antisemitismus des NS-Regimes, siehe dazu auch das Buch von Otto Dov Kulka und Eberhard Jäckel: Die Juden in den geheimen NS-Stimmungsberichten 1933–1945, Dokumente zu einem unfasslichen Kapitel deutscher Geschichte, Band 62, Droste-Verlag, Düsseldorf 2004

145 Zu Karlsruhe siehe Kronstein S. 82.

## Ein Opus magnum mit bedenklichen Lücken

Vorab Alfred Neumeyer und Hans Lamm, führende Persönlichkeiten der Israelitischen Kultusgemeinde München, der eine vor 1941, letzterer nach dem Kriege. Neumeyer: „Die uns freundlich gesinnte Bayerische Volkspartei [eine Vorläuferpartei der CSU] war wohl die stärkste Partei im Landtag..."[146] „Im Polizeipräsidium München war... 1932 Politischer Referent der Regierungsrat und spätere Reichsinnenminister Frick. Während ich zu allen anderen Referenten freundliche Beziehungen hatte und unsere Wünsche tunlichst berücksichtigt wurden, stand Frick uns kalt und starr gegenüber..."[147] Leute wie Frick waren demnach also die Ausnahme.

Hans Lamm äußert sich noch weit ausführlicher zum angeschnittenen Thema: „Von 1933 bis zu meiner Emigration [am 16.7.1938] lebte ich [in München]... ich würde nicht gerade sagen glücklich, aber ich würde auch nicht sagen unglücklich. Man lebte eben, und man schrieb und studierte, ohne zu merken, dass man auf einem Vulkan saß..."[148]

Von einem anderen Ende des Reiches: „Isidor Aufrichtig starb am 29. Dezember 1934 und wurde am Montag, den 31. Dezember 1934 ... auf dem jüdischen Friedhof in Breslau-Kösel beigesetzt. Hunderte von Großvaters jüdischen und christlichen Freunden kamen zu der Beerdigung – trotz des Frosts, der bevorstehenden Neujahrsfeiern und der zunehmenden staatlichen Schikanen."[149]

Die *Jüdische Rundschau*, Berlin, schrieb nach dem Boykott vom 1. April 1933: „Neben all dem Bitteren, das die deutschen Juden als Ganzes, und einzelne deutsche Juden... in diesen Tagen durchmachen mussten, muss gerechterweise auch eine Erfahrung verzeichnet werden, die vieles aufzuwiegen vermochte. Von einer großen Zahl von Freunden und Lesern in Berlin und in allen Teilen des Reiches erhalten wir Berichte, aus denen hervorgeht, dass ein großer Teil der christlichen deutschen Bevölkerung trotz der beispiellosen Vehemenz der antijüdischen Propaganda ... ein Gefühl für die wirkliche Situation bewahrt hat."[150]

---

146 Alfred Neumeyer „Memoiren", Archiv der Landeshauptstadt München, Judaica Band 1 Blatt 174.
147 Neumeyer: Band 1 Blatt 200.
148 Hans Lamm in: Andrea Sinn „Und ich lebe wieder an der Isar' Exil und Rückkehr des Münchner Juden Hans Lamm" München 2008, S. 26.
149 Kenneh James Arkwright „Jenseits des Überlebens" o.O. 2011, S. 14 f.
150 N. N. „Jüdische Zwischenbilanz" *Jüdische Rundschau*, 13.4.1933.

Weiter heißt es in der Einleitung zu Band 1 VEJ: „Aus dieser Sicht ist die fehlende Anteilnahme gegenüber dem Schicksal der Menschen, die nicht zur Volksgemeinschaft gerechnet wurden, das vielleicht wichtigste Verhaltensmuster der deutschen Gesellschaft gewesen...“[151] Doch dafür bietet der Autor keine Belege. Und wo ist die Untersuchung, die uns zeigte, dass die Anteilnahme jeweils innerhalb der Gruppe der „arischen" und der jüdischen NS-Verfolgten größer gewesen wäre als die zwischen Nichtjuden und Juden? Es gibt sie nicht, aber Zeugnisse wie das eines Joseph Levy, die das Gegenteil nahelegen: „Lieferanten von Lebensmitteln kamen heimlich... und brachten die Ware ins Haus, die man im Laden nicht mehr bei ihnen kaufen und holen konnte. Solche Beispiele könnte ich aus dem täglichen Erleben eine Menge erzählen. Das Gegenteil, die Verweigerung von Lieferungen, kam in den seltensten Ausnahmen vor."[152] Ja, solche Beispiele von jüdischer Seite gibt es in großer Zahl, auch dokumentarisch belegt. In dem „Schriftdenkmal" finden wir sie nicht. Warum? Von dem „Schriftdenkmal" wird später nochmals die Rede sein.[153]

## 7. Inge Deutschkron – heute und gestern

Revisionismus

Schon eingangs wurde Inge Deutschkron mit folgender Erklärung, die sie am 30. Januar 2013 vor dem Deutschen Bundestag in der Gedenkstunde für die Opfer des Nationalsozialismus abgegeben hat, zitiert: „Das deutsche Volk jener ersten Nachkriegsjahre wurde beschützt von seinem ersten Kanzler, der im Parlament in einer Regierungserklärung behauptet hatte, die Mehrheit der Deutschen wären Gegner der Verbrechen an den Juden gewesen. Viele von ihnen hätten sogar den Juden geholfen, ihren Mördern zu entkommen. Ach wäre das doch die Wahrheit gewesen!"[154]

---

151 VEJ 1, S. 35.
152 Joseph Levy „Die guten und die bösen Deutschen" in: Margarete Limberg/Hubert Rübsaat „Sie durften nicht mehr Deutsche sein." Frankfurt am Main 1990, S. 179.
153 S. Kapitel X., S. 146 dieses Buches.
154 Inge Deutschkron „Zerrissenes Leben" *Frankfurter Allgemeine Zeitung* 31.1.2013, S. 6.

„Ich trug den gelben Stern"

1979 erschien von Deutschkron das Buch: „Ich trug den gelben Stern". Darin findet der Leser noch durch ihre konkreten Erfahrungen bestätigt, was Adenauer allgemein formuliert hatte, so wenn sie schreibt: „Die jüdische Bevölkerung Berlins hatte fast ausnahmslos alles, was ihr nach den Lebensmittelkarten versagt bleiben sollte. Berliner Mitbürger sorgten dafür. Da waren zunächst die Inhaber der Lebensmittelgeschäfte, die ihren alten Stammkunden die ‚Extras' zusteckten. Meine Mutter und ich fuhren einmal in der Woche zu Richard Junghans… Er versorgte uns mit Obst und Gemüse, als sei das das Selbstverständlichste von der Welt. Ähnlich war es mit unserem Fleischer… Nun gab er meiner Mutter die gleiche Menge Fleisch, die unsere Familie in jenen vielen Jahren pro Woche zu verbrauchen pflegte, ohne dass wir auch nur eine einzige Lebensmittelmarke hätten abgeben können… Das ‚Hohelied' dieser braven Menschen, die ungeachtet der Gefahr, von Nazi-Mitbürgern denunziert zu werden, ihren jüdischen Kunden wenigstens auf diese Weise zur Seite standen, wird nie geschrieben werden, weil diejenigen, die es tun könnten, nicht mehr am Leben sind."[155]

Damals hat sie Adenauer nicht widersprochen. Warum nicht? Heute klingt ihr Urteil über die Deutschen unter Hitler ziemlich trist und jedenfalls viel kritischer. Damit geht sie mit der Zeit, ohne sich jedoch mit ihren eigenen früheren Bekundungen auseinanderzusetzen (Gab es womöglich 1979 Gründe, etwas zu beschönigen?). Den offenkundigen Widerspruch muss man nicht verurteilen, aber ihn feststellen und nach seinen Ursachen fragen wird man dürfen.

## 8. Charlotte Knobloch: Gerettet in einem „sündigen" Dorf?

Die frühere Präsidentin des Zentralrats der Juden in Deutschland und langjährige Präsidentin der Jüdischen Kultusgemeinde in München und Oberbayern, Charlotte Knobloch, hat 2012 ihre Vita veröffentlicht. Der Titel lautet: „In Deutschland angekommen"[156]. Darin schildert sie auch ihre Erlebnisse in den Jahren 1933 bis 1945, insbesondere ihr Leben unter falschem

---

155 Inge Deutschkron „Ich trug den gelben Stern" München 1985, S. 59 f.
156 Charlotte Knobloch mit Rafael Seligmann „In Deutschland angekommen" München 2012.

Namen vom Sommer 1942 bis zum Frühjahr 1945. Vergleicht man diese Aufzeichnungen mit Aussagen von Charlotte Knobloch zum selben Thema in einem Interview aus dem Jahre 1996, so wird eindrucksvoll sichtbar, wie sich das Bild der Deutschen von damals verfinstert hat. Vorausgeschickt sei, dass es hier keineswegs um Kritik an der Person der früheren Zentralratspräsidentin geht. Charlotte Knobloch hat große Verdienste um ein gutes Miteinander von Juden und Deutschen, oder genauer: Von Juden in Deutschland bzw. jüdischen Deutschen – wie immer ihr Selbstverständnis auch sei – mit nichtjüdischen Deutschen. Dabei hat sie starke Akzente gesetzt, beispielsweise als sie über den Umgang mit dem Nationalsozialismus erklärte: „Ich fordere ja gerade, mit diesem Stück deutscher Geschichte genauso unbefangen umzugehen wie mit der übrigen deutschen Geschichte. Warum geht das nicht? Und genau dazu ist es ja notwendig, noch mehr aufzuklären, damit die nichtjüdischen Deutschen die Tatsachen dieses Stücks Geschichte auch voll akzeptieren. Diese Tatsachen müssen nur im Bewußtsein sein. Sie müssen nicht vom Frühstück über das Mittagessen bis zum Abendbrot vorgelegt werden."[157] Dass sie das ausgerechnet im Interview mit der *Jungen Freiheit* sagte, was ihr reflexartige Kritik von links eintrug, verdient zusätzlichen Respekt, denn damit hat sie einen Beitrag gegen die schleichende Einschnürung der Presse- und Meinungsfreiheit in Deutschland geleistet.

Nun ist es das Anliegen dieses Buches, dass die Tatsachen über den Nationalsozialismus, die wir in der Tat im Bewusstsein behalten sollten, stimmig sind, dass nicht Klischees und Geschichtsklitterungen an die Stelle belegter Fakten treten. Und dabei drängen sich auch ein paar Anmerkungen auf zu den verschiedenen Berichten, die Charlotte Knobloch über ihre Rettung als Kind gegeben hat. Selbstverständlich wäre es das gute Recht eines Jeden, über ein so persönliches Kapitel der eigenen Biographie nichts zu sagen. Nachdem Charlotte Knobloch das aber getan hat, ist es wiederum das Recht ihrer Leser, ihre unterschiedlichen Aussagen auf innere und äußere Stimmigkeit zu überprüfen und nach Erklärungen für Widersprüche zu fragen.

---

157 „Für ein ungestörtes Verhältnis", *Junge Freiheit* vom 13.10.2000 (Interview mit Moritz Schwarz)

## „In der Höhle des Löwen"

Aus der Vita: Im Vollzug von Hitlers Rassenwahn droht 1942 die Deportation der Zehnjährigen. Ihr jüdischer Vater, der Rechtsanwalt Fritz Neuland, will das verhindern. Tochter Charlotte soll weitab von ihrer Heimatstadt München eine neue Identität annehmen und als angeblich uneheliche Tochter eines früheren Dienstmädchens ihres Nürnberger Onkels leben. Vater und Tochter verlassen den Zug auf dem Weg in die neue Bleibe. „Dort steht der Name der Station: Gunzenhausen. Ich klettere schnell aus dem Zug. Vater und ich sind in der Höhle des Löwen gelandet. Gunzenhausen ist ein Städtchen in Franken. Franken ist eine Hochburg der Nationalsozialisten", steht im Buch.[158] Dann wird die NS-Belastung des Ortes mit Julius Streicher als Gauleiter, einem der schlimmsten Antisemiten, näher ausgemalt.

Die beiden marschieren – so berichtet Knobloch es im Jahre 2012 – durch die Stadt und über Land. Wohin? Die künftige Bleibe wird im Buch nicht genannt. Unterwegs wird sie über ihre neue Identität aufgeklärt: „Ab heute heißt du Lotte Hummel, sagt mir der Vater… Am besten, rät mir Vater, soll ich schweigen. Jedes Wort kann mich verraten… Vaters Ermahnungen sind unnötig. Ich weiß längst, wann ich meinen Mund zu halten habe."[159]

Hummel ist der Familienname ihrer angeblichen Mutter. Mit ihr zusammen begab sie sich am Sonntag in die Messe, was natürlich ein Teil ihrer Tarnung war. „Der Gang durchs Dorf in die Kirche ist ein Spießrutenlaufen. Die Leute zeigen mit den Fingern auf mich. Das ist es also, der Zenzi[160] ihr Bankert, höre ich… Mir kommt die [Reichspogrom-]Nacht in den Sinn, als ich mit Vater durch München lief. Wir waren schutzlos, weil die Menschen auf einmal beschlossen hatten, dass wir anders seien als sie. Heute laufe ich hier wieder, weil die Menschen in ihrem fränkischen Dorf beschlossen haben, dass ich anders bin."[161] In der Schule sei es nicht besser gewesen: „Obwohl der Raum von Kindern überquillt, bleibt die Bank neben mir leer. Wie in der Kirche. Niemand will neben dem Bankert sitzen."[162]

Ende 1942 scheitert der Versuch, Stalingrad zu erobern. Lotte erfährt es über den „Volksempfänger" in der Stube und, obwohl sie ganz isoliert lebt,

---

158 Knobloch 2012: 72.
159 Knobloch 2012: 73.
160 Der volle Name war Kreszentia Hummel.
161 Knobloch 2012: 84 f.
162 Knobloch 2012: 86.

spürt sie genau, „wie im Dorf Angst und Zweifel den Siegestaumel und die bislang herrschende Zuversicht verdrängen".[163]

Der Krieg nähert sich seinem Ende. Eines Morgens steht der katholische Pfarrer atemlos vor der Tür: „Charlotte, du musst sofort hier weg… Wenn die SS dich hier findet, dann war alles umsonst. … Wieder einmal bin ich auf der Flucht. Keine Menschenseele ist zu sehen. Die Feiglinge, knurrt der Pfarrer, die Heuchler, jetzt steckens schnell die Hitler-Bilder in den Ofen."[164] Der Pfarrer und nur der Pfarrer, wie sie an anderer Stelle betont, war von Anfang an in ihr Geheimnis eingeweiht, vom verwitweten „Großvater" und der „Tante", den Hausgenossen also, einmal abgesehen. So entsteht gleichsam das Bild eines sündigen Dorfes, obgleich die Anfeindungen, die Charlotte Knobloch hier beschreibt, auch nach ihrer Darstellung nicht einem jüdischen Kind galten, sondern einem vermeintlich unehelichen.

Fast wie eine Jungfrauengeburt

Der Bericht wirft jedenfalls ein ziemlich schlechtes Licht auf den Ort, was verständlich macht, dass er namentlich nicht genannt wird. Sogar die Erinnerung an die schreckliche Reichspogromnacht wird wachgerufen! Ferner: Wer hat schon eine solche allgemein praktizierte Herzenshärte und Lieblosigkeit erlebt oder auch nur vernommen, praktiziert nicht nur in der Schule, sondern selbst in der Kirche? Und das anscheinend über Jahre hinweg. Dazu diese Borniertheit!

Auch sonst wirft die Schilderung Fragen auf. Wie vom Himmel herab hat die ehrbare Magd Zenzi plötzlich ein zehnjähriges Stadtkind, das ihr aber nicht ähnlich sieht und das einen anderen Dialekt spricht, eben münchnerisch. Nie war von einem Fehltritt der frommen Zenzi die Rede, nie hat sich Lotte bei ihrer Mutter in Arberg (so heißt der Ort, in dem sich das alles zugetragen haben soll, dessen Name in dem Buch aber nicht genannt wird und den Charlotte Knobloch auch sonst in den inzwischen zahlreichen Berichten über ihre Rettung offenbar kein einziges Mal erwähnt hat) sehen lassen. Und nun plötzlich – fast wie eine Jungfrauengeburt! Wer hat wann und wo diese Geburt angezeigt? Was steht im Melderegister, was im Schülerbogen? Dieses fremdartige Wesen, das jede Unterhaltung vermeidet und zumal über seine Herkunft nichts verlauten lässt, taucht in einer Zeit auf, in

---

163 Knobloch 2012: 88.
164 Knobloch 2012: 92 f.

der Juden grausam verfolgt werden: Männer, Frauen und Kinder. Wer die Familie Hummel etwas näher kannte, und das waren gewiss manche in einem so kleinen Ort mit damals rund 700 Einwohnern[165], der wusste wohl auch, dass Zenzi früher in einem jüdischen Haushalt gearbeitet hatte. Sollte da niemandem ein ganz anderer Verdacht gekommen sein? Offenbar war eher das der Fall, was dann auch dem Pfarrer zu Ohren kam. Denn hätte er kurz vor Kriegsende geglaubt, die jüdische Herkunft von „Lotte Hummel" wäre geheim geblieben, hätte es zu der von Charlotte Knobloch bezeugten Rettungsaktion durch Verstecken keinen Anlass gegeben. Fanatisierte SS-Leute brachten in den letzten Kriegswochen noch viele Unschuldige ums Leben: „Defätisten", Deserteure und Juden allemal. Uneheliche Kinder waren von ihrem wahnwitzigen Treiben nicht betroffen.

Dass diese Version über die Rettung von Charlotte mehr als eine bloße Vermutung ist, zeigt mit sehr hoher Wahrscheinlichkeit ein weiterer Text der früheren Zentralratspräsidentin. Er stammt aus dem Jahre 1996 und weist Widersprüche zum Buch von 2012 auf. Sie lassen sich auflösen, wenn man nur annimmt, dass die jüdische Identität von Lotte Hummel alias Charlotte Knobloch in Arberg nicht geheim geblieben ist, was dann freilich voraussetzt, dass viele Arberger geschwiegen haben, um das Leben des Kindes zu schützen.

## „… und reden konnte ich nur mit den Tieren"

So lautet der Titel einer Ausarbeitung, die 1996/97 im Rahmen des „Schülerwettbewerbs Deutsche Geschichte" um den Preis des Bundespräsidenten in Gunzenhausen am dortigen Gymnasium entstanden ist und den 2. Preis erzielt hat. Der Untertitel verdeutlicht, worum es geht: „Wie ein jüdisches Mädchen vor dem Holocaust versteckt wurde". Das Mädchen ist niemand anderer als Charlotte Knobloch. Ausführlich wird ein Interview mit ihr wiedergegeben. Es ist sehr informativ, insbesondere im Vergleich mit dem Buch von 2012.

Die Anreise betreffend äußerte sie 1996: „Wir sind dann in Triesdorf angekommen und es war mein erster Eindruck, dass ich damals 2,5 Stunden … gehen musste in den Ort, an den ich eigentlich für kurze Zeit hinkom-

---

165 Heute ist die Einwohnerzahl von Arberg durch die Folgen von Flucht und Vertreibung, Zuzug und Eingemeindungen auf rund 2300 angewachsen.

men sollte."[166] Doch nach der Autobiographie von 2012 sind sie, Vater und Tochter, in *Gunzenhausen* ausgestiegen. Im Interview 1996 sagte sie jedoch über diese Stadt noch: „Ich war in meinem ganzen Leben nicht dort."[167] Diente in der Autobiographie Gunzenhausen womöglich dazu, um eine Brücke zu Julius Streicher schlagen zu können, um die Reise in die „Höhle des Löwen" zu veranschaulichen, die sie aber gerade nicht aufsuchen musste?

Der Unterschied zwischen Gunzenhausen und Arberg hätte, was den Nationalsozialismus und den Antisemitismus betrifft, kaum größer sein können. Das ist unbestritten und wird auch von den Gymnasiasten betont: „Es entsteht die Frage, warum der katholische Nachbarort [= Arberg, der interessanterweise auch in dem Interview nie genannt wurde, also offenbar warum auch immer nicht genannt werden durfte] minimale NSDAP-Prozente aufwies, der Heimat- oder Schulort [der meisten Schüler, eben Gunzenhausen] weit über dem Reichsdurchschnitt lag."[168] Der Unterschied ist in der Tat frappierend: Bei den letzten halbwegs freien Wahlen am 5. März 1933 wählten im gesamten Reichsgebiet 43,9 Prozent die NSDAP, in Gunzenhausen waren es erschreckende 67,1 Prozent[169], in Arberg hingegen nur gut ein Viertel davon, nämlich 17,3 Prozent[170].

Lotte musste vor diesem Hintergrund wohl wenig Unerfreuliches in Arberg erleben, und tatsächlich berichtet sie über kein Erlebnis aus Arberg, das auf Antisemitismus hinweist, anders als in München, wo in der Goethestraße, nahe der Wohnung der Familie Neuland, ein Stürmer-Schaukasten hing, dessen Anblick sie schockierte. Über Arberg äußert sie: „Nur der Pfarrer in dem dortigen Ort wusste, wer ich bin… Der Bürgermeister war ein entfernter Verwandter [der Hummels], zwar ein großer Nationalsozialist, ein sogenannter Ortsgruppenführer, aber er hat eigenartigerweise nicht weiter nachgeforscht."[171]

Von der „Mutter" schreibt Knobloch 1996: „Das [mit dem unehelichen Kind] haben sich die Leute so gedacht, und haben es ihr unterschoben, dass das ihr Kind ist. Sie hat es nie dementiert, sie hat es nie zugegeben, aber sie

---

166 Simon-Marion-Gymnasium „… und reden konnte ich nur mit den Tieren" Körber-Stiftung Hamburg, o. J. S. 26.
167 Simon-Marion-Gymnasium: 33.
168 N. N. „… und reden konnte ich nur mit den Tieren" Wie ein jüdisches Mädchen vor dem Holocaust versteckt wurde" GEP (Geschichte, Erziehung, Politik) 1/98 S. 216.
169 Simon-Marion-Gymnasium: 6.
170 Staatsarchiv Nürnberg, Akt LRA Feuchtwangen, Abgabe 1976 Nr. 330
171 Simon-Marion-Gymnasium: 20.

hat auch nie nein gesagt."[172] Das ist eine wichtige Ergänzung zur Darstellung von 2012, wirft aber neue Fragen auf. Hätte Zenzi Hummel nicht zumindest bei der Anmeldung von Charlotte auf der Gemeinde und wohl auch in der Schule sagen müssen, ob sie Mutter des Kindes ist oder nicht?

Liegt der Grund für die auffallende Zurückhaltung des „Ortsgruppenführers" – einen solchen gab es in jedem Ort – nicht auf der Hand? Er hat die Legende gerne angenommen, um seinen Beitrag zur Rettung des Kindes zu leisten. Mit hoher Wahrscheinlichkeit trifft das auch auf den Lehrer zu – und andere Bürger, die alle nichts erkunden wollten, weil sie ahnten, was auf dem Spiele stand. Knobloch hat eben diese Deutung 1996 gleichsam zwischen den Zeilen bestätigt: „Das Vorurteil oder den Bären, den man sich selber aufgebunden hat, den hat man dann gut, gern geglaubt."[173] Das ist wohl der Schlüsselsatz zum richtigen Verständnis des Geschehens, denn damit kann ja schlechterdings nicht gemeint sein, dass die zehnjährige Charlotte Knobloch sich plötzlich selbst für die „arische" Tochter von Zenzi Hummel gehalten hätte. „Man", das waren die Arberger. Charlotte Knobloch lässt hier durchblicken, dass die Dorfbewohner es nicht so genau wissen *wollten*, und wer die zeitgeschichtliche Situation kennt, weiß warum: Sie wollten zwar nie und nimmer persönlich schuldig werden an der Deportation eines jüdischen Kindes, aber wiederum auch nicht als Mitwisser Kopf und Kragen riskieren. Im Ernstfall, wenn es zu einer Anzeige gekommen wäre und die Gestapo ermittelt hätte, hätte man sich also dumm stellen und gleichsam hinter diesem „Bären" verstecken können. Im Grunde wird hier ein ganz normales, menschliches Verhalten sichtbar: Man war weder Held noch Schurke, sondern vermied nach dem Prinzip „leben und leben lassen" Risiken für sich selbst und für andere. Ist das unehrenhaft?

Alles spricht übrigens dafür, dass wir bei Charlottes Vater, dem Rechtsanwalt Fritz Neuland, vernünftiges, besonnenes Handeln zur Rettung seiner Tochter annehmen dürfen. Dann aber war der „Bär" gleichsam schon erfunden, bevor sich Vater und Tochter auf die gefährliche Reise nach Mittelfranken begaben. Hätte der Vater andernfalls erwarten dürfen, dass er das frühere Dienstmädchen seines Bruders auf dem Hof antrifft und sie gleich die für sie selbst so unvorteilhafte Legende akzeptiert, die sie im Dorf glaubhaft zu machen hat?

---

172 Simon-Marion-Gymnasium: 26.
173 Simon-Marion-Gymnasium: 30.

Was hätte die „Mutter" mit ihrer „Tochter" denn machen sollen, wenn der Bürgermeister oder der Lehrer gesagt hätte: „Mir ist das zu riskant. Das geht nicht"? Hätte der Vater also wirklich, wie angeblich geschehen, der Tochter die Legende mitteilen können, solange sie nur sein Hirngespinst gewesen wäre? Ohne entsprechende Vorbereitung ist diese Aktion also kaum (oder allenfalls noch als reine Verzweiflungstat ohne große Erfolgsaussicht) vorstellbar[174] und es hat mit an Sicherheit grenzender Wahrscheinlichkeit mehr Mitwisser gegeben als nur den Pfarrer.

Unter dieser Annahme wird auch verständlich, warum es nach dem Krieg keinen Aufklärungsbedarf gab, wie Charlotte Knobloch bestätigt. Nochmals aus dem Interview: „Und Sie haben dann, habe ich Sie richtig verstanden, nach Kriegsende … noch mit der Identität der unehelichen Tochter gelebt, bis Ihr Vater Sie dann mitgenommen hat? [Die Gerettete:] Ja, also, da hatte niemand ein Mitteilungsbedürfnis, jetzt zu sagen, wer ich bin, oder was ich bin."[175] Kein Mitteilungsbedürfnis über so etwas – in einem 700-Seelen-Dorf? Das offene Geheimnis war längst entschlüsselt.

„Zenzi und die Familie Hummel haben alles für mich riskiert. Die Entdeckung meiner wahren Identität hätte für die Familie fatale Konsequenzen gehabt."[176] Diese Verdienstzuweisung Knoblochs im Interview 1996 ist honorig, sogar für das Bundesverdienstkreuz hatte sie Zenzi Hummel vorgeschlagen, was diese aber ablehnte. Indes, gebührte ähnliche Anerkennung nicht auch dem Pfarrer Josef Scheiber[177], dem Lehrer[178], dem Bürgermeister Joseph Engelhardt und den anderen Mitwissern, beispielsweise denen, die zur Rettung von Charlotte Knobloch als Beamte womöglich an Personenstandsfälschungen mitgewirkt haben? Eine Anmeldung Charlottes in Arberg muss man wegen der langen Dauer ihres Aufenthalts annehmen, zumal ohne Abmeldung in München die Versuche, ihrer habhaft zu werden, weitergegangen wären.[179] Der systemkritische Pfarrer Scheiber, der mehrmals

---

174 Über diese offene Frage hat Charlotte Knobloch unterdessen in einer Fernsehsendung am 9. Mai 2015 selbst Auskunft gegeben, s. u. und Anhang III dieses Buches.

175 Simon-Marion-Gymnasium: 29.

176 Knobloch 2012: 95.

177 Schon 1940 wurde Scheiber verwarnt und mit Schulverbot bedroht. Sein Telefon wurde beschlagnahmt, seine Post überwacht. Ihm wurde untersagt, Evakuierte in das Pfarrhaus aufzunehmen. (Quelle: Ulrich von Hehl u. a. „Priester unter Hitlers Terror" Paderborn 1996 Bd. 1 S. 559.).

178 Einer ihrer Lehrer hieß Hess, ein anderer Bengle. Beide wurden eingezogen und fielen. Der letzte Nachweis, dass sie eingeweiht waren, fehlt.

179 Auch diese Überlegung hat Charlotte Knobloch unterdessen in der bereits erwähnten Fernsehsendung vom 9. Mai 2015 indirekt bestätigt, s. u. und Anhang III dieses Buches.

von den braunen Machthabern verwarnt worden war, hätte noch am 19. April 1945 durch den Strang hingerichtet werden sollen.[180] Er konnte untertauchen. Die Amerikaner haben ihn befreit.[181]

Die angebliche Hitlerbegeisterung der Bewohner von Arberg als Teil von Mittelfranken veranschaulicht Knobloch nicht weiter, jedoch die Hitler-Gegnerschaft der Menschen, bei denen sie leben durfte. Ihre Bereitschaft, für ein jüdisches Kind Kopf und Kragen zu riskieren, war natürlich eine seltene Ausnahme, ihre Hitler-Gegnerschaft in einem katholischen Dorf wie Arberg jedoch keineswegs, man denke nur an das oben geschilderte Wahlverhalten. Gewiss gab es unter den rund 700 Arbergern auch Hitleranhänger. Aber selbst der Ortsgruppenführer war, wie gezeigt, offenbar kein Fanatiker.

Derlei kollektive Verschwiegenheit gab es auch an anderen Orten, so in Blankenburg nahe Berlin, wie Eugen Herman-Friede, ein im Jahre 2013 noch lebender Zeitzeuge, zu berichten weiß. Dort hat er sich bei Familie Horn versteckt. Er schreibt: „Blankenburg ist ein kleines Nest, und jeder kennt dort jeden … Frau Horn kommt vom Einkaufen nach Hause, total aufgelöst … Eugen muss hier weg, schnellstens, heute noch. Stellt euch vor, das ganze Dorf weiß Bescheid, was bei uns los ist … Im Milchladen unterhalten sich die Leute ganz offen darüber, dass wir einen Juden versteckt halten, bei uns zuhause."[182] Doch: „Die Leute haben alle dicht gehalten"[183] – wie in Arberg – und das jahrelang!

## Neue Details von Zeitzeugen über die Rettung von Charlotte Knobloch

Um möglichst abschließende Sicherheit hinsichtlich der genannten Widersprüche über die Rettung von Charlotte Knobloch zu erhalten, habe ich im Sommer 2013 weitere Recherchen in Arberg angestellt, indem ich frühere

---

180 Im Fragebogen „NS Verfolgung kath. Geistlicher" der Diözese Eichstätt gab Josef Scheiber an: „Die SS wollte mich am 19. April 45 aufhängen. Durch die Flucht u. durch den baldigen Anmarsch der Amerikaner das Leben gerettet." Angaben für das Motiv der ihm drohenden Ermordung macht Scheiber nicht. – Kopie des Fragebogens aus dem Archiv der Diözese im Archiv des Autors.
181 Simon-Marion-Gymnasium: 6.
Staatsarchiv Nürnberg, Akt LRA Feuchtwangen, Abgabe 1976 Nr. 330
Simon-Marion-Gymnasium: 20.
Simon-Marion-Gymnasium: 26.
Simon-Marion-Gymnasium: 30.
182 Eugen Herman-Friede „Für Freudensprünge keine Zeit. Erinnerungen an Illegalität und Aufbegehren 1942-1948" Berlin 2002, S. 28 f.
183 Herman-Friede 2002: 100.

Mitschülerinnen von Lotte telefonisch befragt habe, unmittelbar und mittelbar rund ein halbes Dutzend. Das Ergebnis ist bemerkenswert. Mitschülerinnen der Jahre 1942 bis 1945 erinnern sich noch recht gut an die Lotte, die gut im Rechnen war und es dann so weit gebracht hat. In der Schule wurde sie, so wurde mir versichert, unter ihrem *richtigen* Familiennamen geführt und auch angesprochen, eben als Lotte Neuland, und nicht Hummel: „Lotte Neuland stand auf ihren Heften." Hummel war nur der Name des Hofes, auf dem sie lebte. Ihr Aufenthalt in Arberg wurde mit den Fliegerangriffen auf München begründet – *das* war also die von Charlotte Knoblochs Vater gewählte „Legendierung", die im Wortsinn gar keine Legende war, denn Gefahren durch Luftangriffe drohten dem Kind in München noch zusätzlich zur Verfolgung. Ihr Münchner Dialekt erhöhte die Glaubwürdigkeit dieser Darstellung. Lotte galt also, wie der Autor und viele andere auch[184], als „Bombenkind". Von einer Diskriminierung wissen die Mitschülerinnen nichts. Im Gegenteil: Mehrmals in der Woche kam sie in die kinderreiche Nachbarsfamilie. In der Kirche nahm sie mit den anderen Kindern nahe dem Altar Platz.

Der Metzger des Ortes hat dann – offenbar erst etwas später – tatsächlich das Gerücht in die Welt gesetzt, Zenzi sei wohl Lottes Mutter. Aber man habe ihm das nicht abgenommen, Zenzi sei über jeden Verdacht erhaben gewesen. Einer ihrer vier Brüder wurde nach dem Krieg Geistlicher, dem sie als Haushälterin diente.

Diese Diskrepanz in den Erinnerungen macht verständlich, was den Schülern des Gymnasiums Gunzenhausen schon 1996 während des Interviews so sehr aufgefallen ist, dass sie es in ihre Ausarbeitung aufgenommen haben: „Frau Knobloch schien sehr unsicher und aufgeregt zu sein. Sie hat immer wieder versucht, alle Namen und Orte nicht zu nennen."[185] Und nochmals die Schüler: „Die Retterin hingegen durfte nicht interviewt oder namentlich erwähnt werden."[186] Warum das nur und wer hat dieses Verbot ausgesprochen? Zwischenzeitlich ist Zenzi Hummel gestorben und hat ihr Wissen mit ins Grab genommen. Aber Mitschülerinnen leben noch.Ein Beitrag zur Rettung Charlottes könnte auch auf das Konto von Theodor Koronczyk gehen. Er war einer der Judenräte Münchens und Verwalter der

---

184 Auch ich, Jahrgang 1931, war wie sehr viele andere auch ein solches „Bombenkind". 1943 wurde ich von München weg nach Tacherting an der Alz evakuiert.
185 Simon-Marion-Gymnasium: 20.
186 N.N. „… und reden konnte ich nur mit den Tieren" GEP 1/98 S. 212.

Mitgliederkartei der Gemeinde. Nach dem Krieg musste er sich wegen Beihilfe zur Freiheitsberaubung verantworten. In diesem Verfahren hat er ausgesagt: Fritz Neuland „ist mir bekannt. Er ist der einzige jüdische Rechtsanwalt, der bis zum Schluss tätig sein durfte.[187]" Und ein Zeuge, Hans Armin Schrey, bekundete am 29. Juli 1947, sein Vater habe „Koronczyk bewegen [können], die Karte meiner Mutter aus der Israelitischen Kultusgemeinde zu entfernen". Dies habe seine Mutter vor der Deportation nach Theresienstadt bewahrt.[188] Diesen Weg könnte auch Fritz Neuland gegangen sein.

Sicher ist eines: 1996 kamen auch bei Charlotte Knobloch die (nichtjüdischen) Deutschen noch deutlich besser weg als 2012. Sie gibt damit ein weiteres Beispiel dafür, wie sich das Bild der unter Hitler lebenden Deutschen im Rückblick verfinstert.

## Weitere Erkenntnisse über die Rettung von Charlotte Knobloch

Seit dieses Buch im Jahre 2013 erstmalig erschienen ist, sind drei neue Mosaiksteinchen aufgetaucht, um die erwähnten kleinen Unstimmigkeiten klären zu können. Das erste und wichtigste Steinchen ist der gut zehnminütige Bericht von Charlotte Knobloch selbst über ihre Rettung in einer Fernsehsendung am 9. Mai 2015, der am Ende dieses Buches dokumentiert wird. Das zweite ist ein Artikel in der Zeitschrift *Cicero*, der zwar schon im Mai 2006 erschienen ist, der mir aber erst 2016 zur Kenntnis kam. Dieser Artikel stammt aus der Feder des Journalisten und Historikers Sebastian Sigler, basiert auf einem Gespräch Siglers mit Frau Knobloch und enthält ein bemerkenswertes Detail. Sigler war zwischen Januar und Mai 2008 fest angestellter Mitarbeiter der damaligen Zentralratspräsidentin; er hat Reden für sie geschrieben und außerdem schon seit Ende 2006 lange Interviews mit ihr für eine geplante Biographie im Rowolt-Verlag geführt. Das Buch kam nicht zustande, stattdessen erschien 2012 in einem anderen Verlag die bereits mehrfach zitierte Knobloch-Autobiographie unter Mitarbeit von Rafael Seligmann. Aus den in über einem Jahr geführten vielstündigen Gesprächen hat Sigler noch Aufzeichnungen und Erinnerungen und er stand gern für Auskünfte zur Verfügung – das dritte Mosaiksteinchen.

---

187 Staatsarchiv München-Oberbayern, Entnazifizierungsakte Koronczyk, Blatt 16 R. Für die letzten Kriegsmonate ab Herbst 1944 trifft dies indessen wohl nicht mehr zu. In dieser Zeit wurde Fritz Neuland guten Quellen zufolge zur Zwangsarbeit herangezogen.
188 Ebd., Blatt 27.

Zunächst zum *Cicero*-Artikel von 2006. Darin ist zu lesen, dass Charlotte Knobloch vor ihrem Umzug nach Arberg „für einige Wochen im Kloster Petershausen nahe bei München"[189] versteckt worden sei. Petershausen liegt etwa 30 Kilometer nördlich von München. Ein Kloster gibt es dort nicht, aber diverse kirchliche Einrichtungen, in denen das Versteck gelegen haben kann. Die Zahl der Retter von Frau Knobloch wäre damit noch etwas größer als ihre Autobiographie von 2012 erkennen lässt.

Im Mai 2015 bestätigte Frau Knobloch in der Sendung *BR alpha*, dass ihr Vater sie nicht ohne eine vorherige Information von Zenzi Hummel nach Arberg gebracht hat. Es gab davor ein Telefongespräch, dann die Zugfahrt nach Mittelfranken und erst dort schließlich die volle Aufklärung über das, was Fritz Neuland von Zenzi Hummel erhoffte. Der Vater war offenbar entschlossen, seine Tochter zumindest für eine gewisse Zeit aus München wegzubringen und hoffte auf einen längeren Aufenthalt. Die Familie Hummel – Zenzi, ihre Schwestern und der alte Vater – waren mit Ersterem sofort einverstanden, mit Letzterem aber nur, wenn sie, so Charlotte Knobloch wörtlich, „eine Möglichkeit finden, mich zu legalisieren, also wer bin ich und woher komm ich". Dies bestätigt genau die von mir bereits 2013 angestellten Überlegungen, dass ein längerer Aufenthalt in Arberg ohne Anmeldung dort – unter welchem Namen und Vorwand auch immer – bei den damaligen Verhältnissen kaum vorstellbar ist und ohne Abmeldung in München auch wenig Sinn gehabt hätte.

Bleibt die Frage, wie es möglich war, dass Charlotte Knobloch in Arberg unter ihrem damaligen echten Namen leben konnte. Die Erklärung dafür findet sich in einer ziemlich zynischen Folgebestimmung der Nürnberger Rassegesetze. Charlotte Knoblochs Mutter Margarethe war anlässlich ihrer Heirat mit Fritz Neuland zum Judentum konvertiert. Nach der Machtergreifung übten die NS-Behörden massiven Druck auf sie als „Arierin" aus, sich von Fritz Neuland scheiden zu lassen, was dann auch geschah.[190] 1936, vermutlich gegen Jahresende, verlangte sie von ihrem Mann die Scheidung, die 1937 rechtskräftig wurde.[191] Die Bedingung des Vaters war, dass Charlotte bei ihm bleiben solle. So kam es, und Großmutter Albertine wurde zur Er-

---

189 Sebastian Sigler: Das ganze Dorf tuschelte. *Cicero,* 23. Mai 2006.
190 Sebastian Sigler: Das ganze Dorf tuschelte. *Cicero,* 23. Mai 2006. Ebenso: „Die Tochter der Zenzi", *Der Spiegel,* 23.11.2010
191 Charlotte Knobloch: In Deutschland angekommen, S. 32.

satzmutter der damals Vierjährigen.[192] 1936 war die Entrechtung der Juden schon weit fortgeschritten, aber Deportation und Massenmord waren noch nicht absehbar. Die „Nürnberger Gesetze" galten indes schon seit 1935 und ihnen zufolge war Charlotte Knobloch ihrer „arischen" Mutter wegen ein „Mischling ersten Grades". Als dann im Herbst 1941 die Deportationen und der Massenmord begannen, blieben diese „Halbjuden", wie damals oft gesagt wurde, verschont – vorausgesetzt, sie lebten (als Kinder) nicht in einer jüdischen Familie. Dann galten sie dem Regime als Juden (sogenannte „Geltungsjuden") und wurden wie diese deportiert und meist ermordet. Hier wird erst die volle Dramatik und Tragik der Lage deutlich, in der sich Fritz Neuland im Sommer 1942 befand: Seine Bedingung der Ehescheidung von 1936, die Tochter behalten zu dürfen, war für diese jetzt zur tödlichen Gefahr geworden – bei der Mutter wäre sie vorerst sicher gewesen. Allerdings eröffnete diese Situation auch einen Ausweg: Charlotte konnte gerettet werden, indem sie dauerhaft in ein nichtjüdisches Umfeld gebracht wurde und die Verbindung zur jüdischen Familie vorerst abgebrochen wurde. Genau diesen Weg ist Fritz Neuland offenbar gegangen, als er Charlotte nach Arberg brachte. In dieser Lage trugen auch die Gottesdienstbesuche – objektiv eine Vergewaltigung der Seele des jüdischen Kindes – zu dessen Sicherheit bei.

Damit wird auch klar, warum Charlotte Neuland in Arberg eben nicht unter falschem Namen leben musste. Der nicht gerade typisch jüdische Name Neuland machte es leichter, sie unter ihrem echten Namen bei Einwohnermeldeamt und Schule anzumelden – was keineswegs ausschließt, dass sie des Öfteren als „Charlotte Hummel" angesprochen wurde, weil man sie ihrer Gastfamilie zurechnete. Auch die offenbar gewählte Legende des „Bombenkindes" wird vor diesem Hintergrund erst ganz verständlich: Ein nachvollziehbarer Grund für die längere Trennung von der Familie musste schon vorliegen, um nicht gefährliche Nachforschungen auszulösen. Diese hätten zu dem Ergebnis geführt, dass ihr Vater den Tatbestand, der Charlotte vor der Deportation bewahrte – die Herauslösung aus der jüdischen Umgebung – mit der Verbringung nach Arberg erst selbst geschaffen hatte und zwar in der offensichtlichen Hoffnung, das Kind unter veränderten Umständen wieder zu sich nehmen zu können. Nicht wegen des jüdischen Vaters allein, sondern aus genau diesem Grund blieb die Lage von Charlotte so prekär.

---

192 Ebd.

Ebenso wird damit klar, warum es kurz vor Kriegsende noch einmal lebensgefährlich für Charlotte wurde: Als sich im Herbst 1944 der Fanatismus des NS-Regimes zu überschlagen begann, nahm auch der Druck auf „Mischlinge ersten Grades" nochmals massiv zu, Erwachsene wurden in Arbeitslager der Organisation Todt verbracht. Die meisten haben das überlebt, aber keineswegs alle. Diese verschärfte Verfolgung war anscheinend der – sonst kaum ersichtliche – Grund, warum Charlotte kurz vor Kriegsende noch einmal versteckt werden musste.

Vor allem wird so klar, warum Knobloch den Gunzenhausener Gymnasiasten 1996, als noch viele Zeitzeugen lebten, geradewegs verboten hat, im nahegelegenen Arberg weiter zu recherchieren. Sie war dort eben anscheinend genau genommen nicht als jüdisches Kind gerettet worden, sondern in der zynischen Logik und Sprache dieser Zeit als „halbjüdisches", das ausgerechnet eine „arische" Mutter hatte, die sich nur wenige Jahre nach der Geburt von Charlotte sogar wieder vom Judentum abgewendet hatte. Das wiederum ist nun aus jüdischer Sicht etwas delikat, denn nach dem jüdischen Religionsgesetz, das keine „Halbjuden" kennt, wird man Jude durch die jüdische Mutter oder die Konversion zum Judentum. Manche jüdischen Strömungen lehren zudem, dass ein Konvertit, der sich später wieder ganz vom Judentum abwendet, doch nicht als Jude zu betrachten sei, weil sein Verhalten den Schluss erlaube, dass der Übertritt ohne volle Überzeugung geschehen sei. Die jüdische Identität von Charlotte Knobloch berührt auch das nicht, denn zum Zeitpunkt der Geburt war ihre Mutter jüdisch – punktum. Man kann aber sehr wohl verstehen, dass Frau Knobloch in den neunziger Jahren, noch vor ihrer Wahl zur Zentralratspräsidentin, an solchen Debatten nicht gelegen war. Heute ist die Lage anders und es wäre naheliegend, wenn sie die verbliebenen, kleinen „weißen Flecken" ihrer Rettungsgeschichte selbst ausfüllen würde – oder die hier vorgelegten Überlegungen indirekt bestätigen würde, indem sie sie unwidersprochen ließe.

## 9. „IfZ richtet Zentrum für Holocaust-Studien ein"

Dies ist die Überschrift des Newsletters des Instituts für Zeitgeschichte München-Berlin vom 9. Juli 2013. Gleich einleitend wird der Leser belehrt: „Das Institut … hat damit begonnen, in München ein internationales Zentrum für Holocaust-Studien aufzubauen. Wissenschaftliches Ziel des Projekts ist, die deutsche und die internationale Forschung zum Holocaust institutionell zu stärken und erstmals auch in Deutschland ein Kompetenz- und Kommunikationszentrum für die empirische Erschließung des Holocaust zu schaffen." Zitiert wird der Direktor des Instituts: „Bislang ist es das Verdienst überwiegend ausländischer Institutionen wie Yad Vashem und dem United States Holocaust Memorial Museum, die internationale Forschung über den Holocaust auf hohem Niveau zu bündeln." Nun also soll ein deutsches Institut hinzukommen.

Angesichts der vorhandenen Einrichtungen und der Vielzahl von Forschern, die sich seit Jahrzehnten vorwiegend mit dieser Thematik befassen, drängt sich die Frage auf, ob es hier wirklich noch nennenswerte Desiderate gibt. Oder geht es doch eher darum, einem Zeitgeist Tribut zu zollen, der keiner Rechtfertigung bedarf und dessen Infragestellung sich von selbst verbietet?

## 10. Das Schulbuch „Forum Geschichte"

Dass man offenbar glaubt, des Guten könne es nicht zu viel geben, veranschaulichen die Gliederung und der Inhalt des bayerischen Schulbuches „Forum Geschichte" der 11. Jahrgangsstufe. Es steht sicher für viele Lehrbücher auch außerhalb Bayerns, die sich mit der Geschichte der NS-Zeit beschäftigen.

Von den Punkten 1 mit 8 unter der Überschrift „Die Zeit des Nationalsozialismus" befassen sich nicht weniger als sieben mit dem jüdischen Leben. Selbstverständlich verdient dieses Thema intensive Aufmerksamkeit. Aber ist diese massive Fokussierung nicht doch ein Indiz für eine einseitige Auswahl?

Der Text bestätigt diesen Verdacht: „Mitglieder der Freikorps … ermordeten 1919 und 1922 führende Politiker, die aus jüdischen Familien stammten, z. B. die kommunistische Politikerin Rosa Luxemburg (1871–1919), das Mitglied der Münchner Räteregierung Gustav Landauer (1870–1919), den sozialdemokratischen Ministerpräsidenten Kurt Eisner (1867–1919) und den Industriellen und Außenminister Walter Rathenau (1867–1922)."[193] Alles an sich richtig, aber unerwähnt bleibt:

---

193 Kollegium „Forum Geschichte 11 Bayern" München 2009, S. 181.

– dass Luxemburg mit aller Leidenschaft gegen die junge deutsche Demokratie gekämpft und mehrmals zum blutigen Bürgerkrieg aufgefordert
hatte, ein nach damaligem Recht todeswürdiges Verbrechen,
– dass die Räteregierung, der Landauer angehört hatte, die junge bayerische
Demokratie, mit Johannes Hoffmann (SPD) an der Spitze, blutig bekämpft
hatte,
– dass der Mörder Eisners, Anton Graf von Arco auf Valley, ein fanatischer
Antisemit und Nationalist, eine jüdische Mutter hatte und dadurch im
Sinne des jüdischen Religionsgesetzes selbst jüdisch gewesen ist,
– dass sich Rathenau so negativ über die Ostjuden geäußert hatte, dass seine
Worte Eingang in Schulbücher der NS-Ära fanden.[194]

Ist wirklich nichts von alledem wissenswert, um die ganze Vielschichtig-
keit des Phänomens „Antisemitismus" zu verstehen? Wenn doch, warum
bleibt es ungesagt? Sind die Motive eher politisch oder doch eher psychologisch, wie Malte Herwig in seinem Buch „Die Flakhelfer. Wie aus Hitlers
jüngsten Parteimitgliedern Deutschlands führende Demokraten wurden"
vermutet? Herwig schreibt treffend: „Denn so sündhaft unsere deutsche
Geschichte war, so rechtschaffen waren wir doch jetzt mit unserer aufgeklärten Gesinnung. Während frühere Generationen deutscher Schüler mit
dem Gift des Nationalsozialismus geimpft wurden, bekamen wir Schuld,
Scham und Verantwortung löffelweise verabreicht. Das war befreiend, aber
auch verstörend ..."[195]

Die neue Einseitigkeit, das kann man sicher sagen, geht auf Kosten der
Wahrheit. Und manchmal ist die halbe Wahrheit schlimmer als eine ganze
Lüge.

---

194 Z. B. in Jakob Graf „Biologie für höhere Schulen 3. Band" München 1940, S. 131.
195 Herwig 2013: 286.

# III. Exkurs: Wer sind die ignorierten Zeitzeugen? Eine systematische Betrachtung

Die Quellen, d.h. die Bekundungen der Menschen, die am Ort des Geschehens waren, die aus den unterschiedlichsten Perspektiven berichten, was sie selbst erlebt, gehört und gesehen haben, hier kurz Zeitzeugen genannt, spielen bei der Suche nach Antwort auf die Frage, ob und wie antisemitisch die Deutschen unter Hitler gewesen seien, eine überragende Rolle – sollte man annehmen. Dass dem trotz gegenteiliger Beteuerungen nicht so ist, muss immer wieder ins Gedächtnis gerufen werden. Belege für die Richtigkeit dieser Anschuldigung habe ich in großer Zahl zusammengetragen. Die Funde füllen mehr als eintausend Seiten.[196] Auf das dabei präsentierte Material soll hier nur hingewiesen werden, geht es doch nun um das Warum und das Wie der verweigerten Kenntnisnahme der Zeugnisse der Hauptbetroffenen. Dennoch erscheint es angezeigt, einen Überblick über die einzelnen Kategorien der Zeugen zu bieten und als Resümee festzuhalten, dass trotz der Vielfalt der Zeugen die Aussagen im Ergebnis erstaunlich mit Klemperers Dictum übereinstimmen: „Fraglos empfindet das Volk die Judenverfolgung als Sünde."[197] Auch erscheint es geboten, durch den Nachweis von Funden, die ich seit der letzten Veröffentlichung von 2011 gemacht habe, die Quellensammlung weiter zu komplettieren.

Die Zeugen, die uns über die Resonanz von Hitlers Judenpolitik in der deutschen Bevölkerung berichten, können wir übersichtlich in drei Gruppen gliedern: 1. das amtliche Deutschland, 2. das „andere Deutschland", 3. Ausländer in Deutschland.

## 1. Das amtliche Deutschland[198]

Da ist zunächst und am besten vom Ausland aus sichtbar – teils noch heute in den Aufzeichnungen Goebbels zu Propagandazwecken – das amtliche Deutschland mit Hitler an der Spitze und mit den Alten Kämpfern als Gefolgschaft. Zum amtlichen Deutschland zählen hier ferner die Millionen

---

196 Siehe S. 101 f.
197 Victor Klemperer „Tagebücher 1940–1941" Berlin 1998, S. 173.
198 Ausführlich dazu: Löw 2011: 241 ff.

bedingungslos Hitler-Gläubigen. Sie dachten und sangen: „Führer befiehl, wir folgen!" – auch in den totalen Krieg und in die „Götterdämmerung" eines Kampfes bis zum totalen Zusammenbruch. Das amtliche Deutschland verfügte allein und ausschließlich über den Propagandaapparat, über Presse, Rundfunk und Film.

So geschlossen uniform die amtlichen Verlautbarungen nach außen hin auch waren und dem Unvoreingenommenen auch schienen, für den Dienstgebrauch wie hinter vorgehaltener Hand gab es selbst aus dem Munde Himmlers und Goebbels' Bemerkungen, die zeigen, dass nicht einmal diese obersten Paladine an ihre eigene Parole „Ein Volk, ein Reich, ein Führer!" glaubten.[199]

## 2. „Das andere Deutschland"[200]

Vom Ausland her schwer wahrnehmbar und merkwürdigerweise oft geradezu geflissentlich übersehen: das andere Deutschland: Zunächst all jene, die sich legal verhielten, aber tunlichst jedes Engagement vermieden und deshalb später auch kaum von den Entnazifizierungsgesetzen betroffen waren. Ihre Bekundungen über die NS-Ideologie und die Judenverfolgung sind zahlenmäßig gering. Die Angst, sich selbst ans Messer zu liefern, mündete in das Prinzip: Tunlichst alle aussagekräftigen Aufzeichnungen vernichten oder solche gar nicht erst entstehen lassen! An diese Vorgabe meines Vaters für die ganze Familie kann ich mich noch gut erinnern.

Eine besonders qualifizierte, glaubwürdige Quelle, mir bisher entgangen, haben wir in Sebastian Haffner, der 1938 zusammen mit seiner jüdischen Frau aus politischen Gründen von Deutschland nach England ausgewandert ist. Ihm verdanken wir den Bestseller „Anmerkungen zu Hitler" und darin die einschlägige Feststellung: „Seit ihrer Emanzipation … hatten die Juden … sehr sichtbar in vielen Ländern führende Positionen in vielen Bereichen gewonnen … sie bildeten eine Art Elite … und damit schufen sie sich natürlich nicht nur verdiente Bewunderung, sondern auch Neid und Abneigung. Wer aus diesen Gründen Antisemit war, gönnte den Juden

---

199 Löw 2011: 271 bzw. 275.
200 Ausführlich dazu: Löw 2011: 185 ff.

einen Nasenstüber; er wünschte sie sich ein bisschen gedeckelt. Aber Aus-
rottung – um Gottes Willen!"[201]

Eine deutliche Erwähnung verdient der deutsche Widerstand, der durch
die Konzentrationslager und die Terrorjustiz in Erscheinung trat. Dabei
handelt es sich häufig um Persönlichkeiten, die zunächst dem amtlichen
Deutschland nahe standen.[202]

Die wichtigste Gruppe bilden schließlich die Juden, Opfer auch dann,
wenn sie sich um ein unauffälliges, unpolitisches Leben bemühten, wenn
sie, wie auch immer, überleben konnten. Gerade sie haben erstaunlich viele
bemerkenswerte Zeugnisse hinterlassen, die über den Verdacht erhaben
sind, das Bild der Deutschen und Deutschlands schönen zu wollen. Daher
stehen ihre Aufzeichnungen in meinen Sammlungen an erster Stelle. Allein
das Buch „Deutsche Schuld 1933–1945? Die ignorierten Antworten der
Zeitzeugen" enthält 354 solcher Dokumente.

Gelegentlich entdecke ich mir bislang unbekannte Quellen. Die wichtigsten sollen hier nachgetragen werden, so Heinrich Kronstein. In „Briefe
an einen jungen Deutschen" betont er nachdrücklich: „Wenn in späteren
Jahren die Zugehörigkeit zu diesen Menschen [den nichtjüdischen Deut-
schen], zu dieser sozialen Gruppe in Frage gestellt worden ist, so hätte ich es
den vielen gleichtun können, die dann nachträglich konstruierten, dass sie
sich eigentlich nie ganz dazugehörig gefühlt hätten. Doch ich habe dazu
gehört zu der Stadt Karlsruhe, zu den freundlichen Lausbubenbanden in
der Mathystraße, zu den Liebeleien und Träumereien im Hardtwald und
zum (sic!) Schwarzwald. In dieser Gruppe ist es nie oder zumindest nie
feindlich vermerkt worden, dass ich Jude war. Hier waren wir einfach richtige Jungens. Und dass ich das bei meinem überintellektuellen Herkommen
sein durfte, gehört zu den positivsten Elementen in meiner Entwicklung."[203]
Die NS-Ära bis zur Auswanderung 1935 betreffend ergänzt er: „Was meine
Familie nach 1933 an Freundschaft und Treue aus diesem Kreis erfahren hat
…, ist nicht zu beschreiben. Es ist einfach groß und aufrichtig! Überhaupt
habe ich nach 1933 nicht eine einzige menschliche Enttäuschung durch
meine Freunde erlebt. … auch alle die, die selbst bedroht waren, … standen
ohne jede Einschränkung zu uns."[204] Kronstein brachte es in den USA wie
im Deutschland der Nachkriegszeit zum angesehenen Juraprofessor. Von

---

201 Sebastian Haffner „Anmerkungen zu Hitler" München 1978, S. 118.
202 Ausführlich dazu: Löw 2011: 202 ff.
203 Heinrich Kronstein „Briefe an einen jungen Deutschen" München 1967, S. 50 f.
204 Kronstein 1967: 132 f.

dem jüdischen Historiker John A. S. Grenville wird glaubhaft berichtet, er sei „trotz der Nazis bis 1938 in Deutschland glücklich gewesen."[205] Auch Hans Reichmann, Syndikus des Centralvereins deutscher Staatsbürger jüdischen Glaubens, verdient Erwähnung, so wenn er, der Geschundene und Vertriebene, 1939 schreibt: „Was uns auch immer in den schicksalhaften sechs Jahren geschehen ist, unser Hass gilt nicht dem deutschen Menschen, sondern jener verdorbnen Führung, die ihn 1933 vergewaltigt hat."[206] In „‚Einer der nicht mehr dazu gehört' Tagebücher 1933–1937" macht sich der Autor, Kurt Rosenberg, bemerkenswerte Notizen, so am 23. März 1933: „Wir werden wohl niemals erfahren, was sich im Inlande im ‚Kampf gegen das Judentum' zuträgt. Die deutschen Zeitungen schweigen sich aus, um nicht verboten zu werden; die ausländischen erfinden Greuelmärchen in maßlosen Übertreibungen. In Hamburg seien bereits 1400 Personen hingerichtet u. s. w."[207] (Das war in etwa die Zahl der verhafteten Personen, wie es in einer Randnotiz heißt.)

„28. III. 33 … Heute war ein Stahlhelmführer bei uns im Büro und machte Äußerungen, die so nazifeindlich waren wie denkbar… Das Tragische ist, dass die Bewegung in einzelnen, grundlegenden Punkten so berechtigt erscheint …"

„31. III. 33 … Jeder, den wir aus unseren christl. Kreisen sprechen, missbilligt die Zustände. Viele tragen eine Liebenswürdigkeit zur Schau, als wollten sie uns Beileid wünschen – und es gilt, seinen Stolz zu wahren."

Zwei Tage später: „Wir empfangen Blumen und Briefe von unseren christlichen Freunden, die uns auf diese Weise ihre Gesinnung dartun wollen. Um jeden Gruß solcher Art sind wir dankbar, denn er erhält den Glauben an Menschen, wenn auch nicht an den Menschen schlechthin."

Typisch ist die Annahme, anderswo sei die Lage noch schlimmer. So urteilt Rosenberg, der in Hamburg lebt und arbeitet, am 6. April 1933: „Es bestätigt sich immer mehr, dass Hamburg eine Oase ist." Immer wieder ist auch die folgende Beobachtung zu finden: Zwar Nazi, aber gegen die Judenverfolgung. „17. April 1933 … Ihre Lehrerschaft [die Rede ist von einer Bekannten] gehört z. T. der NSDAP an, weigert sich aber, den Antisemitismus mitzumachen. Ein SA-Mann gibt ihr Ratschläge und erklärt sich heimlich auch gegen den Antisemitismus." Und nochmals am 20. April 1933: „In

---

205 Raphael Gross „Erst der Mensch, dann der Text" *Frankfurter Allgemeine Zeitung*, 18.3.2011.
206 Hans Reichmann „Deutscher Bürger und verfolgter Jude" München 1998, S. 275
207 Kurt Rosenberg „‚Einer der nicht mehr dazu gehört' Tagebücher 1933–1937" Göttingen 2012, S. 61.

nationalsoz. Kreisen ist vielfach die Meinung erwachsen, die Art, wie die Judenfrage behandelt worden sei, sei die größte Dummheit, die man sich geleistet habe." Vom selben Tag stammt die Beobachtung: „Ich habe mehr Anerkennung und ‚Beileid' gefunden, als ich je geglaubt hätte. Alte – arische – Männer haben vor mir geweint. Eine alte christliche Frau ist zu mir gekommen, um mir von ihren letzten Groschen Blumen zu bringen … Ich habe zu meinen Lebzeiten ein gutes Dutzend schöner Nekrologe gehört." Da sich aber die Lage nicht bessert, im Gegenteil, betreibt Rosenberg die Auswanderung, die ihm am 8. September 1938 gelingt. Ein bedenkenswertes Vermächtnis Rosenbergs lautet: „Ich leide ebensosehr als Deutscher wie als Jude."[208] Andere haben ebenso wie Rosenberg gelitten, als deutsche Nichtjuden.

In Bayern lebten die meisten Juden prozentual betrachtet in Ichenhausen, nahe Günzburg. Arnold Erlanger, ein namhafter Bürger, erinnert sich: „In der Chronik wird der erste [Jude] für das Jahr 1541 erwähnt! Längst hatte die übrige Bevölkerung gelernt, dass wir Juden nicht anders als sie waren … Kurzum: Die meisten Ichenhäuser respektierten uns und wir respektierten sie."[209] „Während der ersten Wochen nationalsozialistischer Herrschaft wurden Ichenhausens katholischer Priester und Dekan Heinrich Sinz sowie weitere Seelsorger … ins Günzburger Gefängnis gesperrt." „Ich habe den Eindruck, als ob viele Juden in kleinen Orten wie Ichenhausen auch die Nürnberger Rassengesetze von 1935 noch nicht allzu ernst nahmen … Nun also durften wir keine Nichtjuden mehr heiraten. Wir jüdischen Ichenhauser hatten das doch immer schon für einen der schwersten Verstöße gegen die Tora gehalten."[210] Zunächst blieb das Leben noch ziemlich normal. Doch „je stärker die Nazis in Ichenhausen wurden, desto mehr mussten sich die Juden … von ihren nichtjüdischen Freunden und Bekannten fernhalten …"[211] „Wir erfuhren, dass Juden in den Osten transportiert worden waren, konnten uns aber nicht vorstellen, dass das ihren Tod bedeutete."[212] Dann kam die Reihe an ihn. Dank seiner Jugend und Vitalität und dazu mit sehr viel Glück hat er Auschwitz überlebt.

---

208 Rosenberg 2012: 101
209 Arnold Erlanger „Ein Schwabe überlebt Auschwitz" Augsburg 2002, S. 19.
210 Erlanger 2002: 27.
211 Erlanger 2002: 29.
212 Erlanger 2002: 45.

## „Uns kriegt ihr nicht"

Eine einschlägige beachtliche Neuerscheinung ist das Buch „Uns kriegt ihr nicht. Als Kinder versteckt – jüdische Überlebende erzählen"[213] Fünfzehn Kinder erzählen ihre meist abenteuerlichen Schicksale. Es versteht sich von selbst, dass das glückliche Überleben nur möglich war dank der Hilfe vieler Sympathisanten. Auch wer das berücksichtigt, kann nicht länger an einem pauschalen Schuldvorwurf zu Lasten der Deutschen festhalten, zu groß ist die Zahl der Helfer, zu groß das Risiko, das sie für ihre jüdischen Mitbürger auf sich nahmen.

Auch Nichthelfer begegnen uns in stattlicher Zahl, die nichts unternahmen, um die angeblich verhassten Juden zur Strecke zu bringen. Wer die NS-Zeit als junger Nichtjude in Deutschland erlebt hat, begegnet in dem Buch seinen eigenen Erfahrungen, so wenn es heißt: „Das katholische Oberbayern war für meine Mutter und mich ein Glücksfall. Die meisten Leute, vor allem auf dem Land, waren gläubige Katholiken und standen den Nazis eher ablehnend gegenüber."[214] Nun, in Oberbayern mag es etwas besser gewesen sein als anderswo, aber die große Ausnahme war es nicht, wie die Recherchen ergeben haben. Auch anderswo war die Hitler-Begeisterung limitiert. Mal ist es in dem letzterwähnten Buch der Lagerleiter, der ein Auge zudrückt, dann der Blockwart, dann ein junger Leutnant, dann ein „tausendprozentiger Nazi".

Im folgenden Zitat ist von Mönchengladbach, weit von Oberbayern entfernt, die Rede: „In der Brunnenstraße wohnten viele gute Leute, die uns manchmal etwas zusteckten. Jeder wusste, dass wir Juden waren. Es war eine Arbeitergegend mit einfachen Häusern… Andere Nachbarn sagten: ‚Passt auf, der von der Nummer 9 ist in der Partei. Vor dem müsst ihr euch in Acht nehmen.' Wieder andere schnitten uns, schwärzten uns aber nicht an."[215]

Genau so erlebte ich München. Auch wir glaubten zu wissen, vor wem man sich besonders in Acht zu nehmen hatte, und blieben tunlichst auf Distanz.

---

213 Tina Hüttl/Alexander Meschnig „Uns kriegt ihr nicht. Als Kinder versteckt – jüdische Überlebende erzählen" München 2013
214 Ina Iske „Wir waren zwischen zwei Übeln gefangen" in: Hüttl/Meschnig 2013: 121.
215 Ruth Hermges „Wir haben … überlebt" in: Hüttl/Meschnig 2013: 216 f.

„Kameraden"

Neuesten Datums sind auch die „Kameraden". 2012 erschien das stattliche
Werk mit dem Untertitel: „Die Wehrmacht von innen"[216]. Für alle, die wis-
sen wollen, ob unsere Vorfahren, also die große Mehrheit der Deutschen,
zwischen 1933 und 1945 moralisch versagt haben, ist dieses Buch ein großer
Gewinn, ja ein Glücksfall, mit dem kaum zu rechnen war. Viele und vielerlei
Zeugen konnten schon bisher befragt werden, aber nun sind mit einem
Schlag Tausende hinzugekommen, die mit ihren Bekundungen das Urteil
auf eine noch deutlich breitere Basis stellen.

Fast 19 Millionen deutsche Soldaten dienten in der fraglichen Zeit in
den deutschen Streitkräften, Hunderttausende gerieten in US-amerikanische Gefangenschaft, drei Tausend wurden in Fort Hunt, Virginia, keine
20 Kilometer von Washington DC entfernt, heimlich abgehört, was sie ihren
Mitgefangenen anvertrauten. So entstanden über einhunderttausend Blatt
Protokolle, die unbeachtet verwahrt wurden, bis sie unlängst durch Zufall
wieder aufgetaucht sind.

Rechneten die „Prisoners of War" damit, dass sie abgehört werden? „Einzelne ahnten es, viele diskutierten darüber, die meisten aber konnten es sich
nicht vorstellen"[217]. Verglichen mit den Feldpostbriefen, deren Kontrolle naheliegend war und daher große Vorsicht gebot, sind die Gespräche kaum
durch peinliche Vorsicht getrübte Quellen.

Zusammen mit Hilfskräften hat sich der junge Historiker Felix Römer
an den Papierberg gewagt, die Äußerungen zu einzelnen Themen zusammengefasst und eingehend kommentiert. Die Grobgliederung lautet: „Gefangenschaft", „Ideologie", „Soldatenethos". „Kameradschaft", „Kampfmoral",
„Truppenführer", „Kämpfen und Töten", „Kriegsverbrechen". Originalzitate
fließen zur Veranschaulichung in die Auswertung ein. Deren richtige Auswahl kann der Leser nicht ohne weiteres überprüfen, da die Belege nur Beispiele sind und keinen Anspruch auf Vollständigkeit erheben. Doch die
Auswertung überzeugt.

Unter dem Gesichtspunkt der Vergangenheitsbewältigung sind vor
allem die Stichworte „Ideologie" und „Kriegsverbrechen" aufschlussreich.
Wir erfahren: „Für die Wehrmachtssoldaten stellte sich die Loyalität zu

---

216 Felix Römer „Kameraden. Die Wehrmacht von innen" München 2012
217 Römer 2012: 51.

Hitler und dem NS-Staat als unhinterfragter Normalzustand dar", das heißt, dass sich die große Mehrheit mit den politischen Gegebenheiten abgefunden hat. „Auch der Konformismus war jedoch voller Abstufungen."[218] Konkret, einen besonders brisanten Topos betreffend besagt das: „[A]uf die Beobachtungen, Gerüchte und Nachrichten über den Massenmord an den europäischen Juden reagierte die Mehrheit der Soldaten spontan mit Ablehnung."[219] Und an einer anderen Stelle lesen wir: „So gut wie jedes Mal, wenn der Massenmord an den Juden thematisiert wurde, äußerten sich die Soldaten mehr oder weniger ablehnend dazu."[220]

„Soldaten"

Bereits 2011 war ein ähnlich umfangreiches Buch (522 Seiten) mit dem Titel „Soldaten" erschienen, das die geheimen Abhörprotokolle von in britischer Gefangenschaft befindlichen Soldaten auswertet. Beifällig wird eine Analyse der Gespräche von 621 Soldaten zitiert, die zu dem Schluss kommt, „dass die Mehrheit eine eher negative Sicht auf die Rassenpolitik zum Ausdruck brachte und dass man lediglich eine Minderheit von 30 Personen als ‚Weltanschauungskrieger' bezeichnen könnte. An dieser Minderheit ist allerdings interessant, dass sie mehrheitlich aus jungen Offizieren ... bestand, die 1933 noch Kinder waren ..."[221] und deshalb, so kann man wohl ergänzen, – weil ohne zuvor gelegtes weltanschauliches Fundament – von den Kündern der neuen Zeit leichter in die Irre geführt werden konnten.

Hierher gehört ferner das Werk: „Abgehört. Deutsche Generäle in britischer Kriegsgefangenschaft 1942–1945", obwohl in ihm nur hohe Militärs (63 Generäle, 14 Obristen und 11 weitere Offiziere), alle in Gefangenschaft befindlich, zu Worte kommen. Der Autor, Söhnke Neitzel, der die Gespräche ausgewertet hat, gelangt zu dem Ergebnis: Es erscheint glaubhaft, „dass vielen die Dimension beispielsweise des Holocaust allenfalls gerüchtweise bekannt war. Auf einen Film über die Konzentrationslager, den die Gefangenen Ende September 1945 sahen, reagierten sie mit ehrlicher Erschütte-

---

218 Römer 2012: 65.
219 Römer 2012: 77.
220 Römer 2012: 455.
221 Neitzel, Sönke/Welzer, Harald „Soldaten. Protokolle vom Kämpfen, Töten und Sterben" Frankfurt am Main 2011, S. 295.

rung – obgleich etliche die Nachrichten von den Vernichtungslagern als alliierte Propaganda abtaten."[222]

Was eben geboten wurde, das waren Zeugnisse aus längst vergangenen Tagen, die aber bisher kaum zugänglich waren. Schon mehrmals wurde ich gefragt, ob ich auch neue noch lebende Zeugen ausfindig gemacht habe. Einmal abgesehen von Charlotte Knoblochs Klassenkameradinnen in Arberg[223]: Nein, und ich habe auch nicht danach gesucht. Zeitzeugen der NS-Ära wären heute über achtzig Jahre alt, und da gibt es ein natürliches Problem. Die Einsicht August Bebels, zu Beginn des letzten Jahrhunderts aufgezeichnet, gilt diesbezüglich noch heute: „Nach einer Reihe von Jahren lässt einen das Gedächtnis im Stich. Selbst Vorgänge, die sich einem tief einprägten, erlangen im Laufe der Jahre unter allerlei Suggestionen eine andere Gestalt. Ich habe diese Erfahrung häufig nicht nur bei mir, sondern auch bei anderen gemacht."[224] Mit anderen Worten: Wir sollten uns heute sinnvollerweise mit dem in Papierform Vorhandenen begnügen – und je früher es aufgeschrieben wurde, umso besser. Aber das ist keine nennenswerte Einschränkung, denn es ist dermaßen reichlich vorhanden, dass es selbst der tüchtigste Wissenschaftler kaum vollständig sichten kann. Und es liefert ein ziemlich helles, überwiegend erfreuliches Bild. Hat sich ein Zeuge mehrmals widersprüchlich geäußert, so verdient im Zweifel die erste Äußerung eine stärkere Berücksichtigung, zumal wenn der zeitliche Abstand Jahrzehnte beträgt.[225]

## „Das Volk ist ein Trost"

Um kein Missverständnis aufkommen zu lassen, ist eine Klarstellung geboten. Wer, wie Jochen Klepper, das Verhalten der Nichtjuden den Juden gegenüber mit „Das Volk ist ein Trost" überschreibt, könnte der Annahme Vorschub leisten, dieses Volk habe in seiner Mehrheit den Antisemiten Hitler total abgelehnt. Auch wenn insofern solide Nachweise angesichts des Medienmonopols der NS-Zeit schwierig sind, steht doch außer Zweifel,

---

222 Söhnke Neitzel „Abgehört. Deutsche Generäle in britischer Kriegsgefangenschaft 1942–1945" Berlin 2007 S. 57 f.
223 Siehe oben, S. 72.
224 August Bebel „Aus meinem Leben" Bd. 1 Stuttgart 1910, S. VII.
225 Siehe dazu als Beispiele die sich im Zeitauflauf verändernden Zeugnisse von Inge Deutschkron und Charlotte Knobloch auf S. 63 f. und S. 64-77 dieses Buches.

dass viele Maßnahmen und Erfolge des Dritten Reiches von der Mehrheit mit Begeisterung aufgenommen und mitgetragen wurden. Man denke nur an die „Heimkehr" des Saarlandes ins Reich und die von sehr vielen Deutschen – auch auf der politischen Linken – schon seit dem 19. Jahrhundert ersehnte Vereinigung mit Österreich. Ohne Krieg gelang Hitler der Anschluss des Sudetenlandes. Das versetzte auch überzeugte Nazigegner in Erstaunen. Umso bemerkenswerter bleibt, dass selbst fanatische Hitleranhänger schon ab dem Boykott des Jahres 1933 die judenfeindlichen Aktionen entschieden missbilligten.[226] Vor dem Hintergrund der Hitlerbegeisterung war das nicht selbstverständlich, umso weniger als dem reichsweiten Aufruf zum Boykott jüdischer Geschäfte am 1. April 1933 nicht eben geschickte Schlagzeilen in britischen und US-amerikanischen Zeitungen vorausgegangen waren, in denen jüdische Organisationen ihrerseits zum Boykott deutscher Waren aufgerufen hatten. Diese Aufrufe waren zwar durch die ersten anti-jüdischen Maßnahmen des NS-Regimes begründet und hatten zudem kaum praktische Folgen. Doch berühmt gewordene Schlagzeilen wie insbesondere die in der britischen Zeitung *Daily Express* vom 24. März 1933 *„Judea Declares War on Germany"* („Judäa erklärt Deutschland den Krieg") waren für die NS-Propaganda damals und viel später ein gefundenes Fressen und wurden geschickt ausgenutzt. Dennoch fand selbst der eintägige Boykott jüdischer Geschäfte, wie ich nachgewiesen habe, wenig Zustimmung in der deutschen Bevölkerung[227].

## 3. Ausländer in Deutschland

Die dritte Gruppe bilden die in Deutschland lebenden Ausländer[228], vor allem Journalisten, Diplomaten, Geschäftsleute und die damals freilich noch nicht besonders zahlreichen Touristen. Soweit sie nicht für mit Deutschland befreundete Staaten tätig waren wie viele Italiener, besteht auch bei ihnen wenig Verdacht der Parteilichkeit zugunsten der Deutschen. Und doch sind auch in dieser Quellengattung die Beurteilungen für das Gros der Deutschen durchaus schmeichelhaft. Typisch dafür die Worte eines Reporters der *Neuen Zürcher Zeitung* anlässlich des Pogroms von

226 Löw 2011: 357 ff.
227 Löw 2011: 59 ff.
228 Löw 2011: 227 ff.

1938: „Die Bevölkerung, zur Ehre des deutschen Volkes sei es gesagt, zeigt sich zum allergrößten Teil über diese Exzesse empört, und viele Leute halten mit offener Kritik nicht zurück."[229]

## 4. Polen und Deutsche

Deutsche ohne amtlichen Auftrag gab es damals kaum im feindlichen Ausland, zu dem ab Kriegsbeginn Polen gehörte. Insofern können sie zur Beantwortung der zentralen Frage dieses Buches wenig beitragen. Aber es gab sie, auch wenn sie sich nur in ihrer Freizeit auf den Zivilstatus zurückziehen konnten. Daran erinnert sich Władysław Bartoszewski, der als Pole Auschwitz überlebt und nach der friedlichen Revolution von 1989 sogar das Amt des polnischen Außenministers bekleidet hat. Auf die Frage: „Sie haben für den Widerstand gearbeitet und auch Juden geholfen. Hatten Sie damals Nachbarn, vor denen Sie sich fürchteten?" gab er 2011 zur Antwort: „Ich lebte in einem Haus voller Intelligenzija, in der Mickiewicz-Straße 37, II. Stock. Aber wenn jemand Angst hatte, dann nicht vor den Deutschen. Wenn ein Offizier mich auf der Straße sah und nicht Befehl hatte, mich festzunehmen, musste ich nichts fürchten. Aber der polnische Nachbar, der bemerkte, dass ich mehr Brot kaufte als üblich, vor dem musste ich Angst haben."[230]

Mangelnder Patriotismus wurde Bartoszewski wegen dieser Äußerung vorgeworfen. Aber er blieb dabei. Doch war er „nur" Pole, nicht auch Jude. Maria Blitz, eine polnische Jüdin aus Krakau, urteilte aufgrund schlimmer eigener Erfahrungen rückblickend im Sommer 2000, angeregt durch einen Artikel in der *New York Times*, über den Todesmarsch in Ostpreußen: „Eins muss ich sagen: Die Polen sind schlimmer als die Deutschen. Polen sind geborene Judenhasser, bei den Deutschen war es das Regime."[231] Ähnlich schrieb 2010 Sabina van der Linden-Wolanski, eine polnische Jüdin aus der heute ukrainischen Stadt Boryslaw: „Unsere Angreifer waren keine Deutschen. Es waren Menschen, die wir kannten, Menschen, die uns kannten – Ukrainer."[232] Der bereits zitierte Jakob Ball-Kaduri, ein deutscher Jude,

---

229 N. N. „Vergeltungsaktion gegen die deutschen Juden" *Neue Zürcher Zeitung* 10.11.1938.
230 Gerhard Gnauck „Eine tragische Gestalt", *Die Welt* 26.2.2011.
231 Maria Blitz „Endzeit in Ostpreußen. Ein beschwiegenes Kapitel des Holocaust" o.O. 2010, S. 48 f. So auch Jan T. Gross „Angst. Antisemitismus nach Auschwitz in Polen" Frankfurt a. M. 2012.
232 Sabina van der Linden-Wolanski „Drang nach Leben. Erinnerungen" o.O. 2010, S. 37.

räsoniert mit Blick auf den Boykott vom 1. April 1933: „Ein Lichtblick in dieser Zeit war das Verhalten der deutschen Bevölkerung … Jakob [er meint damit sich selbst] bedachte, wie die Dinge wohl verlaufen wären, wenn in Polen eine Regierung, wie dies jetzt am Boykotttag geschehen war, das Startsignal zu einem Pogrom gegeben hätte. Kein einziger Jude wäre dort am Leben geblieben."[233]

Und, die Nachkriegszeit betreffend, schreibt Sabina van der Linden-Wolanski: „Damals war der Antisemitismus in Polen weit verbreitet. Die Menschen sprachen offen darüber, wie schade es doch sei, dass Hitler seine einmal begonnene Arbeit nicht zu Ende gebracht hätte…"[234] Nachdrücklich betont sie: „Ich habe wiederholt gesagt, dass ich nicht an Kollektivschuld glaube."[235]

---

233 Ball-Kaduri 1963: 89 f.
234 van der Linden-Wolanski 2010: 151 f.
235 van der Linden-Wolanski 2010: 229.

# IV. Sittengesetz oder Willkür? – Eine neue Ethik?

## Moralisches Versagen?

Die amtlich geförderten Texte und Bilddokumente, die oben als Exempel für viele vorgestellt wurden (siehe Kapitel II.), machen von der Fülle vorhandener Quellen selektiv Gebrauch. Darüber lohnt es sich nachzudenken. Da sie auch sonst kaum mit neuen Tatsachen die Revision des von Adenauer vorgetragenen Parlamentskonsenses betreiben, bleibt eigentlich nur ein neuer *Maßstab*, der an das Altbekannte angelegt wird, um das neue Urteil zu untermauern. Und in der Tat, die Revisionisten der Adenauer-Position erheben implizit wie explizit den Vorwurf des moralischen Versagens der großen Mehrheit unserer Vorfahren, den Vorwurf einer gleichsam metajuristischen Schuld. Doch wie lauten die Gebote und Verbote dieser Ethik, dieser Morallehre? Eine geschlossene, konsistente Antwort auf diese doch naheliegende zentrale Frage suchen wir vergebens. Es wird so getan, als sei die Antwort evident. In einem Beitrag für *Das Parlament*, amtliches Organ des Deutschen Bundestages, schreibt der Dominikanerpater Wolfgang Ockenfels treffend: „Als Moral noch religiös verankert war, trug sie erheblich zur Disziplinierung der Willkür und zur Sinnerfüllung der Freiheit bei. Jetzt, da sie ihre christliche Bodenhaftung weitgehend verloren hat, wird sie oft selber zur Willkür."[236] Neue Ethik oder Willkür? – das ist auch hier die Frage.

## „Ich möchte nicht nach Geboten leben…"

Unter dieser Überschrift bot *Chrismon*, „das evangelische Magazin", Michel Friedman zwei volle Seiten, um seine Lebensweisheiten vorzustellen. *Chrismon* ist kein Exot im Blätterwald, sondern gelangt als Beilage von „Die Zeit", „Frankfurter Allgemeine Zeitung", „Süddeutsche Zeitung" und einer Reihe anderer auflagenstarker Printmedien monatlich in über eine Million Haushalte überwiegend der gehobenen Bildungs- und Einkommensschicht. Herausgeber sind die führenden Persönlichkeiten des deutschen Protestantismus: EKD-Präses (2009–13) und Grünen-Politikerin Katrin Göring-Eckardt (MdB), Bayerns früherer Landesbischof Johannes Friedrich, die

---

236 Wolfgang Ockenfels „Kein Markt ohne Moral" *Das Parlament* 17.1.2011.

frühere EKD-Ratspräsidentin Margot Käßmann und ihr Nachfolger Präses Nikolaus Schneider. Das Blatt ist, wie Medienleute sagen, „absenderfinanziert", die Kosten werden also aus Kirchensteuermitteln getragen.

Ohne kritische Anmerkung der Herausgeber, lediglich mit dem Hinweis versehen, Friedman habe alle seine Ämter abgegeben, „als 2003 sein Kokainkonsum öffentlich wurde" (seine sexuellen Eskapaden blieben unerwähnt), bekennt Friedman ziemlich hemmungslos: „Ich wäre auch nicht gerne gläubig, das würde mich einengen. Ich möchte nicht nach Geboten und Verboten leben, die irgendwelche Menschen aufgeschrieben haben."[237] Gemeint sind damit sicherlich auch der Dekalog und das „Sittengesetz" des Grundgesetzes (Art. 2 Abs. 1). Doch wonach beurteilen er und andere, die in ähnlich radikaler Weise verbindliche Regeln ablehnen, dann das Verhalten ihrer Mitmenschen, beginnend mit Kain, dem Brudermörder? Nach deren Maßstäben? Nach ihren eigenen? Käme Letzteres nicht einer Selbstvergottung nahe? Ich bin der Herr, Dein Gott. Ich gebiete und verbiete Dir ...

Wer religiöse Regeln als Einengung ablehnt und zugleich „nicht nach Geboten und Verboten leben [möchte], die irgendwelche Menschen aufgeschrieben haben", wie Michel Friedman es hier getan hat, der erteilt im Prinzip der Möglichkeit jeglicher stabiler menschlicher Gemeinschaften eine Absage. Es verblüfft, dass solches Denken in einem kirchensteuerfinanzierten Medium millionenfach verbreitet werden kann und zwar erkennbar keineswegs mit dem Motiv, den Autor bloßzustellen.

## „Das radikal Böse"

Norbert Frei, Mitherausgeber von „Das Amt", appelliert an seine Historiker-Kollegen, „die akademische Scheu vor der Benennung des radikal Bösen zu überwinden, das auch und gerade eine säkularisierte Welt im Holocaust erkennt."[238] Aber ist insofern wirklich etwas strittig? Um den Holocaust vorbehaltlos zu missbilligen, brauchen wir keine neue Moral. Eine neue Moral hätte es auch deshalb schwer, Allgemeingut zu werden, weil doch aus Artikel 2 Absatz 1 des Grundgesetzes gefolgert wird, dass jeder – im Rahmen der gesetzlichen, der positiven Grenzen – das Recht habe, nach seiner Fasson selig zu werden. Das heißt implizit, dass die abwei-

---

237 *Chrismon* Nr. 08/2011, S. 24.
238 Norbert Frei „Die Zukunft der Erinnerung" in: Volkhard Knigge u. a. „Verbrechen erinnern. Die Auseinandersetzung mit Holocaust und Völkermord" München 2002, S. 376.

chenden Anschauungen der anderen so lange zu respektieren sind, wie
nicht deren Kern kriminell ist. In dem erwähnten Artikel steht nämlich:
„Jeder hat das Recht auf die freie Entfaltung seiner Persönlichkeit, soweit er
nicht die Rechte anderer verletzt und nicht gegen die verfassungsmäßige
Ordnung oder das Sittengesetz verstößt". Das Satzende mit dem Sittengesetz als Schranke dieser Freiheit bleibt meist unbeachtet. Das Bundesverfassungsgericht hat dieser Interpretation, die den klaren Wortlaut missachtet,
die höheren Weihen gespendet, indem es das „Sittengesetz" von Artikel 2
Absatz 1 Grundgesetz weginterpretiert hat.[239] Und das breite positive Echo
auf die Proklamation einer fast zügellosen Toleranz durch das Bundesverfassungsgericht könnte geradezu als fast leerer Kern des Moralkonsenses
unserer Gesellschaft gedeutet werden, der dann kaum noch substanzielle,
nämlich sittengesetzlich begründete moralische Vorhaltungen zulässt, auch
wenn natürlich weiter viel moralisiert wird.

Konkretisierungen, die enttäuschen und zugleich belehren

Um das Ergebnis anschaulich zu machen, ein Zitat. Die *Süddeutsche Zeitung*
verkündet „Das Lob der Lüge" und fügt gleich hinzu: „Die Aufrichtigkeit
gehört zum großen Kanon unserer auf Konsens getrimmten Gesellschaft.
Dabei ist der Schwindel manchmal notwendig, auf jeden Fall sehr unter-
haltsam."[240] Sind wir auf dem Weg zu einer neuen Moral, in der der Schwindel an die Stelle der Aufrichtigkeit tritt? Ferner: Was sagt die neue Moral
zum Ehebruch, zur Ehescheidung, zur Abtreibung, zum Inzest, zur Prä-
implantationsdiagnostik bis hin zur friedlichen oder gar kriegerischen Nutzung der Atomkraft? Es gibt sie nicht, die „neue Moral"; nur kleinere oder
größere Gruppen deklarieren ihre – oft schwankenden und noch öfter
widersprüchlichen – Auffassungen als Moral. In der Begrifflichkeit des jüdischen und christlichen Denkens gesprochen machen sie sich damit selbst
zum Moses des Sinai.

In den oben vorgestellten amtlichen Verlautbarungen neueren Datums ist
von Schuld nicht ausdrücklich die Rede. Aber der retrospektive Schuldvorwurf steht doch unzweideutig im Raum. Ein Briefpartner ließ sich mir

---

239 BVerfGE Bd. 41, S. 50.
240 Hilmar Klute „Das Lob der Lüge" *Süddeutsche Zeitung* 26./27.2.2011. Die praktischen Auswirkungen dieser Philosophie sind schlimm; siehe Kapitel VIII. und IX. dieses Buches.

gegenüber zu einer Konkretisierung bewegen und schrieb: „Wer erkennen kann, dass er einem Unrechtsstaat dient, und sich nicht wenigstens innerlich davon distanziert bzw. ihn sogar aktiv unterstützt, macht sich moralisch schuldig."

## Wahrnehmung als Schuld?

Auch wenn sich das Dritte Reich von seinem namhaftesten Staatsrechtslehrer, von Carl Schmitt, als Rechtsstaat feiern ließ, so gehört diese (Ver-)Blendung doch der Vergangenheit an. Aber haben sich wirklich alle Staatsdiener von damals schuldig gemacht, wie der Briefeschreiber es mir gegenüber behauptet hatte, also alle, die als Lehrer, als Ordnungshüter, als Ärzte, als Forscher und so fort gerne und gewissenhaft aus Liebe zum Volk, zu den Schutzbefohlenen, Klienten, Patienten, Schülern, die es bildeten, ihren Dienst taten? Um ein Ja zu untermauern, fände sich wohl im ganzen Schatz moralphilosophischer Literatur kein Beleg.

Nachprüfbar konkret ist der Vorwurf am Ende des bereits erwähnten amtlichen Klappentextes zu Gellatelys Buch, wenn es dort heißt: „Die gewöhnlichen Leute sahen erst zustimmend hin, wie ihre Mitbürger verhaftet und verschleppt wurden…" Das Gros der Deutschen bestand wohl aus „gewöhnlichen Leuten". Die Einwände, die sich aufdrängen, lauten: Was wussten die gewöhnlichen Leute vom Staatsgeheimnis Massenmord? Darüber gehen die Meinungen bekanntlich weit auseinander.[241] Noch viel wichtiger: Wo findet sich der Nachweis, dass sie alle oder zumindest fast alle das geschilderte Unrecht *zustimmend* wahrnahmen? Er findet sich nirgendwo. Darf man das einfach so behaupten? Gestattet derlei die neue Moral?

Ein kirchlicher Text von 1998 geht noch weiter, indem er auch jenen Schuld anlastet, die ihre Missbilligung des Unrechts für sich behielten: „Unbekannt ist die Zahl der Christen in den von den nationalsozialistischen Machthabern… regierten Ländern, die beim Verschwinden ihrer jüdischen Nachbarn entsetzt waren und doch nicht die Kraft zum sichtbaren Protest fanden. … Wir bedauern zutiefst die Fehler und die Schuld dieser Söhne und Töchter der Kirche…"[242] Protest – für die Mordbrenner sichtbar? Wer sich

---

241 Dazu ausführlich Alfred de Zayas „Völkermord als Staatsgeheimnis – Vom Wissen über die ‚Endlösung der Judenfrage' im Dritten Reich" München 2011.
242 Kommission für die religiösen Beziehungen mit dem Judentum „Wir erinnern. Eine Reflexion über die Shoah" Vatikan 1998, S. 65 f.

an die zuständige Stelle wendet und fragt, wie sich die für den Text Verantwortlichen das vorstellen, wie sich deren Eltern und sonstigen Verwandten damals verhalten haben, erhält eine nichts sagende Drucksache oder bleibt ohne Antwort. Doch auch das Schweigen ist eine Antwort. Nur sehr wenige haben öffentlich gegen die Judenverfolgung protestiert. Wäre ein solcher Protest überhaupt zu verantworten gewesen, wenn wir den Katechismus der katholischen Kirche als Seelenführer und Schiedsrichter um Rat fragen? Da wird als Bedingung für Widerstand genannt, dass dadurch „nicht noch schlimmere Unordnung entsteht; dass begründete Aussicht auf Erfolg besteht".[243] Hinzu kommt, dass Furcht sogar einen Täter entlasten kann.[244] Um wie viel mehr den, der nur schweigt, auch aus dem Bewusstsein heraus, dass der Protest niemandem nützen, dem Handelnden und seinen Verwandten aber schweren Schaden zufügen würde?

Ein Teil des Klosters der Barmherzigen Schwestern in München-Berg am Laim war beschlagnahmt und in ein „Judenhaus" umgewandelt worden. Von dort erfolgten immer wieder – via Milbertshofen – Transporte in die Vernichtung. Einem der potenziellen Mordopfer gelang die Flucht. In ihren Erinnerungen „Ich stand nicht allein" beschreibt Else Behrend-Rosenfeld die Barmherzigen Schwestern als äußerst liebenswürdig und hilfsbereit: „Was für prachtvolle Menschen sind unter diesen Nonnen!"[245] Dann folgt eine anschauliche Schilderung. Diese Nonnen haben die Deportationen hautnah miterlebt. Doch von Protesten ist nicht die Rede. Zumindest wären die Nonnen im Falle eines Protestes vertrieben worden. Und allein schon dies wäre auch zu Lasten der dort lebenden Juden gegangen.[246]

Wohl eher unbedacht bricht die kirchliche Kommission mit der zitierten Beschuldigung über alle damals in Deutschland seelsorgerlich Tätigen den Stab, weil sie alle es unterlassen hätten, ihre Gläubigen auf die angebliche Protestpflicht hinzuweisen, auch über Dompropst Bernhard Lichtenberg in Berlin. In der Tat ist ein solcher Aufruf zum Protest unterblieben, er wäre aber auch falsch gewesen. Der angesehenste deutsche Bischof, Michael Kardinal Faulhaber, bestieg 1937 in München die Kanzel, um von dort gegen

---

243 Ecclesia Catholica (Hg.) „Katechismus der katholischen Kirche" München 1993, S. 572. Ausdrücklich geht es hier um bewaffneten Widerstand. Aber eine analoge Übertragung auf Proteste erscheint zulässig, wenn auch in ihrem Fall „noch schlimmere Unordnung" droht.

244 Ecclesia Catholica (Hg.) 1993: 464.

245 Else Behrend-Rosenfeld „Ich stand nicht allein. Leben einer Jüdin in Deutschland 1933–1944" München 1988, S. 114.

246 Die Abtransporte aus Mönchengladbach schildert ausführlich: Holger Hintzen „Paul Raphaelson …" Köln 2012, S. 160 ff.

die Verhaftung des Jesuiten Rupert Mayer zu protestieren. In seiner Predigt rief er die Zuhörer aber nicht zum Protest auf, vielmehr beschwor er sie, alles zu unterlassen, was der Staatspolizei Anlass bieten könnte, „gegen die verhassten Katholiken" vorzugehen.[247] An dieser ausdrücklichen Weisung gibt es doch nichts auszusetzen. Aufmunternde Worte hätten unbedachte Handlungen auslösen können. Als Sohn eines dann vermutlich Betroffenen weiß ich, was ich sage, wenn ich freimütig dem Bischof danke.

Manche kirchliche Texte kommen einem Kollektivschuldurteil sehr nahe, im katholischen Raum eine moraltheologische Unmöglichkeit. Denn das wäre dann eine Schuld, die nicht einmal durch die Ohrenbeichte getilgt werden könnte. Was sollte der Pönitent auch vorbringen?

## Zweierlei Maßstäbe

„Gleiches Recht für alle!" ist ein Gebot, das bei den meisten auf Zustimmung stößt, aber wohl nicht bei jenen, die sich für etwas Besseres halten oder die Vergleiche ablehnen und sich deshalb so sicher sind, dass ein Geschehen unvergleichlich sei. Wer sich von diesen Denkvorgaben nicht beeinflussen lässt und bei seinen Vergleichen bleibt, stößt immer wieder auf Schilderungen, die Denkanstöße geben und Fragen aufwerfen. Eine Biographie Paul Raphaelsons endet mit dem Plädoyer: „Wo Millionen Menschen und jegliche Humanität vernichtet werden sollen, ist ein moralischer Gegenentwurf sogar besonders wichtig. Doch verfehlt ein Mensch in einer Hölle wie dem Holocaust das Ideal, sollte ein Urteil über ihn noch viel mehr Gnade walten lassen als unter gewöhnlichen Umständen."[248] Der „Held", für den hier ein gutes Wort eingelegt wird, wurde am 30. April 1947 in Prag zum Tode verurteilt und hingerichtet, nachdem er überführt worden war, dass er als Kapo in verschiedenen Lagern, in die er seiner „Rasse" wegen gekommen war, wie ein Sadist gewütet hatte. Überall, wo Hitler damals das Sagen hatte, sollte jegliche Humanität vernichtet werden. Wer unter diesen Umständen aufrecht seinen Weg ging, verdient unsere Bewunderung. Alle, welcher „Rasse" sie auch waren, die sich damals vor dem Gesslerhut verneigten, verdienen einen Vorschuss an Nachsicht und Großzügigkeit gegenüber jenen, die in einer freien Gesellschaft leben und dennoch kuschen.

---

247 Siehe Konrad Löw „Die Schuld. Christen und Juden im Urteil der Nationalsozialisten und der Gegenwart" Gräfelfing 2003, S. 246 ff.
248 Holger Hintzen „Paul Raphaelson …" Köln 2012, S. 314.

## Hitlers „Alleinschuld"?

„Mit der Dämonisierung Hitlers war in Deutschland eine große Lebenslüge verknüpft. Nach 1945 sollte sie die Bevölkerung als unschuldiges Opfer der Nazis hinstellen und von ihrer Unterstützung für Hitler reinwaschen. Hier trafen sich Linke und Rechte, Demokraten und ihre kommunistischen Kritiker."[249]

Das eben Zitierte klingt, als spräche einer, der genau Bescheid weiß, so dass sich ein kritischer Einwand verbietet. Wenn dem so wäre und wenn dann allmählich die Dämonisierung als substanzloser Exkulpationsversuch durchschaut worden wäre, könnte dies die Verfinsterung des Bildes der Deutschen von damals ansatzweise erklären. Doch der, der eben zitiert wurde, wurde 1954 geboren und spricht jedenfalls nicht aus eigener Erfahrung. Wo sind die Belege, die Beweise für die Richtigkeit seiner Behauptung, dass Linke wie Rechte so argumentieren? Es sei daran erinnert, dass die große Mehrheit der Deutschen – selbst nach dem Urteil der Sieger und sehr vieler Opfer (!) – Hitlers Judenpolitik gar nicht unterstützt hatte. Warum also hätten diese Deutschen Hitler nach seinem Selbstmord dämonisieren sollen, um sich selbst zu exkulpieren? Vorher, als er seine großen Erfolge feiern konnte und die Tyrannentötung 42 Mal scheiterte,[250] haben sich in der Tat manche Gegner gefragt, ob der „böhmische Gefreite" nicht mit dem Teufel im Bunde Spektakuläres vollbringt.

## Der große Verführer

Die Frauen und Männer, die 1951 im Bundestag saßen und, ob Parteifreund oder Opposition, Adenauer Beifall zollten, waren ganz überwiegend nicht einst von Hitler Verführte oder gar Altnazis, denn die „äußerste Rechte", so vermerkt es das Protokoll, hat Adenauer bemerkenswerterweise nicht applaudiert.[251] Solange Hitler an der Macht war, wurde er von vielen seiner

---

249 Rudolf Herz „Die Kunst der Erinnerung" in: Volkhard Knigge u. a. „Verbrechen erinnern. Die Auseinandersetzung mit Holocaust und Völkermord" München 2002, S. 360.
250 Berthold Will „Die 42 Attentate auf Adolf Hitler" Augsburg 2008.
251 Was die Mitglieder des 1. und des 2. Deutschen Bundestages betrifft, gibt es offenbar keine Untersuchung über NS-Verstrickungen. Im Parlamentarischen Rat, der das Grundgesetz geschaffen hatte, saß indes nur einer, dem Fehlverhalten in der NS-Ära angekreidet wurde. In Michael Feldkamp „Der Parlamentarische Rat 1948–1949. Die Entstehung des Grundgesetzes" (Göttingen 2008, S. 51) heißt es: „Kaum ein Abgeordneter blieb im ‚Dritten Reich' verschont vor machtstaatlichen Übergriffen, Denunziation und Verfolgung." Für die Abgeordneten der ersten Bundestage dürfte Ähnliches gelten.

Anhänger mystifiziert und alles Negative von diesem Idol ferngehalten. Das ist wohl unbestritten. Man denke nur an das geflügelte Wort: „Wenn das der Führer wüsste!" Aber war das wirklich die Mehrheit? Nicht einmal der von der Obrigkeit nahe gelegte Gruß „Heil Hitler" konnte sich reichsweit durchsetzten.[252] Die Dämonisierung Hitlers war jedenfalls vor 1945 kein Massenphänomen. Dass Hitler aber wie kaum ein Zweiter Massen in seinen Bann schlagen, je geradezu hypnotisieren konnte, ist wohl ebenfalls unbestritten. Seinem treuen Diener Goebbels gelingt das, wie gezeigt[253], in einem gewissen Sinne bis heute.

---

252 Siehe Löw 2011: 197 ff.
253 Siehe Kapitel II. 2. dieses Buches.

# V. Janusköpfige „Verantwortung"

Was bedeutet „Verantwortung"?

Der hochangesehene Rechtsgelehrte und frühere Rektor der Universität zu Köln Herbert Wiedemann hat sich näher mit „Verantwortung" befasst und festgestellt: „Verantwortung ist ein großes Wort – ein Wort, das seine Ausstrahlungskraft seiner Vieldeutigkeit und seinem appelativen Charakter verdankt; es bewirkt mehr als es aussagt. Der allgemeine Sprachgebrauch schwankt, lässt sich aber in zwei Schwerpunkten abbilden, von denen der eine die Wahrnehmung von Aufgaben, der andere die Konsequenzen des Verhaltens beinhaltet. Allerdings droht eine Grenzüberschreitung im Meinungsstreit, wenn die Verantwortung dazu herhalten soll, Einfluss und Macht zu erlangen oder nach einem Unheil einen Sündenbock zu finden."[254]

Verantwortung als Schuld

Von Verantwortung ist häufig die Rede auch und gerade im Zusammenhang mit den zwölf unheilvollsten Jahren Deutschlands. Die vier Hauptherausgeber von „Das Amt und die Vergangenheit" wehren sich gegen die Kritik an ihrem Opus mit einem bemerkenswerten Argument: Das Buch lege die Mechanismen dar, „mit denen sich die Deutschen und zumal ihre Eliten nach dem Krieg ihrer Mitverantwortung für die verbrecherische Politik des Nationalsozialismus zu entziehen versuchten".[255] Dies sei der wahre Stein des Anstoßes an ihrem Werk.

Mitverantwortung meint hier offenbar Mitschuld. Doch warum verzichten die Autoren auf das Wort „Mitschuld" und geben der weit umständlicheren „Verantwortung" den Vorzug? Wenn von Schuld die Rede ist, dann erwarten zivilisierte Menschen eine Begründung, die Auskunft über die verletzte Norm, den Kreis der Täter und den Tathergang gibt. Wenn von „(mit-)verantwortlich" die Rede ist, dann glauben viele, die Anforderungen an diesen Vorwurf seien geringer. So gelingt es mühelos, *die* Deutschen von damals ins Zwielicht zu rücken. Doch diese Manipulation mit der Sprache gilt es zu ent-

---

254 Herbert Wiedemann „Verantwortung in der Gesellschaft", in: Zeitschrift für Unternehmens- und Gesellschaftsrecht 2011, Bd. 40, Heft 3, S. 184.
255 Eckart Conze u. a. „Unser Buch hat einen Nerv getroffen" *SZ*, 10.12.2010.

larven. Sie widerstreitet Geist und Buchstaben des Grundgesetzes, in dem es gleich zu Beginn heißt: „Die Würde des Menschen ist unantastbar." Niemand wagt zu bestreiten, dass diese Aussage auch zugunsten der damals lebenden und handelnden deutschen Individuen gilt. Doch gesagt wird das nicht, und die Konsequenzen aus Art. 1 Abs.1 Grundgesetz werden nicht gezogen.

In einer lesenswerten „Sprachglosse" hat der *FAZ*-Redakteur Timo Frasch das Jonglieren mit dem mehrdeutigen Begriff „Verantwortung" im politischen Bereich aufgespießt: „Besonders leicht zu verdrehen ist seit je der Begriff ‚Verantwortung'", stellt er treffend fest und erinnert daran, dass schon den griechischen Philosophen Thukydides vor 2500 Jahren das Thema der „Perversion der politischen Sprache" umgetrieben hat.[256] Nun ging es bei Frasch nicht um Geschichtspolitik, sondern um Politik generell, aber der Befund ist völlig übertragbar.

Eine besonders prägnante und klare Warnung vor der Vorstellung einer „kollektiven Verantwortung" verdanken wir dem jüdischen Rechtsgelehrten Heinrich Kronstein (1897–1972): „Ich weiß durch jahrzehntelange Erfahrung, wie viel Unheil durch gruppenbestimmte, etablierte Denkformen angerichtet worden ist. Die logische Konsequenz einer kollektiven Verantwortung ist die kollektive Schuld. Diese aber kann es nicht geben, weil es das Kollektiv nicht gibt, das mit einer Seele begabt ist und deshalb schuldig werden kann."[257]

Wenn Verantwortung mit Schuld gleichgesetzt wird, dann müsste das erstens explizit so gesagt werden und zweitens hätten für beide Vorwürfe die gleichen Kriterien zu gelten. Dann hätte die Unschuldsvermutung zu gelten einschließlich des Prinzips: *In dubio pro reo* – im Zweifel für den Angeklagten. Dann müsste auch die Norm benannt werden, die der „Verantwortung" zugrunde liegt. Solange das nicht geschieht – und es ist evident, dass es nicht geschieht –, ist die behauptete „Mitverantwortung [der Deutschen] für die verbrecherische Politik des Nationalsozialismus", die eben zitiert wurde, schlicht eine Ungeheuerlichkeit. Denn: „die Deutschen" meint *alle* Deutschen, zumindest die große Mehrheit. Mit dieser maßlosen Ausweitung des Kreises der angeblich Belasteten wird auch der Vorwurf, die „Verantwortlichen" hätten nach 1945 versucht, ihren Schuldanteil zu kaschieren oder zu minimieren, höchst problematisch.

---

256 Timo Frasch „Verantwortung" *Frankfurter Allgemeine Zeitung* 31.8.2012.
257 Briefe an einen jungen Deutschen" München 1967, S. 311. Kronstein emigrierte Ende 1935, lehrte später als Professor an der Georgetown Universität in Washington und ab Ende der 1940er Jahre in Frankfurt am Main.

Selbst was die tatsächlich Schuldigen angeht: Kein Gesetz, keine Ethik,
kein Beichtspiegel verpflichtet dazu, eigene Irrtümer oder Verfehlungen öffentlich zu bekennen. In Art. 14 des Internationalen Pakts über bürgerliche
und politische Rechte heißt es vielmehr ausdrücklich, der Angeklagte „darf
nicht gezwungen werden, gegen sich selbst als Zeuge auszusagen oder sich
schuldig zu bekennen". Der denkbare Einwand, dass Art. 14 von Strafver-
fahren spricht, sticht nicht. Ein Schuldbekenntnis außerhalb des Gerichts-
gebäudes könnte anschließend von den Richtern gegen den Bekenner verwendet werden. Art. 14 konkretisiert einen allgemeinen Grundsatz.

Ein Schlüsseltext zum Verständnis der heutigen Situation ist der drei-
bändigen „Enzyklopädie des Holocaust" entnommen und beschreibt die
Denkweise der Kritiker Hannah Arendts, die als Jüdin erklärt hatte, viele
Judenräte hätten Deportation und Mord begünstigt[258]. „Die Juden, die Opfer
der Nationalsozialisten, stünden jenseits aller Vorwürfe… Das Gegenteil
gelte im Bezug auf die Deutschen. Hier bestehe für die heutige Gesellschaft
der Imperativ, den moralischen Zusammenbruch Deutschlands während
des Krieges zu enthüllen und zu verurteilen. Angesichts des Judenmordes
sei es notwenig, die von den Deutschen zu verantwortenden Ereignisse
immer wieder zu beschwören…"[259], heißt es in dieser Enzyklopädie zustimmend zu Arendt und voller Distanz von der Idee einer kollektiven Verantwortung, wie ihre Kritiker sie in diesem Punkt zumindest implizit vorausgesetzt haben. Ein solches Denken würde in der Tat zurückkehren zur
archaischen Kollektivschuld, zur ahistorischen Schwarz-Weiß-Malerei: hier
die Juden, dort die Deutschen, zu „Hitler in uns".[260]

Ein weiteres Beispiel soll hier Erwähnung finden, das aus fernen Tagebüchern entnommen ist. Else Behrend-Rosenfeld und ihr Gatte, Siegfried
Rosenfeld, beide Juden, lebten in Hitler-Deutschland. Siegfried konnte unmittelbar vor Kriegsausbruch das Land legal verlassen und fand Aufnahme
in England; Else musste weitere Jahre im Großraum München leben, vielen
Schikanen und Gefahren ausgesetzt, auch der Lebensgefahr.

In der Einleitung des Buches heißt es: „Else Rosenfeld steht mit ihren
Berichten auf der Seite derer, die klar die Täter identifizieren, aber auch auf

---

258 Hanna Ahrendt: Eichmann in Jerusalem…, München 1986 (Erstausgabe New York 1963), passim,
insbesondere S. 152 ff.
259 Israel Gutman u. a. (Hg.) Enzyklopädie des Holocaust…" München o. J. Bd. 1, S. 75. Hervorhebung
durch den Autor.
260 Siehe Konrad Löw „Hitler in uns? Vom richtigen Umgang mit unserer Vergangenheit" Waltrop
2009.

eine Vielzahl von Deutschen verweisen, die sich weiterhin menschlich und freundlich verhielten... Siegfried Rosenfelds bisher unpublizierte Tagebücher und Briefe zeigen eine ganz andere Sicht auf Deutschland. Wer von den beiden kommt der Wirklichkeit näher?"

Elses Erlebnisse, erstmals schon 1945 veröffentlicht, habe ich bereits an anderer Stelle ausführlich wiedergegeben.[261] Die Tagebuchnotizen Siegfrieds wurden erst 2011 zugänglich. Er, der ab 1939 im Ausland lebte, spricht von nicht wahrgenommener Verantwortung: „... wertvolle Kräfte stecken im deutschen Volke, viele gute Freunde, die aber letzten Endes alle mitverantwortlich sind, dass sie diese sieben bis acht Jahre widerstandslos über sich und ihr Land haben ergehen lassen."[262]

Hat Siegfried ein moralisches Recht, derlei Vorwürfe zu erheben? Er ist mit Hilfe Dritter schnell noch außer Landes gelangt, um dem Unheil zu entrinnen. Aber dann sollte er nicht über die Zurückgebliebenen, die guten Freunde und sogar seine jüdische Frau eingeschlossen, unterschiedslos den Stab brechen. Wäre ihm die Ausreise nicht mehr geglückt, was spricht dafür, dass er sich dann unter Hitler heroischer benommen hätte als seine Freunde im Reichsgebiet?

Das Operieren mit „Verantwortung" ist ein probates Mittel, um Unschuldige in ein trübes Licht zu tauchen, und nicht zuletzt, um von eigener Schuld abzulenken. Wer zu diesem Mittel greift, ist weniger fair als die Sieger des Zweiten Weltkrieges in den Nürnberger Prozessen. Wer sind die Verantwortlichen außer den Tätern und deren Gehilfen? Auch deren Kinder? Auch die deutschen NS-Gegner? Auch die deutschen NS-Opfer? Auch die Emigranten der NS-Zeit? Auch die Neubürger unserer Tage? Wie lange? In alle Ewigkeit?

Wer diese Fragen verneint, verneint keineswegs Wiedergutmachungszahlungen des Völkerrechtssubjekts Bundesrepublik Deutschland, wie Konrad Adenauer vorbildlich demonstriert hat. Wenn ein Staatsmann aus vorausgegangenem Tun des Staates (die Bundesrepublik und das „Dritte Reich" sind staats- und völkerrechtlich betrachtet identisch!) Verpflichtungen ableitet, so ist das nur zu begrüßen.

---

261 Siehe Löw 2011, passim.
262 Else Behrend-Rosenfeld und Siegfried Rosenfeld: „Leben in zwei Welten. Tagebücher eines jüdischen Paares in Deutschland und im Exil" Erich Kasberger und Marita Krauss (Hg.), München 2011, S. 269.

Verantwortung als Rechenschaftspflicht

Folgende wichtige historische und inhaltliche Bestimmung des Begriffs der
„Verantwortung" geht auf den Soziologen Eckart Pankoke (1939–2007) zu-
rück: „Der Begriff der Verantwortung entwickelte sich aus der Sprache des
Rechts und markierte zwischen spätem Mittelalter und früher Neuzeit eine
Modernisierung des Gerichtsverfahrens, insofern die Anklage nun als ‚Anfrage' formuliert wurde und dies dem Angeklagten zu seiner Verteidigung
das Menschenrecht einräumte, auf kritische Fragen des Richters Rede und
Antwort zu stehen."[263]
    Wenn es heißt, jemand habe sich vor Gericht zu verantworten, so ist der
Ausgang des Verfahrens offen. Häufig erfolgt ein Freispruch, sei es dass sich
die Unschuld herausgestellt hat, sei es dass die Schuld nicht nachgewiesen
werden konnte. In den Augen der Sieger galten die erwachsenen Deutschen
zwar als verantwortlich für Hitler. Aber das meinte vor allem: Sie mussten
im Entnazifizierungsverfahren einen Fragebogen ausfüllen und gegebenen-
falls Rede und Antwort stehen.[264] Eine Schuldvermutung im juristischen
Sinne oder auch nur ein strafrechtlicher „Anfangsverdacht" bestand gegen
die große Masse der Deutschen nicht und die Untersuchten konnten sich
dabei voll entlasten. In der amerikanischen Besatzungszone kam es bei
950.000 vor den Spruchkammern verhandelten Fällen nur in drei Prozent
zu einer Einstufung in die Kategorien der Hauptschuldigen, Schuldigen
oder Belasteten.[265] Bezogen auf alle Einwohner dieser Zone, etwas über
17 Millionen, sind das wenige Promille. Die anderen „Verantwortlichen"
dieser Art blieben ohne nachgewiesene Belastung.[266]

„Universelle Verantwortung"

Wer gar, wie beispielsweise Hannah Arendt,[267] von „universeller Verantwortung" spricht und dafür eintritt, überall unerschrocken und kompromisslos
gegen das unberechenbare Böse zu kämpfen, plädiert für eine Verantwor-

---

263 Eckart Pankoke „Arenen – Allianzen – Agenden…" in: „Ludger Heidbrink u. a. „Verantwortung in
der Zivilgesellschaft" Frankfurt a. M. 2006, S. 86.
264 Soweit sie nicht von vornherein jeden Verdacht der Gehilfenschaft zerstreuen konnten. Dies war der
großen Mehrheit möglich.
265 Christian Meier in einem Interview im *Spiegel* Nr.30/2010, S. 125. Siehe auch Löw 2011: 288 ff.
266 Siehe auch S. 32 dieses Buches.
267 Hannah Arendt „Organized Guilt and Universal Responsibility", in: „Essays in Understanding
1930–1954", New York 1994, S. 121 ff.

tung, die alle Grenzen sprengt und wegen ihrer Maßlosigkeit eher der Resignation Vorschub leistet, weil sie die Menschen überfordert. Als moralischer Appell ist dieses Plädoyer legitim, aber doch nur, wenn der Begriff der Verantwortung hier in keiner Weise in einem haftungs- oder gar strafrechtlichen Sinne gemeint ist. Ja, wir sind „Hüter unserer Brüder" (vgl. Genesis 4, 9), da stimmen jüdische und christliche Ethik überein. Und doch macht niemand sich schuldig, wenn er angesichts von Verbrechen am anderen Ende der Welt, von denen er vielleicht nur zufällig überhaupt erfahren hat, untätig bleibt.

# VI. Die irrationale Verehrung von Fälschern

## 1. „Hingeschaut und weggesehen"

Oben war von dem Buch „Hingeschaut und weggesehen. Hitler und sein Volk" die Rede, das die schwere Verstrickung „des deutschen Volkes" in den Judenmord des Dritten Reiches beweisen soll. Angeblich ohne nähere Nachprüfung wurde das Buch von der Bundesrepublik Deutschland aufgekauft und in erheblicher Stückzahl unters Volk gebracht. In der Einleitung schreibt der kanadische Autor Robert Gellately: „Einen Eindruck von der positiven Reaktion der deutschen Öffentlichkeit auf die verschiedenen Wellen der Judenverfolgung... vermittelt praktisch jede Seite des Tagebuchs von Victor Klemperer."[268] Gellately zitiert tatsächlich mehrmals Klemperer, aber keinen der Sätze, die die Einstellung des deutschen Volkes den Juden gegenüber schildern und schon gar keinen der Sätze, die oben wiedergegeben wurden.[269] Warum? Offenbar, weil sie schlicht das Gegenteil von dem glaubhaft machen, was Gellately im Sinne der heutigen „Political Correctness" behauptet.[270] Trotz dieser klaren Manipulation das hohe, staatliche Lob für ihn! Doch es gibt noch schlimmere Texte.

## 2. „Hitlers willige Vollstrecker"

Auf der Suche nach den Gründen für die Verfinsterung des Bildes der geschmähten Generation stößt der Fragesteller, nachdem sich die Suche nach neuen Fakten und einer neuen Ethik als unergiebig erwiesen hat, auf seltsame Phänomene, auf die stürmische Verehrung von Leuten, die eigentlich Verachtung verdient hätten, so auf Daniel Goldhagen und Binjamin Wilkomirski.

Bei ersterem ist es insbesondere sein Buch „Hitlers willige Vollstrecker"[271] von 1996. Zur Präsentation öffneten in den großen Städten respektable

---

268 Gellately 2003: 22.
269 Siehe Kapitel I. dieses Buches.
270 Ausführlich dazu Löw 2011: 311 ff.
271 Daniel Goldhagen „Hitlers willige Vollstrecker. Ganz gewöhnliche Deutsche und der Holocaust" Berlin 1996. Rezensiert durch Alfred de Zayas „Kein Stoff für Streit", *FAZ*, 12. Juni 1996, S. 11.

Räumlichkeiten ihre Pforten, so in Frankfurt das Schauspielhaus, in Berlin das Renaissance Theater, in München das Literaturhaus, in Wien der Wappensaal, in Hamburg die Katholische Akademie. Das Buch fand eine geradezu sensationelle Aufnahme. Die *Süddeutsche Zeitung* nannte den Autor gar „König der Herzen".[272] Die *Blätter für deutsche und internationale Politik* verliehen ihm den Demokratiepreis. Jürgen Habermas und Jan Philipp Reemtsma hielten Laudationes.

Die erste Auflage war angeblich schon verkauft, bevor die Neuerscheinung in den Handel kam. Dabei gilt unter Fachleuten, was Hans-Ulrich Wehler in der Einleitung seines Werkes „Der Nationalsozialismus" geschrieben hat: „Und dem historisch ahnungslosen Phantasiegespinst des von Daniel Goldhagen im Nationalsozialismus verorteten ‚eliminatorischen Antisemitismus', der angeblich seit Jahrhunderten in den tief verankerten Traditionen der deutschen politischen Kultur gespeichert gewesen sei und nur darauf gewartet habe, dass ihm der Nationalsozialismus die Schleusentore öffnete, ist ohnehin kein einziger sachkundiger Historiker, gleich in welchem Land, gefolgt."[273]

Christian Meier, selbst Zeitzeuge wie Historiker, ergänzt in einem Interview: „Man jubelte ihm [Goldhagen] zu, obwohl seine Behauptungen teilweise haarsträubend und falsch waren." Frage im Interview: „Ein Höhepunkt des Nationalmasochismus?" Meier: „Goldhagen ist damals wie ein Prophet durchs Land gezogen. Ich habe selbst an einer Diskussion mit ihm hier in München teilgenommen. Der Andrang war so groß, dass mehrmals der Saal gewechselt werden musste. Ich ahnte sofort: Mit Argumenten kommst Du hier nicht durch."[274]

In Hamburg durfte ich am Podium Platz nehmen. Drei Minuten Redezeit wurden mir angeboten. Für drei Minuten von München nach Hamburg und zurück. Ist dieser Aufwand vertretbar und zumutbar? Mit derlei Fragen argumentierend, durfte ich schließlich sechs statt drei Minuten lang Kritik äußern. Die dabei gewonnenen Erfahrungen waren nicht erfreulicher als die Christian Meiers.

Und Helmut Schmidt in einem Brief: „Wie Sie bedaure ich, dass offensichtlich ernst zu nehmende Historiker keine Chance haben, ihre Thesen in die Öffentlichkeit zu tragen, aber Medienprofis wie Goldhagen dieses, un-

---

272 Andreas Bock „Widerspruch zwecklos" *Süddeutsche Zeitung* 18.10.2002.
273 Hans-Ulrich Wehler „Der Nationalsozialismus" München 2009, S. IX.
274 Christian Meier „Versöhnen und vergessen" *Der Spiegel* 30/2010, S. 127.

abhängig von der Qualität der Aussagen, gelingt."[275] Bis heute dient Goldhagen der Tageszeitung *Die Welt* als Kolumnist.

Jene, die Goldhagen umjubelten, mögen sich fragen, ob nicht gerade sie insofern „Hitlers willige Vollstrecker" sind, als sie der Welt die Naziparole „deutsche Volksgemeinschaft 1933–1945" glaubhaft machen.


## 3. „Bruchstücke"

Gleichsam Goldhagen in Potenz bietet der Fall „Binjamin Wilkomirski" mit der angeblichen Autobiographie „Bruchstücke. Aus einer Kindheit 1939–1948". Die Phantastereien zu Lasten der deutschen „Tätergeneration", aber auch der Schweizer haben in diesem Falle noch nicht einmal vor dem Autorennamen Halt gemacht. Bruno Dössekker, 1941 ohne jüdische Vorfahren im schweizerischen Biel als Bruno Grosjean geboren und als Kind von einem Arzt und dessen Frau adoptiert, hat in seinem Buch von 1995 die faustdicke Lüge präsentiert, er sei ein in Litauen geborener Holocaust-Überlebender, der sich erst nach dem Tode seiner Adoptiveltern seiner „wahren" Genesis als verfolgter Jude namens Binjamin Wilkomirski erinnere. Auch hier ist nicht er der eigentliche Stein des Anstoßes, sondern das irrationale Echo, das zeigt, wie Verächtlichmachung von Deutschen und Schweizern gefragt ist.

Das Buch war eine totale Fälschung, aber noch selten zuvor war das Entsetzen der Vernichtungslager so grell und scheußlich geschildert worden. Vielleicht lag es daran, dass trotz handfester Unstimmigkeiten die Urteilsfähigkeit der Tonangebenden versagte und Wilkomirski alias Dösekker alias Grosjean bald mit Ehrungen reichlich bedacht wurde: „Die Einhelligkeit der Anerkennung ließ ihn in eine Reihe mit Primo Levi, Paul Celan und Imre Kertész rücken. Preise häuften sich, Autoritäten von Rang und Namen lobten die Authentizität des Werkes, das in der Brutalität seiner Bilder und seiner drastischen Sprache singulär ist."[276] Nicht nur das Feuilleton versagte, sondern sogar Historiker und Holocaust-Forscher. Der Leiter des Zentrums für Antisemitismusforschung der TU Berlin, Wolfgang Benz, zählte „Bruchstücke" zu den Holocaust-Erinnerungen, „bei deren Lektüre der Atem stockt, die den Blick in den Abgrund freigeben, die nicht nur durch ihre

---

275 Helmut Schmidt in einem Brief an Alfred de Zayas vom 11.10.1996. Archiv des Adressaten.
276 Nicolas Berg „Erinnerungshelfer und Gedächtnisdieb" *Badische Zeitung* 11.8.2000.

Authentizität, sondern auch durch ihren literarischen Rang beeindrucken."[277] Dazu später die Literaturkritikerin Elsbeth Pulver: „Da kann einem der Gedanke gefährlich nahekommen, es braucht einer nur kühn und im großen Stil zu lügen – und schon wird er unsterblich."[278] Von den Zweifeln, die sich anderen aufdrängten, ist bei Benz nicht die Rede. Wilkomirski passte ins Konzept. Also wurde sein Phantasieprodukt leichtfertig für bare Münze genommen. Der namhafte Verleger Siegfried Unseld war vor seinem Buchprojekt „Bruchstücke" rechtzeitig gewarnt worden. Aber die Chance, einen Bestseller zu landen, lockte ihn so sehr, dass er vor allen Ungereimtheiten die Augen verschloss.

Hat man es begrüßt, dass die Mega-Täuschung ein Ende fand? Hat man es dem „Spürhund" gedankt? Daniel Ganzfried, ein jüdischer Journalist und Literat, der mit einem Artikel in der Zürcher *Weltwoche* im Spätsommer 1998 den Schwindel auffliegen ließ, wurde beschworen, seine Finger von der Causa „Wilkomirski" zu lassen. Ihm wurden einerseits verlockende Angebote gemacht. Er wurde andererseits bedroht, er trage die Verantwortung für den in Aussicht gestellten Suizid „Wilkomirskis". Auch eine im Grunde geradezu antisemitische Erklärung für Ganzfrieds Verhalten hatte man parat: Er sei „ein in seiner Identität geschädigter, selbsthassgepeinigter Jude, dessen Vater im KZ gewesen war, weshalb die Persönlichkeitsentwicklung dieses Sohnes wohl nachhaltig gestört sein müsse."[279] Wäre Daniel Ganzfried im Unterschied zu Dössekker nicht tatsächlich jüdisch, wäre es ihm wohl noch schlimmer ergangen. Nun, er hat nicht wirklich gegen eine Vorgabe der *Political Correctness* verstoßen, sondern nur einen besonders fragwürdigen Kollaboranten des Zeitgeistes auffliegen lassen. Schon das genügte, um ihn böse zu verdächtigen.


## 4. „Heimkehr der Unerwünschten"

„Heimkehr der Unerwünschten" lautet der Titel eines 2011 mit Unterstützung der Stadt Berlin erschienenen Buches. Der Autor, Olivier Guez, erhebt

---

277 Wolfgang Benz „Deutscher Mythos" *Die Zeit* 3.9.1998, S. 46.
278 Elsbeth Pulver „… der wisse nicht, wovon er rede" in: Daniel Ganzfried „…alias Wilkomirski. Die Holocaust-Travestie" Berlin 2002, S. 164.
279 Alle Belege in: Daniel Ganzfried „…alias Wilkomirski. Die Holocaust-Travestie" Berlin 2002, insbes. S. 95, Zitat: „Anruf im Büro: Eine männliche Stimme unterrichtete mich darüber, dass niemand mehr etwas von mir abdrucke, sollte ich …"

mit seiner „Geschichte der Juden in Deutschland nach 1945", wie der Untertitel lautet, nicht den Anspruch, die NS-Ära aufzuarbeiten. Aber er tut so, als wisse er diesbezüglich genau Bescheid, als sei die Geschichtsschreibung insofern abgeschlossen. Also macht er sich keine Mühe, seine Annahmen zu prüfen, bevor er sie feilbietet. Er schreibt mehrfach „im Land der Mörder" statt „in Deutschland"[280], spricht von den „früheren Henkern" statt von den Deutschen[281] und schwafelt vom „Komplizentum der großen Mehrheit der Deutschen"[282].

Er könnte es besser wissen, wenn er die Quellen, die Zeitzeugen der NS-Ära nach dem Verhalten der gewöhnlichen Deutschen den Juden gegenüber befragt hätte. Einige dieser Zeugen kommen zwar bei ihm vor, so Victor Klemperer, aber nicht mit den Bekundungen, die den Deutschen ein gutes Zeugnis ausstellen. Guez hat zudem ein Faible für die SPD und schwärmt für Kurt Schumacher. Doch die Berichte der Exil-SPD kennt er offenbar nicht,[283] will sie womöglich auch nicht kennen, weil sie zentrale Behauptungen seines Buches entkräften würden.[284] Diese und andere schlimme Mängel haben nicht verhindert, dass das Buch schon 2007 in seiner französischen Originalfassung mit dem, wie es heißt, „renommierten ‚Prix du Livre d'Histoire et de Recherche Juives'" ausgezeichnet wurde. Auch er leistet dem Dogma von der deutschen Schuld und der nachhaltigen Verleumdung der Deutschen Vorschub.

---

280 Olivier Guez „Heimkehr der Unerwünschten. Eine Geschichte der Juden in Deutschland nach 1945" München 2011 z. B. S. 26, 54, 63 ff., 104, 145 und 301.

281 Guez 2011: 256: Mitgliedern des Zentralrates der Juden widerstrebte es, „Deutschland und seinem Volk Verzeihung und Milde zuzugestehen… und sich mit ihren früheren Henkern zu versöhnen." Waren die „Henker" nicht längst gerichtet?

282 Guez 2011: 22.

283 Siehe Löw 2011: 205 ff.

284 Guez klagt S. 343: „Er [= der CDU-Abgeordnete Martin Hohmann] bezeichnete die Juden… als ‚Volk von Henkern'". Doch wer dessen angefeindete Rede von 2003 nachliest, findet genau das Gegenteil: „Daher sind weder ‚die Deutschen' noch ‚die Juden' ein Tätervolk." (Fritz Schenk „Der Fall Hohmann…" München 2005, S. 25). Womöglich hat sich Guez vor der Wahl dieser Formulierung sogar juristisch beraten lassen, denn Hohmann hat erfolgreich gerichtlich feststellen lassen, dass er die Juden eben nicht als „Tätervolk" bezeichnet hat, und seine Anwälte belangen jeden, der ihm dies dennoch nachsagt.

# VII. Die Stigmatisierung des „Ketzers" und die Makulierung seiner Thesen

Wer Erkenntnisse gewinnt, die dem amtlich geförderten Dogma „Schuld der Deutschen" widerstreiten, und sie auch noch veröffentlicht, wird heute in Deutschland wie ein Ketzer behandelt. Man versucht, ihn mit infamen Mitteln mundtot zu machen. Wie? Davon soll nun ausführlicher die Rede sein, denn die Methoden, mit denen hier die freie Meinungsäußerung eingeschränkt wird, werden auch bei anderen Themen und gegen andere Personen angewendet. „Die Thesen von Thilo Sarrazin ... sollte man diskutieren, nicht den Autor verteufeln. Aber die politische Klasse, der seine Kritik gilt, verweigert sich der Debatte." So Necla Kelek, eine in Istanbul geborene Muslimin.[285]

Ein Vortrag zum Thema „Deutsche Identität"

Als Vorsitzender der Fachgruppe Politik der Gesellschaft für Deutschlandforschung und bislang unbescholtener deutscher Politologe erhielt ich 2003 die Einladung, anlässlich der Jahreshauptversammlung 2004 der Gesellschaft für Deutschlandforschung im Roten Rathaus Berlin über „Deutsche Identität in Verfassung und Geschichte" zu sprechen. Nachdem ich beifällig zahlreiche jüdische Zeitzeugen der NS-Ära zitiert hatte, trug ich die Schlussfolgerung – meine neue Erkenntnis – vor: „Wir dürfen nicht zögern, die Verbrechen des NS-Regimes als wichtigen Teil der deutschen Geschichte, der deutschen Identität zu bekennen. Aber wir sollten jenen entgegentreten, die allgemein von deutscher Schuld sprechen, wenn damit gemeint ist, dass die große Mehrheit der damals lebenden Deutschen mitschuldig gewesen sei an einem der größten Verbrechen in der Menschheitsgeschichte. Ein solcher Vorwurf ist ungeheuerlich, wenn er nicht bewiesen wird. Dieser Nachweis wurde bis heute nicht erbracht."[286]

---

285 Necla Kelek „Ein Befreiungsschlag" *Frankfurter Allgemeine Zeitung* 30.8.2010.
286 Konrad Löw „Deutsche Identität in Verfassung und Geschichte" *Deutschland Archiv* 2/2004, S. 239 ff.

„… wird makuliert" – an den Pranger!

Von der Richtigkeit meiner Ausführungen überzeugt, überließ ich mein Manuskript der Bundeszentrale für politische Bildung (bpb) zum Abdruck im *Deutschland Archiv*. Der Leitende Redakteur nahm umgehend an. Doch kaum war der Text erschienen, kam es zu einem Eklat, der seinesgleichen sucht. Die bpb richtete an alle Abonnenten ein ganz außergewöhnliches Schreiben, in dem sie sich „aufs Schärfste von dem im soeben erschienenen Heft… veröffentlichten Text" distanzierte. Er sei unvereinbar mit dem Selbstverständnis der bpb. Gleich dreimal wird in dem Schreiben der Vorfall außerordentlich bedauert und alle Leser, die sich verunglimpft fühlen, werden um Entschuldigung gebeten, verbunden mit dem Gelöbnis, eine Wiederholung sicher auszuschließen. Und dann als Zeichen äußerster Indignation: „Der Rest der Auflage… wird makuliert." Man könnte sich schon fast an die öffentlichen Bücherverbrennungen vom Mai und Juni 1933 erinnert fühlen. Das Gelöbnis der Bundeszentrale, ihr eigenes Druckwerk zu vernichten, trägt auch die Unterschrift eines Vertreters des W. Bertelsmann Verlages.

Wer erwartet hatte, die deutsche Presse würde das Auslöschen eines Textes missbilligen, weil so den mündigen Bürgern, auch ihren Lesern, die Chance genommen wird, sich ein eigenes Urteil zu bilden, wurde schwer enttäuscht. Keines der auflagenstarken Blätter brachte auch nur *ein* Wort des Protestes – oder falls der Text denn wirklich so grauenhaft gewesen wäre – eine Kritik der dann unverantwortlich schlechten Arbeit der bpb im Vorfeld. Erst recht brachte keine Zeitung auch nur einen einzigen Satz des angeblich so schlimmen und beleidigenden Artikels, damit sich ihre Leser selbst ein Urteil würden bilden könnten.[287] *Die Welt* wurde direkt ausfallend, und zwar in einer Art und Weise, dass sich der damalige stellvertretende Chefredakteur Johann Michael Möller schließlich bei mir entschuldigte und mir die Zurechtweisung des „jungen Kollegen" (Sven Felix Kellerhoff, geb. 1971) mitteilte.[288] Auch die *Süddeutsche Zeitung* verstieg sich zu wüsten Beschimpfungen. Anstelle einer an sich fälligen Gegendarstellung brachte sie dann zwei ausführliche, von mir verfasste Leserbriefe. Die *Frankfurter Allgemeine Zeitung* blieb zunächst stumm, was man als

---

287 Der Wortlaut des Textes findet sich im Anhang dieses Buches ab S. 223.
288 Doch der Zwist im Hause Springer hatte offenbar keine Konsequenzen für Kellerhoff, im Gegenteil: Möller ist seit 2006 nicht mehr stellvertretender Chefredakteur der *Welt*. Davor hatte *Die Welt* mehrmals Beiträge von mir abgedruckt, zuletzt im Oktober 2003.

Hinweis auf redaktionsinterne Differenzen bei der Beurteilung des Vorgangs interpretieren kann.

## Der „Fall Konrad Löw"

Christian Vollradt recherchierte den „Fall Konrad Löw" sorgfältig für die Zeitschrift *Sezession*. Hier aus seiner Veröffentlichung die wichtigsten Passagen: „Auch der verantwortliche Redakteur [des *Deutschland Archivs*] Marc-Dietrich Ohse wandte sich anschließend in einem gesonderten Schreiben exkulpierend an ‚alle Betroffenen'. Unter welchem Druck er dabei gestanden haben muss, wird aus seiner geradezu ins Bizarre gesteigerten Formulierung deutlich, wenn er ‚alle Opfer der nationalsozialistischen Diktatur um Entschuldigung' bittet. … Hieß es im Schreiben der Bundeszentrale für politische Bildung noch, Löw vertrete ‚Ansichten zum Antisemitismus im 20. Jahrhundert in Deutschland', die unvertretbar seien, machten kurze Zeit später einige Zeitungsmeldungen daraus schon einen ‚judenfeindlichen Aufsatz' (*Frankfurter Rundschau*), ‚unverhohlenen Antisemitismus' (*Süddeutsche Zeitung*) oder eine ‚Ansammlung antijüdischer Klischees' (*Die Welt*). Mittels aus dem Zusammenhang gerissener Zitate sollen dann die in den reißerischen Überschriften enthaltenen Vorwürfe belegt werden. Sven Felix Kellerhoff behauptete in der *Welt*, Löw präsentiere ‚die beliebten Klischees' über Juden in der Weimarer Republik. Vom ‚jüdischen Einfluss' schreibt Löw allerdings nur als Zitat und im übrigen mit positiver Konnotation. Ebenso infam ist Kellerhoffs Unterstellung, Löw wärme die These von der ‚jüdischen Kriegserklärung 1933' wieder auf. Denn wörtlich heißt die inkriminierte Stelle: ‚Der Boykott jüdischer Einrichtungen am 1. April 1933 wurde als Gegenboykott deklariert und gerechtfertigt'; von den Nationalsozialisten nämlich ging diese ‚Rechtfertigung' aus und Löw beschreibt dies, ohne das Vorgehen seinerseits etwa zu rechtfertigen."[289]

### Konrad-Adenauer-Stiftung gegen Konrad Adenauer

Bis zum Aufschrei der Bundeszentrale war ich, auch als Mitglied ihres Freundeskreises, *persona grata* der Konrad-Adenauer-Stiftung. Nun wurden von ihr bereits fest mit mir abgesprochene Vorträge in Hamburg, Bremen und Oldenburg abgesagt. Offenbar wollte man sich an politischer

---

289 Christian Vollradt „Der Fall Konrad Löw", *Sezession*, 6.6.2004.

Korrektheit von der bpb nicht überbieten lassen, auch wenn deren Präsident Thomas Krüger ein SPD-Politiker ist.

Besonders kurios die Ausladung durch eine andere Filiale der Konrad-Adenauer-Stiftung (KAS). Deren Leiter hatte zwar meinen Aufsatz „Deutsche Identität" zur Kenntnis genommen, aber der Klamauk um die Veröffentlichung war ihm entgangen. Gerade der Aufsatz hatte es ihm angetan, und so wurde der 16. Januar 2006 als Vortragstermin vereinbart. Thema also: „Deutsche Identität in Verfassung und Geschichte". Mir war klar, dass die „Aufsichtsbehörde" der KAS intervenieren würde, sollte sie rechtzeitig Witterung aufnehmen. Und so geschah es. Der düpierte Leiter musste absagen. Inhaltliche Gründe konnte er nicht vorbringen, ohne sich selbst zu diskreditieren, hatte er den Text doch schon beifällig gelesen. Also wurde mir als Begründung für die Absage allen Ernstes mitgeteilt, sein Stellvertreter, dessen Name ich nie erfuhr, habe den Raum zum fraglichen Termin eigenmächtig anderweitig vergeben. Da sei nun nichts mehr zu machen. Der Plan stehe für das ganze Quartal.

Damit war auch schon die Vorlage für meine Erwiderung geliefert: Das Thema sei doch auch noch im zweiten Quartal aktuell. Dem konnte der Leiter halbwegs plausibel nicht widersprechen, zumal ich schon Zweifel an den Gründen seiner Entschuldigung hatte durchklingen lassen. Also vertröstete mich der bemitleidenswerte Mann auf Mitte Februar. Dann würde der Plan für das zweite Quartal erstellt. Als ich der Erwartung entsprechend nichts hörte, fasste ich nach. Erneut Vertröstung. Für mich ein Katz-und-Maus-Spiel, an dessen Ausgang kein Zweifel bestand. Da Schweigen angesichts meiner Hartnäckigkeit nichts nützte, musste eine neue Ausrede ohne Verfallsdatum her. Sie lautete am 28. Februar 2006 schriftlich: „Nach längerem Überlegen und Rücksprache insbesondere mit der Landeszentrale für politische Bildung haben wir beschlossen, von einem Vortrags- und Diskussionsabend in nächster Zeit Abstand zu nehmen. Aus unserer Sicht wäre dies nur in Form eines Forums möglich. Uns ist es nicht gelungen, einen adäquaten Diskussionspartner zu gewinnen."[290]

Oh wie charmant! Aber trotz aller meiner Zweifel an der Intensität der Suche nach einem solchen Diskussionspartner hat der gute Direktor wohl irgendwie recht, denn die Faktenlage ist so eindeutig, dass man kaum dagegen andiskutieren kann. Bisher hat denn auch kein einziger Kritiker das

---

290 Archiv des Autors. – Wohlgemerkt war ich ursprünglich zu einem Vortrag nur mit dem Publikum als Diskussionspartner eingeladen worden.

Gespräch gesucht. Auch wenn „in nächster Zeit" nach rund sieben Jahren längst vorüber ist, der Boykott hat bei diesem Thema wohl kein Verfallsdatum.

Immerhin wurde ich mit Schreiben vom 12. Dezember 2012 freundlichst gebeten, wieder dem Freundeskreis der Konrad-Adenauer-Stiftung beizutreten, den ich nach den erwähnten Widerrufen verlassen hatte. Hier meine Antwort:

„Sehr geehrter Herr ... dass Sie mich zum Wiedereintritt in den Freundeskreis der KAS einladen, freut mich sehr. Gerne entspreche ich Ihrem Wunsche, jedoch unter einer Bedingung, nämlich dass die KAS es wagt, sich der Frage offen zu stellen, ob Konrad Adenauer wirklich irrte, als er vor dem Deutschen Bundestag ausführte:

‚Das deutsche Volk hat in seiner überwiegenden Mehrheit die an den Juden begangenen Verbrechen verabscheut und hat sich an ihnen nicht beteiligt...'

Weil ich die Position Adenauers mit Hunderten von Belegen untermauere, wurde ich von der KAS durch Ausladungen diskriminiert. Sie kann ich verschmerzen, nicht jedoch die Desavouierung Adenauers und des Deutschen Bundestages, der ihm zugestimmt hat. Denn sie geht zu Lasten des deutschen Volkes und der deutschen Geschichte. In Erwartung Ihrer Antwort verbleibe ich mit weihnachtlichen Grüßen ..." Eine Antwort steht aus. Mit ihr ist auch nicht mehr zu rechnen.[291]

---

291 Erwähnt sei bereits an dieser Stelle das respektable Schreiben, das ich im April 2013 vom Präsidenten der Konrad-Adenauer-Stiftung, Hans-Gert Pöttering erhalten habe, siehe S. 183 f.

# VIII. Selbst das Bundesverfassungsgericht wird beschimpft

„Offensichtlich begründet"

Für mich gab es keinen Zweifel: Die Bundeszentrale hatte die ihr durch das Grundgesetz gezogenen Grenzen flagrant verletzt. Sie hätte erwidern können, warum auch nicht. Aber eine laut per Rundschreiben proklamierte Makulierung unter Heulen und Zähneknirschen seitens einer staatlichen Stelle? Das geht im Rechtsstaat Bundesrepublik Deutschland entschieden zu weit. Das war und ist meine feste Überzeugung. Im Iran vielleicht. Aber dann hätten unsere Massenmedien wohl lauthals Pfui geschrien.

Also Beschwerde beim zuständigen Bundesinnenminister Otto Schily. Ohne Erfolg. Die Schere in den Köpfen der Exekutive funktioniert. Nächster Schritt: Judikative. Fünf Richter, darunter zwei Laien, sind es beim zuständigen Verwaltungsgericht Köln, die über den Antrag auf Entschuldigung der Bundeszentrale (Sitz Köln) beim Autor entscheiden. Die Klage wird abgewiesen, ein Rechtsmittel nicht zugelassen. Sind den Richtern die Grundrechte des Grundgesetzes nicht geläufig, oder wollen sie der Kritik durch die Presse entgehen? Die Begründung der Ablehnung ist ebenso umfangreich wie substanzlos. Damit dem Verfassungsgerichtsgesetz Genüge getan wird („Ausschöpfung des Rechtsweges"), erhebe ich Nichtzulassungsbeschwerde beim Oberverwaltungsgericht Münster. Auch dort sind die Richter unsensibel für das, was die Würde des Menschen unter der Geltung des Grundgesetzes gebietet. Doch mit der negativen Entscheidung wurde der Weg frei für eine Verfassungsbeschwerde an das höchste deutsche Gericht in Verfassungsfragen.

Nach insgesamt sechs Jahren des Wartens endlich am 17. August 2010 die einstimmig gefällte Entscheidung des Bundesverfassungsgerichts, dass die Verfassungsbeschwerde „offensichtlich begründet" ist. Daraus einige Sätze: „Das allgemeine Persönlichkeitsrecht verbietet dem unmittelbar an die Grundrechte gebundenen Staat, sich ohne rechtfertigenden Grund herabsetzend über einen Bürger zu äußern, etwa eine von diesem vertretene Meinung abschätzig zu kommentieren … Von vornherein ausgeschlossen sind Äußerungen [der bpb] gegenüber Einzelnen, die allein dem Bestreben dienen, eine behördliche Auffassung, namentlich eine von der Bundeszentrale für richtig gehaltene spezifische Geschichtsinterpretation zur Geltung zu bringen und als einzig legitim oder vertretbar hinzustellen."[292]

In der Pressemitteilung des Bundesverfassungsgerichts heißt es zudem: „Das beanstandete Schreiben der Bundeszentrale für politische Bildung wird ihrer Aufgabe, die Bürger mit Informationen zu versorgen und dabei Ausgewogenheit und rechtsstaatliche Distanz zu wahren, nicht gerecht und verletzt den Beschwerdeführer in seinem allgemeinen Persönlichkeitsrecht."[293]

Mit Schreiben vom 1. Dezember 2010 hat sich der Präsident der bpb beim Autor entschuldigt – meinem Antrag und der Entscheidung des Bundesverfassungsgerichts gemäß.

## Publizisten als Scharfrichter

Doch der Sieg in Karlsruhe war ein Pyrrussieg. Die große Presse berichtete ebenso wie die juristische Fachpresse. Während letztere die Entscheidung zu meinen Gunsten als der Sache nach geradezu selbstverständlich bewertete[294] war das Bild in den meinungsbildenden Massenmedien desaströs. Beginnen wir mit den positiven Ausnahmen: Nachrichtlich-korrekt berichtete das Magazin *Focus*[295] und insgesamt fair – wenn auch mit einer subtilen Mehrdeutigkeit – behandelte die *Frankfurter Allgemeine* den Vorgang, dazu unten mehr. Der *Spiegel* schwieg zunächst, um später gegen mich zu polemisieren. Vier andere große, meinungsbildende Medien (*Welt Online, Frankfurter Rundschau, Die Zeit* und die *Süddeutsche Zeitung*) hingegen schossen sofort volle Breitseiten nicht nur gegen mich, sondern auch gegen das Bundesverfassungsgericht ab.

In *Welt Online* schrieb der bereits erwähnte Sven Felix Kellerhoff unter der Überschrift „Bundeszentrale muss antisemitischen Unfug dulden": „Eine staatliche Einrichtung wie die Bundeszentrale für politische Bildung darf sich von fragwürdigen und falschen Äußerungen inhaltlich nicht distanzie-

---

292 *Neue Juristische Wochenschrift* 8/2011, S. 511 ff.
293 Pressemitteilung Nr. 87/2010, 28.9.2010.
294 Vgl. Günter Bertram „Anmerkung" zur Entscheidung des BVerfG in *NJW* 8/2011, S. 511 ff.; Friedrich Schoch „Die Schwierigkeiten des BVerfG mit der Bewältigung staatlichen Informationshandelns" in: *Neue Zeitschrift für Verwaltungsrecht* 4/2011, S. 193 ff.
295 „Polit-Zeitschrift zu Unrecht eingestampft", *Focus* 28.9.2010. Es handelt sich um eine kurze, namentlich nicht gezeichnete Meldung. Allein, warum dort mein Name wie in einem Kriminalfall zu „Konrad L." verkürzt wurde, erschließt sich mir nicht.

ren. Das ist jedenfalls die Ansicht der Ersten Kammer des Bundesverfassungsgerichts…"[296] Jeglicher Nachweis des „antisemitischen Unfugs" unterblieb. Auch der Rest war im Kern Lüge. Die Antisemitismus-Keule ist Argument genug – dachte offenbar der, der sie schwang.

In der *Frankfurter Rundschau* lautete die Überschrift gar „Karlsruher Verfehlung". Weiter im Text, diabolisch fantastisch fanatisch: „Es wird hängen bleiben, dass man jetzt endlich wieder unwidersprochen sagen darf, dass die Juden selbst schuld an ihrer Vernichtung sind."[297] Der Autor Volker Schmidt bemühte sich nicht einmal, diese bösartige Anschuldigung ansatzweise zu belegen.

In dem „Bericht des unabhängigen Expertenkreises Antisemitismus" vom August 2011 wird unter viermaliger Nennung meines Namens die Kammer des Bundesverfassungsgerichts höchst kritisch vorgeführt, „die in jüngster Zeit durch Urteile aufgefallen ist, die auch Neonazis Meinungsfreiheit zubilligt"[298]. Das ist aus mehreren Gründen mehr als ärgerlich. Zunächst einmal ist dieser „Expertenkreis" keineswegs ein privates Gremium, sondern er wurde im Jahre 2009 gebildet auf der Grundlage eines Bundestagsbeschlusses, der am 4.11.2008 auf der Basis eines von allen Fraktionen gemeinsam[299] eingebrachten Antrages gefasst worden war. Den 210-seitigen Bericht dieses Gremiums ziert das Logo des Bundesinnenministeriums, er ist auf dessen Internetseite weiterhin (Stand April 2016) im vollen Wortlaut abrufbar. Wenn in einem solchen Bericht Urteile des Bundesverfassungsgerichts kritisiert werden, dann ist das schon in sich fragwürdig, weil im Rechtsstaat die Exekutive Gerichtsurteile zu respektieren hat. Daran ändert auch der Umstand nichts, dass diese Kritik recht subtil daherkommt, indem Zeitungsberichte zustimmend zitiert werden, die das mich schützende Urteil zerpflücken[300]. Besonders ärgerlich ist im konkreten Fall, dass dieser Bericht ja nicht irgend ein Urteil aus Karlsruhe kritisiert, sondern ausgerechnet eines, in dem ein Verstoß der Exekutive gegen die in Artikel 4 Grundgesetz verbürgte staatliche Neutralitätspflicht festgestellt wurde – eben das Vorgehen der Bundeszentrale für politische Bildung gegen mich. Wenn nun einige

---

296 Sven Kellerhoff „Bundeszentrale muss antisemitischen Unfug dulden" *Welt Online* 28.12.2010.
297 „Karlsruher Verfehlung" (Kommentar von Volker Schmidt) *Frankfurter Rundschau* 29.9.2010.
298 BT Drucksache 17/7700 vom 10.11.2011, S. 108.
299 Die Fraktion der „Linken" brachte einen inhaltlich identischen Antrag separat ein.
300 Es handelt sich um eben die Artikel, die in diesem Kapitel zitiert und analysiert werden.

Monate später das Bundesinnenministerium mit einer weiteren Veröffentlichung schon wieder gegen mich polemisiert, dann hat hier im Grunde die Exekutive der Bundesrepublik Deutschland genau das Delikt wiederholt, das das Bundesverfassungsgericht mit seiner Entscheidung von 2010 hatte abstellen wollen. Von „Polemik" – gegen mich und auch gegen das Verfassungsgericht – wird man ja wohl reden können, wenn nach mehrfacher Nennung meines Namens süffisant angeführt wird, dass die Erste Kammer des Ersten Senats des Bundesverfassungsgerichts „in jüngster Zeit durch Urteile aufgefallen ist, die auch Neonazis Meinungsfreiheit zubilligen". Für diese Urteile gibt es gute Gründe, nur haben sie mit meinem Fall nichts zu tun; bei mir ging es vielmehr um meine durch staatliches Handeln verletzte persönliche Ehre, um die Freiheit der Wissenschaft und vor allem um die Neutralitätspflicht des Staates, dem es verboten ist, gegen einzelne Bürger zu polemisieren, nur weil ihm seine Überzeugungen nicht passen. Mit seinem Bericht von 2011 suggeriert nun ausgerechnet das Bundesinnenministerium etwas, was mir bis heute nicht einmal hartgesottene Linksextremisten vorwerfen: Dass ich ein Neonazi sein könnte, dessen Veröffentlichungen womöglich noch nicht einmal vom Recht auf freie Meinungsäußerung gedeckt sein könnten.

Ganz ähnlich wie in der *Frankfurter Rundschau* war auch der Tenor in der *ZEIT*. Unter der Überschrift „Ein Revisionist bekommt Recht" klagte ein Autor namens Hellmuth Vensky[301]: „Ein Karlsruher Richterspruch stützt den umstrittenen Politologen Konrad Löw. Dabei verbreitet der krude Thesen über den Nationalsozialismus." Der staunende Leser erfuhr, dass es sich um einen „hart an der Verharmlosung des Holocaust vorbeisegelnde(n) Aufsatz" gehandelt habe. Der Artikel enthält keinen vollständigen Satz aus diesem Text, nur den Hinweis, dass auch die „*Welt*, linksradikaler Ansichten unverdächtig" ihn schon als „ziemlich kruden Unsinn" bezeichnet habe. So genügt die eine Schmähung als Begründung der anderen. Vor allem erfuhren und erfahren[302] die Leser nicht, dass meine Thesen über die Haltung der Deutschen zum Holocaust sich entscheidend auf jüdische Stimmen stützen, und zwar nicht auf Einzelstimmen, sondern auf Hunderte Zeugnisse, und dass ich insofern letztlich gar nicht eigene Vorstellungen verbreite, sondern nur die wohl glaubwürdigsten Zeugen in dieser Frage zu

---

301 *Die Zeit*, 28.9.2010.
302 Der Text ist im Internet weiterhin abrufbar (Stand 18.4.2016).

Wort kommen lasse. Nun, die *ZEIT* hat intelligente Leser. Die erwähnte Polemik wurde im Internet, in der Online-Ausgabe der ZEIT, nicht weniger als 380 Mal kommentiert und eine überwältigende Mehrheit der Leser pflichtet mir bei und kritisiert das Hamburger Blatt. Immerhin hatte und hat die *ZEIT* den Mut, dieses für sie desaströse Echo seit nun über fünf Jahren an der Öffentlichkeit zu belassen.

Die *Frankfurter Allgemeine Zeitung* informierte zunächst korrekt. Überschrift: „Karlsruhe rügt Bundeszentrale"[303]. Zwei Wochen später erschienen als Leitartikel auf Seite 1 zwei lange Spalten, betitelt: „Dem Unsinn eine Gasse".[304] Darin würdigt Autor Reinhard Müller uneingeschränkt das Urteil des Bundesverfassungsgerichts zu meinen Gunsten – soweit so gut. Er unterließ es aber, meine Arbeit zu erwähnen oder zu zitieren. Vielmehr legte die Überschrift nahe, dass Müller auch meinen Aufsatz dem „Unsinn" zurechnete, dessen Veröffentlichung laut Verfassungsgericht erlaubt ist.

Mein Leserbrief dazu wurde nicht abgedruckt. Deshalb daraus hier einige Zeilen:

*„Mit der eben zitierten Überschrift (FAZ 15.10.2010 Leitartikel) wird Reinhard Müller dem Bundesverfassungsgericht kaum gerecht. Als es urteilte, hatte es weit mehr Prüfmaterial als nur die fünf mehrdeutigen Wörter ‚deutsch-jüdische Symbiose unter dem Hakenkreuz', mehr auch als den ganzen Satz, der da lautet: ‚Gibt es einen zuverlässigeren Chronisten der deutsch-jüdischen Symbiose unter dem Hakenkreuz als den Juden und Literaten Victor Klemperer, dessen Tagebuchaufzeichnungen der Jahre 1933–1945 acht Bände füllen?'[305] Mein Aufsatz, wie er der Bundeszentrale zur Veröffentlichung angeboten wurde und dann großteils zum Abdruck kam, besteht aus 6420 Wörtern. Dem Gericht haben ferner drei einschlägige von mir verfasste Buchveröffentlichungen vorgelegen, in denen Hunderte (!) jüdischer Zeitzeugen zu Worte kommen, die der These der Bundeszentrale widersprechen, wie sie auf der Rückseite des von ihr vertriebenen Buches ‚Hitler und sein Volk' nachzulesen ist... Es ging also bei*

---

303 frs „Karlsruhe rügt Bundeszentrale" *Frankfurter Allgemeine Zeitung* 29.9.2010.
304 Reinhard Müller „Dem Unsinn eine Gasse" *Frankfurter Allgemeine Zeitung* 15.10.2010.
305 Auch die vorausgehenden Worte sind aufschlussreich: „So gelang es in Berlin rund 1500 Juden, den Häschern, darunter auch Juden, zu entkommen. Gibt es …" Das Wort von der deutsch-jüdischen Symbiose, das von meinen Kritikern immer wieder gern zitiert wird, bezog sich also konkret auf diese Rettungsaktionen mit Tausenden nichtjüdischen Helfern und Mitwissern und selbstverständlich nicht auf die Gesamtsituation im „Dritten Reich".

*der Verfassungsbeschwerde nicht um ,Unsinn', dem im liberalen Rechtsstaat keine Prügel in den Weg gelegt werden sollten, sondern um das geistige Existenzrecht jener, die es wagen, unter Berufung auf das Gros der Zeitzeugen fragwürdigen staatlichen Dogmen der Political Correctness zu widersprechen. "*

Den Vogel schoss die *Süddeutsche Zeitung* ab.[306] Schlagzeile auf der ersten Seite über vier Spalten: „Verfassungsgericht schützt Geschichtsfälschung"[307]. Gleich viermal wird „der umstrittene Autor des Textes" namentlich genannt. Doch worin die „Geschichtsfälschung" bestehen soll, sucht der Leser in der *SZ* ebenso vergebens wie den „Antisemitismus" in der *Welt*.[308] Der *contempt of court* macht das Verhalten der vorinstanzlichen Richter rein menschlich verständlich. Wer will schon auf diese Weise vor einem Millionenpublikum beschimpft werden, ohne sich wehren zu können? Fatal ist nur: Eben diese Methoden wurden in den ersten Jahren der NS-Zeit bis etwa 1936 gegen missliebige Richter schon einmal mit dem „Erfolg" angewendet, dass von den bereits ausgehöhlten Freiheitsrechten am Ende fast nichts mehr übrig blieb.

Auf Seite vier derselben *SZ* folgte die Glosse „Dr. jur. absurd". Darunter steht zu lesen: *„Ein sehr rechts[309] angesiedelter alter[310] Professor darf auch die abstruse These vertreten, dass erst die Weimarer Republik den Antisemitismus*

---

306 Auch im Fall Jenninger hat sich die *Süddeutsche Zeitung* durch eine sehr aggressive Tonlage hervorgetan. Heute ist nicht zuletzt durch den mutigen Schritt von Ignatz Bubis, der ein Jahr später große Teile der Jenninger-Rede vom 11. November 1988 selbst zum Vortrag brachte, ohne dafür Kritik zu ernten, unbestritten, dass der Text unbedenklich gewesen und Jenninger einem Komplott zum Opfer gefallen ist. Selbst das „Handbuch des Antisemitismus" (Bd. 4, Berlin 2011, S. 124) wertet das Ereignis „als politisch inszenierten, vorsätzlichen ,Pseudo-Skandal'".

307 Wolfgang Janisch „Verfassungsgericht schützt Geschichtsfälschung" *Süddeutsche Zeitung* 29.9.2010.

308 Unter „Karlsruhe und der Holocaust" (22.2.2012) wiederholt Prantl den Vorwurf der Geschichtsfälschung. Ein Leser (D.R.) fragte ihn: „Warum behaupten Sie wiederum, dass Prof. Löw – diesmal ohne seinen Namen explizit zu nennen – Geschichtsfälschung begangen hat? Nach Löws inzwischen vielen Veröffentlichungen ist es außerordentlich wahrscheinlich, dass im 3. Reich die Mehrzahl der Deutschen die widerlichen Judenverfolgungen weder unterstützt noch toleriert hat." Der Leser fordert Prantl auf, die Texte durchzusehen. „Sie werden danach Ihre Meinung wahrscheinlich korrigieren müssen." Der Brief blieb, wie nicht anders zu erwarten, ohne Antwort.

309 Erwähnenswert ein Satz aus eben dieser Zeitung (Marc Serrao „Bund der Vertriebenen", *SZ* 14.7.2010): „Rechts. Es gibt wenige Wörter, die im Deutschen so kontaminiert sind wie dieses Rechts, das ist alles, was übel war, ist und nie wieder sein darf. Unterschiede werden selten gemacht..." Und in der *FAZ* (Reinhard Müller „Um der Freiheit willen" 27.1.2012): „Doch generell ist die Stigmatisierung als ,rechts' hierzulande ein vernichtendes Urteil; sie stellt den denkbar wirksamsten Pranger dar – viele setzen dieses Wort mit Rechtsextremismus ... gleich."

310 In einem Beitrag, der unter „Alt. Aus. Amen" (*Süddeutsche Zeitung* 82/2012) erschienen ist, zitiert Prantl das 4. Gebot: „Ehre Vater und Mutter ..." und beklagt das Los der Alten in unserer Gesellschaft. Welche Heuchelei!

*in Deutschland hervorgebracht habe. Er darf sogar suggerieren, dass man den Antisemitismus für gerechtfertigt halten dürfe, weil Juden ja damals die kommunistischen Revolutionen in Bayern, Russland und Ungarn angezettelt hätten... strafbar ist so eine Meinung nicht, sie ist nur falsch und dumm.*" Die Glosse endet mit dem äußerst infamen Imperativ: „*Es soll also, 65 Jahre nach dem Holocaust und von Staats wegen finanziert, wieder geschrieben werden, dass die Juden selbst schuld sind an ihrer Verfolgung.*" Es versteht sich von selbst, dass ich dagegen juristisch vorgegangen bin. Das Verfahren eröffnete mir – um es vorweg zu sagen – neue Erkenntnisse über den Zustand unserer Justiz. Mehr dazu in Kapitel IX.

## Nicht ein Satz wird zitiert

Gemeinsam ist den angeführten Artikeln und Kommentaren, dass sie keinen einzigen Satz der Entscheidung des Bundesverfassungsgerichts, keinen einzigen kompletten Satz aus meinen Texten zitierten und keine meiner Publikationen auch nur benannten. Der „aufgeklärte" Leser soll nicht in die Lage versetzt werden, sich ein eigenes Urteil zu bilden. Schon gar nicht suchten die verantwortlichen Journalisten das Gespräch mit mir, dem in Karlsruhe erfolgreichen Beschwerdeführer. Man denke nur an die von ihnen gebilligte Makulierung. Hätte man sich anders verhalten, könnte es sein, dass der Häretiker, der das Dogma von der Schuld *der* Deutschen anzweifelt, den offenbar geplanten sozialen Tod überlebt und weiterhin die Öffentlichkeit erreicht. Vielleicht würde er sogar manche Leser nachdenklich machen. Also ist totschweigen angesagt.[311] Verständlich ist das insofern, als ja selbst die jüdischen Zeugen, wenn ihre Einschätzung bestimmten Geschichtsdeutungen und Interessen zuwiderlaufen, weitgehend unberücksichtigt bleiben.

---

311 Beispiele für dieses Vorgehen gibt es inzwischen viele. So haben im Dezember 2010 die einflussreichen deutschen Medien einen Appell von 26 früheren europäischen Spitzenpolitikern einfach unterschlagen. Zu den deutschen Unterzeichnern gehörten Richard von Weizsäcker und Helmut Schmidt. Sie wollten, dass Israel aufgefordert wird, den Siedlungsbau im besetzten Palästinensergebiet zu unterlassen. Die *Junge Freiheit* klagte (Günther Deschner „Beredte Stille" *JF* 21/11): „Keine Zeile in *Bild, Welt*, der *Süddeutsche Zeitung*, und nicht mal in der *Frankfurter Allgemeine Zeitung*, selbst die *Zeit* nicht, deren Mitherausgeber Helmut Schmidt ist." Die *FAZ* hat am 20.12.2010 dann immerhin dazu einen Leserbrief abgedruckt. – Oben wurde Bernhard Ücker zitiert. Er schrieb dem Autor: Ich kann Ihr Lob „gut gebrauchen, weil im Gegensatz zu meinen zwölf anderen Büchern der Buchhandel und das Volk der Rezensenten dieses Buch förmlich boykottiert haben."

Hier die Titel meiner einschlägigen Publikationen, veröffentlicht *nach* dem bpb-Eklat, zusammen 1083 Seiten:

*„Das Volk ist ein Trost' – Deutsche und Juden 1933–1945 im Urteil der jüdischen Zeitzeugen" München 2006 (Olzog Verlag). Das Buch ist dem unter Hitler zum Tode verurteilten General Theodor Groppe gewidmet.*

*„Die Münchner und ihre jüdischen Mitbürger 1900–1950 im Urteil der NS-Opfer und -Gegner" München 2008 (Olzog Verlag) Das Vorwort stammt vom deutschen Botschafter in Israel Niels Hansen.*

*„Hitler in uns? Vom richtigen Umgang mit unserer Vergangenheit" Waltrop 2009 (Manuscriptum Verlag). Der Haupttitel ist einer kritischen Bemerkung des jüdischen Zeitzeugen Ludwig Marcuse entnommen.*

*„Deutsche Schuld 1933–1945? Die ignorierten Antworten der Zeitzeugen" München 2011 (Olzog). Das Vorwort stammt von Klaus von Dohnanyi, dessen Vater unter Hitler ermordet wurde, das Nachwort von Alfred Grosser, der schon 1933 als Jude Deutschland verlassen musste.*

Die fragwürdige Konkordanz der großen Medien in Sachen „deutsche Schuld" lässt an Seilschaften denken, für die es auch sonst manchmal Hinweise gibt: Das Buch des *FAZ*-Herausgebers Frank Schirrmacher „Ego – Das Spiel des Lebens" wurde von der *Süddeutschen Zeitung* über fünf lange Spalten hinweg gewürdigt[312], obwohl es sonst durchgefallen ist und die Blätter bekanntlich in Konkurrenz miteinander stehen. Ein Mitarbeiter der *Frankfurter Allgemeinen Zeitung* erhält einen von der *SZ* gestifteten Preis,[313] und Heribert Prantl, der Leiter des Ressorts Innenpolitik der *SZ*, kommt in der *FAZ* mit einem ganzseitigen Beitrag zu Worte.[314] Als sich Prantl im Sommer 2012 entschuldigen musste, weil er wahrheitswidrig den Anschein erweckt hatte, er sei beim Präsidenten des Bundesverfassungsgerichts Andreas Voßkuhle ein- und ausgegangen, hat die *Frankfurter Allgemeine Zeitung* offenbar die Augen fest verschlossen gehalten, jedoch nicht der Berliner *Tagesspiegel*.[315]

---

312 Andreas Zielcke „Das Monster in uns" *Süddeutsche Zeitung* 16./17.2.2013.
313 Herbert–Riehl-Heyse-Preis an Gerhard Stadelmaier *Süddeutsche Zeitung* 6.5.2011.
314 Heribert Prantl „Brav gearbeitet, wackerer Maulwurf!" *Frankfurter Allgemeine Zeitung* 3.5.2011.
315 Markus Ehrenberg „Trau, schau, wem" *Tagesspiegel* 1.8.2012. Auch: Alan Posener „Gulasch bei Prantls" *Die Welt*, 1.8.2012.

*Focus* füllte eine ganze Seite unter der Überschrift: „Heiße Luft. ,*Süddeut-sche*'-Großmoralist Heribert Prantl verbrennt sich die Finger – ausgerechnet in der Küche des obersten Verfassungsrichters."[316] Nicht immer und überall kann er also seiner zügellosen Phantasie freien Lauf lassen. Doch: die Viel-zahl der Auszeichnungen, mit denen Prantl schon geehrt wurde, spricht Bände und zeigt seine exzellente Vernetzung.[317] Es macht sich in jeder Hin-sicht bezahlt, bei den Mächtigen der Medienbranche beliebt zu sein. Seine langjährige Tätigkeit als Mitglied des Beirats der kämpferisch atheistischen Humanistischen Union hat ihm sicher auch nicht geschadet.

Wie die geschilderte Makulierung an die Bücherverbrennungen in unse-liger NS-Zeit denken lässt, so der Boykott meiner Texte an die „Giftschränke" in Bibliotheken der DDR. In diesen „Giftschränken" wurden auch meine Bücher vor den Menschen verborgen, woran ehrlicherweise Günter Scha-bowski erinnert[318], der Mann, der am 9. November 1989 die Berliner Mauer geöffnet hat, und zugleich einer der ganz wenigen DDR-Mächtigen, die spä-ter zu Selbstkritik im Stande waren.

### „Juden unerwünscht"

Peinlich vermeiden die auflagenstärksten Blätter, eines meiner oben ge-nannten Bücher auch nur namentlich zu erwähnen. Dem Leser, der sich ein eigenes Urteil bilden möchte, soll keine Brücke gebaut werden. Nur die *Frankfurter Allgemeine Zeitung* hat hier eine Ausnahme gemacht: Unter der Überschrift „Zweierlei Kenntnisnahme" wurde am 12. Juni 2006 neben einem Buch Peter Longerichs auch mein Titel „Das Volk ist ein Trost' – Deutsche und Juden…" besprochen.

So erfreulich die Besprechung an sich war, so schief war ihr Inhalt. Um-gehend wies ich die *FAZ* darauf hin, dass die zentrale Aussage der Rezen-sion, die auch in die Überschrift Eingang gefunden hat, die Wirklichkeit auf den Kopf stellt. Entgegen der Behauptung des Rezensenten kam ich, „der Jurist Konrad Löw", wie die Besprechung betonte, *nicht* „zu gänzlich an-

---

316 Josef Seitz „Heiße Luft" *Focus* 32/12, S. 108.
317 Geschwister-Scholl-Preis der Landeshauptstadt München, Kurt-Tucholsky-Preis für literarische Publizistik, Siebenpfeiffer-Preis, Theodor-Wolff-Preis, Rhetorikpreis für die Rede des Jahres, Erich-Fromm-Preis, Roman-Herzog-Medienpreis, Justizmedaille des Freistaates Bayern u. a.
318 Günter Schabowski („Der geröngte Marx" *Aufklärung und Kritik* 10/05, S. 71): „Löws Schriften – es waren nicht die einzigen aus den Giftschränken des freien Geistes, die ich in den Neunzigern verschlun-gen habe, …lieferten mir befreiende Röntgenaufnahmen der roten Säulenheiligen."

deren Ergebnissen" als der Historiker Longerich. Vielmehr stimmen beide
Bücher im Kern überein, beweisen mit je eigenem Material, dass die Mehrheit des deutschen Volkes Hitlers exterminatorische Judenpolitik nicht gutgeheißen hat.

Am 20. Juni 2006 rief der in der *FAZ* für Rezensionen Zuständige bei mir
an und teilte mir mit, dass den Gepflogenheiten des Hauses entsprechend
der Text des Rezensierten nicht als Leserbrief erscheinen könne. Sie würden
ihn aber gerne dem Rezensenten zur Stellungnahme zusenden. Ob ich
damit einverstanden sei. Ich bejahte ohne zu zögern, fügte aber gleich hinzu,
der Rezensent werde sicherlich nicht antworten, da er den Wahrheitsbeweis
– angesichts des klaren Sachverhalts – nicht antreten könne.

Die Vorhersage bewahrheitete sich. Also schrieb ich erneut: „… Das
hohe, weltweite Ansehen der *Frankfurter Allgemeine Zeitung* lässt es m. E.
nicht zu, dass in einer so wichtigen Frage die manifeste Lüge das letzte Wort
hat, zumal die Ehre eines Volkes und eines Autors auf dem Spiele steht.
Daher erlaube ich mir die Anregung, die kompetenten Antworten auf die
Frage, ob die Mehrheit der Deutschen, was die Juden betrifft, wirklich ‚Hitlers willige Vollstrecker' gewesen seien, dem Leser zugänglich zu machen.
Ich bin zu jeder Mitwirkung gerne bereit."

Die Anregung blieb ohne Echo. So unternahm ich einen dritten Versuch,
in dem es heißt: „… Sie werden verstehen, dass ich das Thema für zu bedeu-
tungsvoll halte, um den Vorgang zu den Akten zu legen. Da ein Leserbrief
des Rezensierten nicht den Usancen Ihres Hauses entspricht, so erlaube ich
mir, …eine eigenständige Ausarbeitung zum Abdruck anzubieten… Die
Lüge Döschers [des Rezensenten] darf doch nicht das letzte Wort in der
*FAZ* sein."

Zu meiner großen Überraschung und Freude wurde der Text angenommen. Die *Frankfurter Allgemeine Zeitung* räumte mir eine ganze Seite ein,
auf der ich darlegen konnte, wie stiefmütterlich die jüdischen Zeugen der
NS-Ära heute von den Historikern behandelt werden. Daher trug meine
Ausarbeitung die Überschrift: „Juden – als Zeugen – unerwünscht?". Die
Redaktion machte daraus leider: „Juden unerwünscht", was gleich wieder
zu Missverständnissen Anlass gab.[319]

Das Echo auf meinen Text war dennoch beachtlich. Rund ein Dutzend
Leserbriefe wurde abgedruckt, etwa die Hälfte zustimmend, die andere kritisch; ob dies auch der Relation der geschriebenen Briefe entspricht, bleibt

---

319 Konrad Löw „Juden unerwünscht" *FAZ* 1.3.2007.

das Geheimnis der *FAZ* – aber immerhin. So sehr ich den Abdruck meiner Ausarbeitung als Erfolg empfand, so bitter war es nachher, dass mir das Blatt keine Antwort auf die Kritiken ermöglichte. Welche massiven Verzeichnungen es zu korrigieren gegeben hätte, verdeutlicht mein folgender unveröffentlichter Leserbrief an die *FAZ*:

*„Wer bewusst selektiv wahrnimmt, betrügt sich selbst und die anderen. Daher trifft mich der Vorwurf, just das zu tun, hart, den die Töchter von Lilli Jahn, Johanna Büch und Ilse Doerry, unter der Überschrift ‚Selektive Wahrnehmung‘ (FAZ vom 17.03.07), gegen meine Ausführungen in ‚Juden unerwünscht‘… erheben. Sie schildern glaubhaft, wie ihre jüdische Mutter unter der ‚mitleidlosen Ausgrenzung‘ gelitten hat. Doch sie verschweigen die Hauptursache. Die Mutter lebte zunächst in einer so genannten privilegierten Mischehe, so dass sie u. a. nicht verpflichtet war, den Judenstern zu tragen. Doch ihr Gatte ließ sich trotz der eindringlichen Warnung eines befreundeten Rechtsanwalts scheiden, wodurch der besondere Schutz entfiel. Ein solches Verhalten war aber damals die große Ausnahme. 93 Prozent der ‚Mischehen‘ blieben intakt. Lilli Jahn hätte sicherlich ihre Umwelt positiver beurteilt, wäre ihr der Gatte nebst Anhang treu geblieben.“*

Ein Enkel dieses treulosen Gatten, dessen Verhalten schon fast als Beihilfe zum Mord bewertet werden kann, ist Martin Doerry, stellvertretender Chefredakteur des *Spiegel*. In dieser Eigenschaft hat er ein Buch verfasst, „Gespräche mit Überlebenden des Holocaust“, 2006 erschienen. In der Einleitung ist es nun gerade er, der sicherlich wortgewandte Journalist mit dem schwerbelasteten Großvater, der von dem Verbrechen spricht, „das die Deutschen an ihnen begangen haben“. Was in seinem Text folgt, ist kaum besser: „Überhaupt begegnen viele Emigranten und ehemalige KZ-Häftlinge dem Volk ihrer Peiniger mit großer Nachsicht, wenn nicht sogar überraschendem Wohlwollen.“ Doch wer sich nichts hat zu schulden kommen lassen, braucht keine Nachsicht. Und: „Volk ihrer Peiniger“? Ein „Peiniger“ war gerade sein Ahne – Millionen Deutsche waren es nicht.

## „Infame Hervorbringung“

Neben den harmlosen Leserbriefen gab es geradezu hysterische Reaktionen. So eiferte Wolfgang Benz, der Leiter des Zentrums für Antisemitismus-

forschung, Berlin, in einem Newsletter vom März 2007: „Die einzig ange-
messene Reaktion auf den Verfasser ist es, den Mantel der Barmherzigkeit
um ihn zu breiten, denn seine Überzeugung, das Deutsche Volk habe nichts
vom Holocaust gewusst und ihn nicht gebilligt, wurde schon vor 50 Jahren
nur von denen geglaubt, die diese Überzeugung zur Lebenslüge einer Generation machten."

Statt aber nun wirklich den Mantel der Barmherzigkeit um mich zu breiten, lässt er zweiundzwanzig weitere Zeilen heftiger Attacken gegen mich
und auch gegen die *FAZ* folgen, so die Frage: „Aber warum gibt ein seriöses
Blatt solch trotzigem Aufbäumen gegen die Erkenntnis der Wissenschaft so
viel Raum? War der Redakteur in Urlaub und der Volontär der Sportabteilung hat, vom Professorentitel des Erzeugers beeindruckt, die infame Her-
vorbringung ins Blatt gerückt?" – In die nächste Nummer seines Blattes
musste Benz folgende Gegendarstellung einrücken: „In ‚Zentrum für Antisemitismusforschung…' wird behauptet: es sei meine [Löws] Überzeugung,
‚das deutsche Volk habe nichts vom Holocaust gewusst und ihn nicht
gebilligt …' Diese Behauptung entspricht nicht den Tatsachen. Nirgendwo
vertrete ich die Annahme, das deutsche Volk habe nichts vom Holocaust
gewusst."

Richtig ist: Ich kenne die Antwort auf die Frage, wie viele Deutsche vom
Holocaust wussten, nicht. So benenne ich nur die Fakten, die für und die
gegen Wissen sprechen, und die Namen der Persönlichkeiten, die Nicht-
wissen für sich in Anspruch nehmen (Marion Gräfin Dönhoff, Richard von
Weizsäcker, Helmut Schmidt, Joachim Fest u. a.).

Der eben zitierte Wolfgang Benz hat, wie oben erwähnt, zu jenen gehört,
die „Wilkomirskis" phantastischen Lügen nicht nur auf den Leim gegangen
sind, sondern die sie mit viel Beifall bedacht haben. Den renommierten
Historiker hat es noch nicht einmal skeptisch gemacht, dass der zweijährige
„Wilkomirski" beim Anblick seines sterbenden Vaters angeblich dachte:
„Von jetzt an muss ich ohne dich weitermachen, ich bin allein."[320] Das
„Kind" habe, so die Behauptung, über Jahrzehnte hinweg Erlebnisse im Gedächtnis gespeichert. Solche Einlassungen hätten selbst bei Laien Miss-
trauen auslösen müssen.[321]

---

320 Wilkomirski 1995: 10.
321 Wolfgang Benz ist auch von jüdischer Seite heftiger Kritik ausgesetzt. Dort stößt seine These, Kritik
am Islam – Benz spricht von „Islamophobie" – weise enge Parallelen zum Antisemitismus auf, auf Ablehnung. In einem Beitrag im „Jahrbuch für Antisemitismusforschung" ging Benz soweit zu schreiben:
„Die Wut der neuen Muslimfeinde gleicht dem alten Zorn der Antisemiten gegen die Juden." Als der

Kaum besser als der eben zitierte „Newsletter" ist derjenige des Fritz Bauer Instituts vom Herbst 2007. Darin heißt es gleich zu Beginn unter der Überschrift in bemerkenswertem Nazi-Jargon „Propagandisten unerwünscht": „Der studierte Jurist und emeritierte Politikwissenschaftler Konrad Löw ist... ein skrupelloser politischer Publizist. Sein Ziel: die Weißwaschung der nichtjüdischen Deutschen, *aller* [Hervorhebung im Original] nichtjüdischen Deutschen im Nationalsozialismus."

Es ist schon erstaunlich, wie wenig Mühe sich meine Kritiker damit machen, ihre substanzlosen Angriffe wenigstens so zu formulieren, dass sie nicht sofort am Gegendarstellungsrecht scheitern. Dem Verantwortlichen habe ich umgehend geschrieben: *„Diese ebenso abwegige wie ungeheuerliche Anschuldigung ist nachweisbar unrichtig. In meinem Buch ‚Das Volk ist ein Trost'– Deutsche und Juden 1933–1945 im Urteil der jüdischen Zeitzeugen" schreibe ich genau das Gegenteil (S. 337), nämlich: ‚Zum Volk, zum deutschen Volk zählten Hunderttausende, wenn nicht Millionen blinder, nicht selten brutaler Gefolgsleute des ‚Führers'. Aber das Volk bestand aus weit über 60 Millionen. Die Zustimmung zu Hitler konnte sich auf einzelne Erfolge seiner Politik beschränken oder das große Ganze umfassen. Dazwischen gab es schier endlose Abstufungen, die, was das Ausmaß der Zustimmung anlangt, nie erfassbar sein werden. Daneben stand das totale Nein zu Hitler von Anfang an, eben die stumme Haltung des anderen Deutschland. Die Zeugenaussagen [in meinem Buch] untermauern die Sicht der Jüdin Eva Reichmann, wissenschaftliche Mitarbeiterin des Centralvereins deutscher Staatsbürger jüdischen Glaubens, mit Blick auf das Gros der Bevölkerung: ‚Die geringe Zahl spontaner Gewaltakte gegen Juden vor und selbst nach der nationalsozialistischen Machtergreifung sowie die durchschnittliche Zurückhaltung gegenüber Boykottparolen, deren Durchführung nicht gewaltsam erzwungen wurde, lassen Rückschlüsse auf den geringen Tiefgang der antisemitischen Stimmung selbst*

---

Hamburger Historiker Matthias Küntzel ihn vorsichtig auf kaum zu bestreitende Unterschiede hinwies („Ereignisse wie der 11. September oder die Ermordung des niederländischen Filmemachers Theo van Gogh haben keine Entsprechung in der jüdischen Tradition.") und die Erwartung äußerte, dass das Zentrum für Antisemitismusforschung „den Antisemitismus im Nahen und Mittleren Osten zu einem Schwerpunkt seiner Arbeit macht", reagierte Benz gereizt, ja aggressiv („völlig lachhaft", „nicht ernst zu nehmen") und berief sich dabei auf jüdische Gesprächspartner, namentlich auf Bar Ilan, den damaligen Gesandten der Israelischen Botschaft in Berlin, und auf Lala Süsskind, die Leiterin der jüdischen Gemeinde in Berlin. Das aber war offenbar frei erfunden, jedenfalls bestritten die beiden auf Nachfrage von Henryk Broder, mit Benz über Küntzels Beitrag auch nur gesprochen zu haben. Broder kritisierte spitz, „dass ausgerechnet der Leiter eines Instituts für Antisemitismusforschung sich einer Technik bediente, die zum Standardrepertoire von Antisemiten gehört – die Berufung auf jüdische Freunde und Bekannte als Alibigeber". (Broder 2012: 26–131, insbesondere 130.).

*in diesen kritischen Jahren zu.' Warum nur diese Verleumdungen seitens eines angesehenen Instituts anstelle eines gemeinsamen seriösen Ringens um die rechte Erkenntnis?"*

## „Der gekränkte Nationalist"

Unter dieser Überschrift gab mir die *Frankfurter Allgemeine Zeitung* am 19. November 2010 nochmals die „Ehre", nun nicht als Autor, sondern als Objekt. Meine frühe Vermutung, dass es innerhalb der *FAZ* erhebliche Differenzen darüber gegeben haben dürfte, wie man über mich und meine Bücher denken soll, erhielt damit neue Nahrung.

Nun bekam kein Geringerer als Raphael Gross, der 1966 in Zürich geborene Direktor des Jüdischen Museums und des Fritz Bauer Instituts in Frankfurt sowie Direktor des Leo Baeck Instituts in London, zwei lange Spalten, um sehr kritisch über mein Buch „Deutsche Schuld 1933–1945?" zu schreiben. Unter der Überschrift „Der gekränkte Nationalist – Wie viele gute Deutsche gab es wirklich?"[322] breitet er sich auf 160 Zeilen über das Buch aus, aber ohne ein einziges Zitat und ohne auch nur den Untertitel „Die ignorierten Antworten der Zeitzeugen" zu nennen. Wahres, Irreführendes und Falsches bilden in diesem Text ein außergewöhnliches Amalgam, insbesondere werden mir Motive unterstellt, die mir fremd sind. Ein Beispiel: „Es geht um die außerordentlich vielen Deutschen, die den Nationalsozialismus nicht als Besatzungsmacht akzeptieren mussten, sondern die überzeugte Nationalsozialisten waren. Da diese Tatsache schwer zu akzeptieren ist, hört der Strom der Literatur nicht auf, der dagegen anrennt. ‚Deutsche Schuld 1933–1945?' Unter diesem eindeutigen Titel versucht … Konrad Löw … seine deutsche Geschichte zu entlasten." Das hier unterstellte Motiv ist absurd. Ich habe nie den geringsten Zweifel daran geäußert, dass „außerordentlich viele Deutsche … überzeugte Nationalsozialisten waren", im Gegenteil. Ihre Zahl ging in die Millionen und einige von ihnen haben meiner Familie böse mitgespielt. Da ich diese Einschätzung von Gross völlig teile, ist es ebenso absurd wie ehrabschneidend, meine Bücher dem „Strom" der Literatur zuzurechnen, die „dagegen anrennt".

An anderer Stelle sind die Manipulationen höchst subtil. „Sein Buch liest sich so, als wolle er den Beweis führen, dass ‚die Deutschen' für den Holocaust keine Schuld trügen – sondern nur eine ganz bestimmte Gruppe

---

322 *FAZ*, 19.11.2010.

von Nazis." Hätte er formuliert „dass nicht ‚die Deutschen' für den Holocaust die Schuld trügen – sondern....", dann wäre in der Tat mein Anliegen
präzise beschrieben. Allerdings ist bei dieser richtigen Fragestellung die
Antwort auch eher banal, wenn man nur die rechtsstaatliche Urprämisse
gelten lässt, dass nicht Gruppen, geschweige denn Völker kollektiv schuldig
werden können. Mit der minimalen Wortverdrehung „… ‚die Deutschen'
… keine Schuld" statt richtig „nicht ‚die Deutschen' die Schuld" unterstellt
er mir indes das völlig andere Anliegen, die Deutschen kollektiv reinwaschen zu wollen. Das aber ist mir fremd und Gross würde in meinen
Büchern keinerlei Belege dafür finden. Der Schwäche seiner Argumente
war er sich offenbar bewusst, denn mit einem eigenen expliziten Urteil über
mein Buch zögert er. Er versteckt sich hinter Dritten: „Sein Vorgehen wurde
von Wolfgang Benz (‚hanebüchen' – ‚Ideologieproduktion') und von Trude
Maurer (‚Weißwaschung') wohl treffend beurteilt." Da auch sie Belege schuldig bleiben, „begründet" hier nur noch die eine Schmähung die andere.

   In seiner Argumentationsnot erinnert Gross sogar an Siegmund Freud,
der 1938 bei seiner Ausreise aus Wien bescheinigen musste, „dass er nicht
von der Gestapo misshandelt wurde". Doch das Verhalten der Gestapo den
Juden gegenüber ist nicht mein Thema. Selbstverständlich war sie eine verbrecherische Organisation, vor der sich alle Gegner ängstigten.

   Schließlich betritt Gross völliges Neuland, indem er mich, den katholischen Oberbayern, als bislang offenbar verkappten Nationalisten enttarnt:
„Vielleicht ist es … einfach eine so große narzisstische Kränkung für Nationalisten, dass in der einen oder anderen Weise immer wieder ein Sog der
Relativierung, Aufrechnung, Leugnung entsteht."[323] Ein billiger rhetori-
scher Trick: Da die von mir ausführlich zitierten jüdischen Zeitzeugen
selbstverständlich keine Belege für „Relativierung, Aufrechnung und Leugnung" liefern, lässt man einfach „in der einen oder anderen Weise" einen
entsprechenden „Sog" entstehen – eine freie Fantasie des Rezensenten,
ebenso nebulös wie juristisch unangreifbar. Gross schließt mit deftigen Sei-
tenhieben gegen Alfred Grosser („Warum hat er diesem Buch seinen Namen
geliehen? Ich verstehe es nicht."), nachdem er zuvor die Frage gestellt hat,
warum Grosser das Buch als „mutig" und „nützlich" gelobt hätte: „Was
bleibt nun, was das Buch von Löw angeblich so ‚mutig' macht?" Hier widerlegt sich Gross direkt selbst: Es ist ja nicht jedermanns Sache, vor einem in
die Millionen gehenden Publikum so behandelt zu werden, wie es mir auf-

---

323 Raphael Gross „Der gekränkte Nationalist" *Frankfurter Allgemeine Zeitung* 19.11.2010.

grund dieses und anderer Bücher widerfahren ist. Gerade sein eigener Artikel ist also ein treffendes Beispiel dafür, dass solche Bücher in Deutschland tatsächlich Mut erfordern.

Ehrlich gesagt war ich überrascht, dass die *Frankfurter Allgemeine Zeitung* ihre Spalten für einen solchen Beitrag geöffnet hatte. Angesichts des großen Einflusses des Rezensenten erschien mir die Abfassung einer Stellungnahme indes als Zeitvergeudung. Sie wäre wohl nicht erschienen.

Andere haben reagiert. Ein mir bis dato Fremder hat mir seinen Leserbrief zukommen lassen, der aber nicht abgedruckt wurde. Hier einige Zeilen daraus: „ … dass er als Motiv für Löws Studie sich ausschließlich eine subtilere Form des Leugnens vorstellen kann, verleiht seinem (bewussten oder unbewussten) Nichtverstehen den Charakter von maliziöser Begriffsstutzigkeit. Es wäre also keine unbeträchtliche Aufklärungsleistung, wenn es jemandem gelänge, diesem pamphletischen Verfasser … wenigstens die Essenz davon zu vermitteln, was demokratische Diskussionskultur jenseits eines moralischen Basta-Standpunkts darstellen könnte oder sollte."[324]

In der Zeitschrift *Sezession* schrieb Götz Kubitschek: „Warum sagt Gross nicht einfach, dass er gerne einen Glaubenssatz formulieren würde, ein zivilreligiöses Gebot, das infrage zu stellen Gotteslästerung wäre. Gross geht mit keiner Silbe auf die Dokumente und Quellen ein, die Löw zu hunderten zu zitieren vermag."

Und an Gross gewandt: „Texte wie Ihrer lassen nicht nur ein paar, sondern seit Jahrzehnten ganze Heerscharen von Historikern davor zurückschrecken,
1. entweder überhaupt Fragen zu stellen, wie Löw sie stellt, oder
2. die Ergebnisse der Fragestellung zu veröffentlichen. Wäre Löw jung, hätte er keine Chance mehr auf einen Lehrstuhl."[325]

„Deutsche Schuld 1933–1945?" wurde häufig, und zwar so gut wie immer sachgerecht besprochen. „Der gekränkte Nationalist" bildet insofern die große Ausnahme. Jeder Verriss ist ärgerlich. Aber im Fall „Gross" überwiegen dennoch die positiven Aspekte. Hier schreibt einer, der doch wohl kompetent ist, den zumindest die Lektüre kundig gemacht hat. Wenn er

---

324 P. Sch. „Leserbrief zu ‚Der gekränkte Nationalist'", Archiv des Autors.
325 Götz Kubitschek, www.sezession.de/21486/raphael-gross-die-faz-und-konrad-loew.

nun keinen einzigen sachlichen Fehler nachweist, so hat er wohl derglei-
chen nicht entdeckt. Es geht ihm um die Kernaussage, um die Schuld der
Mehrheit der Deutschen, die durch eine Fülle von meist jüdischen Quellen
entlastet werden. Das darf für ihn offenbar nicht sein. Und wer dies dennoch behauptet, ist Unperson, ein Revisionist, ein Aufrechner, ein Leugner.
Doch von all dem und derlei ist in dem Buch mit keiner Silbe die Rede.
Gross bedauert, wie erwähnt, dass Klaus von Dohnanyi das Vorwort und
Alfred Grosser, dieser „Denker des Anderen", das Nachwort geschrieben
haben. Vielleicht liegt es auch daran, dass beide im Unterschied zu Gross
noch über einschlägige persönliche Erfahrungen verfügen.

Kopfschüttelnd könnte man die Angriffe von Wolfgang Benz und Raphael Gross der Kuriositätenmappe anvertrauen. Doch die Genannten sind
Teil eines sehr einflussreichen Netzwerkes, das nicht nur als Verstärker
dient, sondern das spirituelle Weichen zu stellen in der Lage ist, auch ins
Abseits. „Der Volontär der Sportabteilung", den Benz rhetorisch für die
Annahme meines Essays durch die *Frankfurter Allgemeine Zeitung* verantwortlich macht, wurde nach Erscheinen wahrscheinlich auch intern mit
ähnlich harten Vorwürfen überschüttet wie offenkundig der Verantwortliche Redakteur des *Deutschland Archivs* 2004, der ja sogar öffentlich Ab-
bitte leisten musste. Tatsache ist, dass seither zu diesem Thema auch kein
Leserbrief von mir mehr in der *FAZ* veröffentlicht wurde. Deutsche Wirklichkeit im Reiche des Geistes!

## „November 1938. Die Katastrophe vor der Katastrophe"

So lautet der Titel eines Buches, das Raphael Gross just zum 75. Jahrestag
der Reichspogromnacht veröffentlicht hat. Im Prolog heißt es: „Niemals
zuvor oder danach standen Hunderttausende Jüdinnen und Juden einer
derart aufgehetzten Bevölkerung gegenüber und mussten Schläge und
Erniedrigung, Totschlag und Mord … erleiden."[326] Ferner: „Die vom NS-
Regime organisierten Gewalttätigkeiten geschahen unter Beteiligung von
etwa zehn Prozent der deutschen Bevölkerung."[327]

Die meisten Leser werden diese Behauptungen als traurige Tatsachen
einfach hinnehmen. Doch manch einer möchte gerne wissen, woher Gross
seine Informationen bezieht, da er damals doch noch nicht gelebt hat. Statt

---

326 Raphael Gross „November 1938. Die Katastrophe vor der Katastrophe" München 2013, S. 10.
327 Gross 2013: 11.

eines Nachweises wird das Zitierte mit anderen Worten mehrmals wiederholt: „Was in der ‚Reichskristallnacht' zutage trat, war das ungeheure Potential an Hass und Verachtung, mit dem das NS-Regime und große Teile der Bevölkerung in aller Öffentlichkeit dem angeblichen Feind im Innern, den Juden, den Krieg erklärt hatten."[328] Ein Augenzeuge kommt zu Wort. Er schildert anschaulich den Pogrom in Nordhausen. Doch von der Bevölkerung allgemein ist da gar nicht die Rede, vielmehr: „Inzwischen holten die betrunkenen SA- und SS-Männer alle Juden aus ihren Wohnungen …"[329] Und wie verhielten sich die gewöhnlichen Bürger kurz nach Mitternacht? Eine nichtjüdische Einwohnerin von Bebra wird ausführlich zitiert, obwohl sie ihre Wohnung nicht verlassen hatte und vom Fenster aus nichts wahrnehmen konnte außer vielen Menschen.[330] Bessere „Beweise" liefert Gross nicht. Unter der Überschrift „Reaktionen der Kirchen in Deutschland" stellt Gross einleitend nochmals die Frage: „Wie hat die nichtjüdische Mehrheit der deutschen Bevölkerung auf die Pogrome reagiert?" Seine Antwort: „Da der NS-Staat keine offene Gesellschaft war, ist die Quellenlage entsprechend schwierig. Eine der vielen überlieferten Quellen sind die Stimmungsberichte, die vom Sicherheitsdienst der NSDAP für die NS-Führung gesammelt wurden. Diese Berichte sind allerdings mit Vorsicht zu interpretieren …"[331] Das ist nicht falsch, aber doch irreführend, denn wir haben, wie ausführlich dargelegt, zahlreiche glaubwürdige Aufzeichnungen anderer Provenienz, so aus den Reihen des „anderen Deutschland", von ausländischen Journalisten wie Diplomaten und insbesondere von betroffenen Juden. Solche, vom Regime unabhängigen Zeitzeugenberichte liegen aus allen größeren Städten des Reiches vor und aus unzähligen kleineren Städten und Orten.

Warum kommt Gross mit keiner Silbe auf derlei Texte zu sprechen? Dass er sie nicht kennt ist ausgeschlossen, denn er zitiert mehrmals Victor Klemperer, den hoch angesehenen jüdischen Zeitzeugen und Chronisten, der ab September 1941 den Judenstern tragen musste. Doch was Gross nicht zitiert, das sind jene Sätze Klemperers, die seine täglichen Erfahrungen auf den Straßen und in den Betrieben schildern, und Sätze, die diese Erfahrungen bündeln, so eben: „Fraglos empfindet das Volk die Judenverfolgung als Sünde."

---

328 Gross 2013: 56.
329 Gross 2013: 59.
330 Gross 2013: 41 f.
331 Gross 2013: 76.

Auch hat er, wie ausgeführt, mein Buch „Deutsche Schuld 1933–1945? Die ignorierten Antworten der Zeitzeugen" rezensiert. Es enthält neben zahlreichen anderen Belegen 354 (!) jüdische Belege. Warum nur bleibt derlei unerwähnt?

## Im Hohl-SPIEGEL

Der *Spiegel*, bis dahin auffallend zurückhaltend, witterte Ende 2012 eine Chance, meine „wahre" Natur zu offenbaren: „Die Nachsicht der Kirchenführung nach rechts außen verstehen manche Traditionalisten offenbar als Signal", sich von der NPD einladen zu lassen.[332] Namentlich genannt werde aber nur ich. Auf diese Attacke aufmerksam gemacht, forderte ich folgende Gegendarstellung: „In dem Artikel ... wird behauptet: ‚So fand Konrad Löw ... nichts dabei, sich im November [2012] von der NPD nach Oberhausen einladen zu lassen.' Dies ist nicht richtig. Richtig ist: Ich wurde noch nie von der NPD zu einem Vortrag eingeladen."

Eine Gegendarstellung muss aus rechtlichen Gründen kurz gefasst sein, ist aber dennoch jedem Blatt unangenehm. So vereinbarte ich mit dem verantwortlichen Redakteur anstatt der Gegendarstellung einen ausführlicheren Leserbrief, in dem ich den wahren Sachverhalt schildern konnte, nämlich dass ich von einem Freundeskreis eingeladen worden war und meine Zusage sofort zurückzog, als ich erfahren hatte, dass eine NPD-Konnexion besteht.[333] Da der Vortrag denselben Titel haben sollte wie mein letztes einschlägiges Werk[334] und der Titel im Leserbrief steht, wurde so jeder Leser in die Lage versetzt, sich unschwer ein eigenes Bild über meinen Standpunkt und seine Fundierung zu verschaffen: Daran war mir sehr gelegen.

## „Wir kriegen euch alle!"

Die unverhohlene Drohung „Wir kriegen euch alle!" war im Sommer 2011 auf der linksextremen Internetseite „indymedia" abrufbar. Ohne Begründung – oder soll man sagen: die Begründung hatte der *SZ*-Artikel „Dr. jur. absurd" schon geliefert – fand sich dort eine Liste von rund 380 Namen, darunter auch der meinige mit voller Adresse, Rufnummer usw. Die Liste

---

332 Peter Wensierski „Neue Heimat" *Spiegel* 50/2012, S. 36.
333 Konrad Löw „Keine NPD-Einladung" *Spiegel* 52/12, S. 8.
334 Also: „Deutsche Schuld 1933–1945? Die ignorierten Antworten der Zeitzeugen".

verschwand nach heftigen Protesten wenig später von der genannten Internetseite, um einige Monate später an anderer Stelle wieder im Internet aufzutauchen. Im Grunde handelte es sich angesichts der bekannten Gewaltbereitschaft von Teilen der linksextremen Szene um einen Akt der Volksverhetzung und des Aufrufs zur Sachbeschädigung wenn nicht zu schlimmeren Straftaten. Empörung darüber habe ich in größeren Medien nicht wahrnehmen können, auch strafrechtliche Konsequenzen gegen die Verantwortlichen sind meines Wissens ausgeblieben.

# IX. Ein skandalöses Fehlurteil

## Privatklage

Der „Dr. jur. absurd" (also ich) hat gegen den Verfasser des gleichnamigen Artikels in der *Süddeutschen Zeitung* (siehe oben S. 100 f.), Heribert Prantl, Privatklage erhoben und in seiner Klageschrift ausgeführt: „*Diese mir zur Last gelegten ‚Thesen' sind in höchstem Maße ehrenrührig und absurd. Ich missbillige sie vorbehaltlos. In keiner meiner Publikationen vertrete ich sie. Würde ich sie vertreten, so könnte sie der Beschuldigte unschwer belegen, indem er die entsprechenden Passagen aus meinen Veröffentlichungen zitiert.*

*Die ‚Thesen' sind zudem – wie wohl unbestreitbar – geeignet, den ‚Sieger von Karlsruhe' verächtlich zu machen und in der öffentlichen Meinung herabzuwürdigen. Die ganze Glosse ist ein geradezu idealtypisches Exempel für Hinrichtungsjournalismus, eine Mischung aus Spott und Tatsachenverdrehung. Derlei ist nicht mehr gedeckt durch die Meinungs- und Pressefreiheit, die gemäß Art. 5 Abs. 2 Grundgesetz ihre Grenze finden im ‚Recht der persönlichen Ehre'.*

*Der Beschuldigte bringt den Spott schon dadurch zum Ausdruck, dass er ‚meine Thesen' unter die Überschrift stellt: ‚Dr. jur. absurd'. Ja, ich müsste verrückt sein, wenn ich derlei auch nur dächte, was mir der Angeschuldigte in den Mund legt. Der Hinweis auf mein Alter (geboren 1931) soll wohl den Verdacht der Senilität wecken. Und dann noch: ‚sehr rechts angesiedelt'!"*

Vor Gericht ließ Prantl verlauten: „*Mit dem Satz* [dem zitierten Imperativ und Schlusssatz: ‚Es soll also, 65 Jahre nach dem Holocaust und von Staats wegen finanziert, wieder geschrieben werden, dass die Juden selbst schuld sind an ihrer Verfolgung.' – Anm. d. Autors] *wird weder wörtlich noch indirekt behauptet, dass der Antragsteller Derartiges geschrieben habe oder diese Auffassung vertrete. Der streitige Satz hat also keinen Bezug auf den Antragsteller, sondern ist eine Schlussfolgerung aus der Verfassungsgerichts-Entscheidung durch den Kommentator.*" Welch absurde Logik! Die soll Prantl doch seiner Leserschaft mitteilen. Mit dieser Klarstellung gegenüber dem Kläger räumt er immerhin ein, dass der Leser sehr wohl auf die Idee kommen konnte, seine eigene „Schlussfolgerung" sei auf meinem Mist gewachsen.

Die *Süddeutsche Zeitung* ist eine der auflagenstärksten Tageszeitungen in Deutschland, Heribert Prantl ist Mitglied der Chefredaktion und Leiter des

Ressorts Innenpolitik. Armes Deutschland, wenn Männer mit einer so abgründigen, diffamierenden Phantasie in solchen Positionen das Sagen haben. Den Lesern gegenüber beteuerte er bei anderer Gelegenheit: „Pressefreiheit ist nicht die Freiheit der Politik-Claqueure, aber auch nicht die Freiheit der publizistischen Scharfrichter: Es ist die Freiheit, Sie, die Leserinnen und Leser, bestmöglich zu unterrichten."[335] In der Tat – und gerade gemessen an diesem Anspruch wird die Niedertracht der sogenannten Glosse „Dr. jur. absurd" besonders deutlich. Darf man darüber schweigen und zur Tagesordnung übergehen? Angesichts der realen Macht dieser Medien und ihres Missbrauchs, wie der geschilderte Fall zeigt, ist die Freiheit der Andersdenkenden, selbst wenn sie mit beiden Beinen auf dem Boden des Grundgesetzes stehen, schon heute beeinträchtigt. Der FDP-Politiker und Rechtsgelehrte Ingo von Münch hat den Vorgang in seinem Kommentar zum Zustand der Bundesrepublik Deutschland so aufgegriffen: „[A]bwegig in seiner Verteidigung des abenteuerlichen Vorgehens der Bundeszentrale und seiner maßlosen Kritik an der Entscheidung des Bundesverfassungsgerichts Heribert Prantl, ‚Dr. jur. absurd' ..."[336]

Prantls Artikel „Dr. jur. absurd" erschien am 29. September 2010. Am 31. Oktober 2010 erhob ich die Klage, die vom Landgericht München I am 25. Januar 2012 in 2. Instanz verworfen wurde. Die Begründung des Gerichts ist lesenswert. Man weiß dann, dass der Ehrenschutz heute in Deutschland bestenfalls noch Glückssache ist und dass die lauthals verkündete Freiheit von Wissenschaft und Meinungsäußerung durch Einschüchterung zu verkümmern droht.

## Die Argumentation des Landgerichts München I

Damit sich jeder Leser selbst ein Urteil bilden kann, sollen die wichtigsten Sätze der Begründung wörtlich wiedergegeben werden: Da heißt es, der Beklagte, also Prantl, hat *„weder Tatsachen noch Werturteile behauptet, die geeignet wären, den Privatkläger [also mich] in der öffentlichen Meinung herabzuwürdigen... Die Überschrift ‚Dr. jur. absurd' bezieht sich nicht auf den Privatkläger... Die Kammer [ist] der Auffassung, dass sich die Überschrift auf die erkennenden Richter des Bundesverfassungsgerichts bezieht, wie sich aus dem zweiten Absatz des Kommentars ergibt, wonach ‚nun ... die Absurdität'*

335 Heribert Prantl „Frische Brötchen für die Demokratie" *Süddeutsche Zeitung* 29./30.10.2011.
336 Ingo von Münch „Rechtspolitik und Rechtskultur" Berlin 2011, S. 244.

*beginnt ... Zwar mag beim Lesen zunächst der Eindruck entstehen, die Über-schrift ‚Dr. jur. absurd' beziehe sich auf den Ordinarius der Politikwissen-schaft, allerdings ergibt sich bei der Gesamtlektüre, dass die erkennenden Richter des Bundesverfassungsgerichts gemeint sind ... Die Worte ‚sehr rechts angesiedelter alter Professor' stellen keine Beleidigung dar, weil es dem Privat-beklagten darum ging, die vom Privatkläger vertretene Meinung zu den nach-folgenden Aussagen/Thesen zu kritisieren, deren erste der Privatbeklagte wer-tend als ‚abstrus' bezeichnete. Auch die weiteren Worte ‚falsch und dumm' sowie ‚faseln' beziehen sich auf vom Privatbeklagten kritisierte Meinungen und nicht auf den Privatkläger als Person, so dass auch ein entsprechender Beleidigungsvorsatz nicht gegeben ist ...*

*Aus den ... Textpassagen ... des Privatklägers ergibt sich seine Auffassung, dass Deutschland von den Strömungen des Antisemitismus um die Jahrhun-dertwende nicht gänzlich verschont geblieben sei."*

Nun folgen die Sätze des Urteils, die besonders empören: *„Da die vom Privatbeklagten dem Privatkläger zugeschriebene These in den Textpassagen des Privatklägers gewisse Anknüpfungspunkte findet*[337] *– auch wenn sie mit der im Kommentar gewählten Formulierung Verkürzungen und Unschärfen enthält, wird erkennbar, dass sich der Privatbeklagte mit der vom Privatkläger vertretenen Meinung auf engem Raum kritisch auseinandersetzte und es ihm nicht darum ging, diesen verächtlich zu machen... Unzulänglichkeiten in Be-richterstattung ... mögen als ärgerlich empfunden werden, sie erfüllen aber noch keinen Straftatbestand."*

Ist es nicht abwegig, die Überschrift auf das Bundesverfassungsgericht statt auf mich zu beziehen? Das Gericht als „Dr. jur."! Dr. jur. ist Singular, doch der Spruchkörper besteht aus mehreren Richtern. Ferner: Heribert Prantl ist selbst ein promovierter Jurist, der seit dem Jahre 2010 sogar den Profes-sorentitel führen darf. Gerade ihm ist ein solcher Fehler nicht zuzutrauen, vielmehr weiß er sicherlich, dass der Doktorgrad keine Voraussetzung für die Wahl zum Verfassungsrichter ist. Fast die ganze erste Hälfte des auf die Überschrift folgenden Textes befasst sich überaus polemisch ganz eindeu-tig mit mir und keineswegs mit dem Bundesverfassungsgericht. Und doch

---

337 An Zahlen veranschaulicht: A sagt: 2 + 2 = 4. B behauptet, A vertrete: 2 + 2 = 5. In den Augen der Richter ist Bs Äußerung zwar ärgerlich, aber juristisch irrelevant. Sie knüpfe an die von A verwendeten Zahlen an und das Ergebnis sei doch auch kein ganz anderes, denn 4 und 5 liegen nahe beieinander. Und wenn B nun weiter sagt, A vertrete dummes Zeug und fasle Unsinn, so schmälere das nicht das Ansehen des A. Er werde nicht lächerlich und verächtlich gemacht.

soll ich nach Einschätzung des Landgerichts München I gar nicht gemeint sein!

Am Gravierendsten ist jedoch, wie das Landgericht die mir angelastete „abstruse These", „dass erst die Weimarer Republik den Antisemitismus in Deutschland hervorgebracht habe", behandelt und bewertet. In meinem Text steht, wie das Landgericht selbst – wenn auch leider verkürzt – zitiert, definitiv etwas anders, ja das Gegenteil, nämlich: *„Der Antisemitismus war um die Jahrhundertwende in Europa weit verbreitet ... Deutschland blieb von diesen Strömungen nicht gänzlich verschont. Aber sie gewannen im politischen Raum keine Oberhand, so daß die rechtliche Emanzipation der Juden unangetastet blieb und sogar noch weiter ausgebaut werden konnte."* Also gab es ihn schon vor der Weimarer Zeit in Deutschland, und zwar seit Jahrhunderten.

Erst indem mir der Beklagte das von ihm selbst Verfälschte (!) in den Mund legt, gibt er mich der Lächerlichkeit preis, „beweist" er die Absurdität des „alten Professors", der „sehr rechts" steht. Erst dann treffen die Werturteile „abstrus", „falsch und dumm" sowie „faseln" zumindest soweit zu, dass es nicht mehr justiziabel ist. Ab dem Punkt, wo die erste Manipulation „geschluckt" wurde, entfällt für ihn und die Gerichte, die ihm folgen, die weitere Beweislast. – Doch derlei ist keine geistige Auseinandersetzung mit einem Andersdenkenden, sondern der Versuch einer Verhöhnung. Derlei mit nichtssagenden Worten zu billigen, ist geradezu als Willkür durch das erkennende Gericht zu werten und verstößt folglich gegen das Willkürverbot des Art. 3 Grundgesetz.

Sollten derlei Entscheidungen Schule machen, wird der Rufmord ein legitimes Mittel von Presse-Zaren, um Missliebige in den gesellschaftlichen Tod zu treiben. Jeder kann nun die Lüge der *Süddeutschen Zeitung* gegen mich weiter verbreiten und ich bin juristisch dagegen wehrlos. Das frivole Bekenntnis der *Süddeutschen Zeitung* zur Unwahrheit, das oben belegt wurde[338], fand hier seine exemplarische Verwirklichung.

Für die Entscheidung des Landgerichts gibt es übrigens ein menschlich nachvollziehbares Motiv: Angst vor massiver Beschimpfung durch die Presse in der Art, wie sie in eben dieser Causa ja bereits dem Bundesverfassungsgericht zugestoßen war. Die Richter des Landgerichts hatten vor Augen, wie selbst die Kollegen des obersten deutschen Gerichts massiv mit

---

338 Siehe Kapitel IV. „Das radikal Böse", S. 93.

üblen Anschuldigungen („schützt Geschichtsfälschung", „Karlsruher Verfehlung" usw.) geradezu überzogen wurden. Prantl selbst ließ es in diesem Fall mit dem Hinweis, die obersten Richter „bedürfen der politischen Bildung" noch vergleichsweise moderat abgehen. Was „brauchen" dann erst die Richter eines Landgerichts, wenn sie beim heiklen Thema der Schuld „der" Deutschen „falsch" urteilen? Prantl selbst hat einmal geschrieben: „Deutschlands Richter sind in Wirklichkeit nicht unabhängig; wer etwas anderes behauptet, der ignoriert die Wirklichkeit:"[339] Man könnte bei diesem Satz zustimmend etwa an die Problematik des „Deals" im Strafprozess denken oder an die Gebundenheit der Staatsanwaltschaften an die Weisungen der Justizminister, die dazu führt, dass mancher politisch heikle Fall gar nicht erst vor Gericht kommt. Prantls Worte lassen sich aber auch ganz anders verstehen: Wir, die Journalisten, können Richter beeinflussen – sei es durch die Weckung der Erwartung eines bestimmten Urteils in der Öffentlichkeit, sei es einfach dadurch, dass wir „falsch" urteilende Richter so massiv beschimpfen, dass andere sich vorsehen werden. Eben das jedenfalls scheint hier geschehen zu sein.

Erneut Verfassungsbeschwerde

Also habe ich mich erneut an das Bundesverfassungsgericht gewandt. Der Antrag lautet:

*Der Beschluss des Landgerichts München I und der Beschluss des Amtsgerichts München verletzen den Beschwerdeführer in seinen Grundrechten aus Artikel 1 Absatz 1, Artikel 2 Absatz 1, Artikel 3 Absatz 1 und Artikel 5 Absatz 3 des Grundgesetzes.*

*Die Beschlüsse werden aufgehoben und die Sache wird an das Landgericht München I zur erneuten Beschlussfassung mit der Maßgabe zurückverwiesen, dass ehrenrührige Tatsachenbehauptungen im Kern den Tatsachen entsprechen müssen. Andernfalls erfüllen die Behauptungen den Tatbestand des § 186 oder § 187 StGB.*

Meine Erfolgsaussichten stehen schlecht, wie bei allen Verfassungsbeschwerden. Nur zwei von Hundert sind erfolgreich. Aber wir müssen, so meine ich, die geringste Chance nutzen. Wir dürfen es nicht widerstandslos hinnehmen, wenn wir verleumdet werden und die Verleumdungen dann als

---

339 Heribert Prantl „Richter im Käfig der Politik" *Süddeutsche Zeitung* 16.7.1998.

„solide Basis" für Verächtlichmachung dienen, zumal wenn es um die Ehre unschuldiger Vorfahren, um die historische Wirklichkeit, um Respekt vor dem literarischen Vermächtnis der Zeugen geht.

Die Beschwerde trägt das Datum 4. Februar 2012. Die Begründung füllt 14 Seiten. Abschließend schreibe ich: *„Ich bitte das hohe Gericht, alles in seiner Macht Stehende zu tun, damit die Vision einer totalitären Demokratie, wie Alexis de Tocqueville sie beschreibt, nicht Wirklichkeit wird:*

*,Unter der absoluten Herrschaft eines Einzelnen schlug der Despotismus, um den Geist zu treffen, den Körper – eine grobe Methode; denn der Geist erhob sich unter den Schlägen und triumphierte über den Despotismus; in den demokratischen Republiken geht die Tyrannei ganz anders zu Werk; sie kümmert sich nicht um den Körper und geht unmittelbar auf den Geist los. Der Machthaber sagt hier nicht mehr: ,Du denkst wie ich, oder du stirbst'; er sagt ,Du hast die Freiheit, nicht zu denken wie ich; Leben, Vermögen und alles bleiben dir erhalten; aber von dem Tage an bist du ein Fremder unter uns. Du wirst dein Bürgerrecht behalten, aber es wird dir nichts mehr nützen...'"*[340]

Selten nur stoppt das Bundesverfassungsgericht die damit verbundene Verletzung von Grundrechten. Meine erwähnte zweite Verfassungsbeschwerde wurde mit Beschluss 2BvR 409/12 vom 26. März 2014 nicht zur Entscheidung angenommen.

---

340 Alexis de Tocqueville „Über die Demokratie in Amerika" Stuttgart 1985, S. 152.

# X. Aufklärung hier und jetzt!

Peking in Deutschland

Im Frühjahr 2011 eröffnete Außenminister Guido Westerwelle in Peking eine große Ausstellung zum Thema „Die Kunst der Aufklärung". Die Absicht der Organisatoren war klar und höchst löblich: den Geist der Aufklärung in einen autoritären Staat einschmuggeln, um so die herrschende Ideologie im Gastgeberland ein wenig mit den Ideen Immanuel Kants zu „infizieren". Doch wer sich die oben geschilderten Fakten vergegenwärtigt, kommt um die Frage nicht herum, ob die deutsche Geisteswelt der Gegenwart überhaupt noch dazu in der Lage ist, eine Aufklärung zu exportieren, deren Grundsätze sie im eigenen Land nach Belieben anruft und auch anwendet oder ausblendet und zur Seite drängt. Erinnert sei an die klare Negation der Ehrenerklärung Adenauers ab 2003, die er 1951 zugunsten des deutschen Volkes vor dem Bundestag abgegeben hat. Seine Erklärung war mit viel Beifall des Hohen Hauses bedacht worden, das fast durchwegs aus honorigen Zeitzeugen der furchtbaren Jahre bestand. Ihnen und ihresgleichen verdanken wir das Grundgesetz, dessen Wortlaut und Geist sich allgemeiner Wertschätzung erfreut. Irrten sie sich gewaltig, als sie Adenauer zustimmten, und hatten damals nur die Rechtsradikalen und Kommunisten recht, die Adenauer genau wie heute der bundesdeutsche „Mainstream" in dieser Frage die Zustimmung verweigerten? Dabei war die Erklärung Adenauers doch auch von Repräsentanten des Judentums gebilligt worden, die dann in ureigener Sache und zu den eigenen Lasten geirrt haben müssten.

Nun also fünfzig Jahre später das schroffe Nein durch ein Organ eben dieses Staates, die Bundeszentrale für politische Bildung, flankiert von Teilen der Volksvertretung, nämlich dem Petitionsausschuss und dem zuständigen Kuratorium des Bundestages. Und wehe dem, der es wagt, sich im Geiste der Aufklärung ein eigenes Urteil zu bilden und dann hinter die Negation der Adenauererklärung ein Fragezeichen zu setzen! Amtliche öffentliche Anprangerung des „Übeltäters" und Makulierung seiner Argumente sind die Folgen, während die übergroße Mehrheit der Medien schweigt, soweit sie nicht sogar Beifall spendet. So sieht „Aufklärung" in Deutschland heute aus. Kein Heraustreten aus selbstverschuldeter Unmündigkeit, kein *sapere aude*. Unmündigkeit ist jedenfalls in dieser Frage *de facto* geradezu erwünscht und wird mit erstaunlich rigiden Mitteln – die mediale Beschimpfung des Verfassungsgerichts vor einem Millionenpublikum ist ja kein Pappenstiel – vorangetrieben.

Die für das Autodafé Verantwortlichen hatten, wie gezeigt, keine neuen Fakten und schon gar keine neue Moral, um das Urteil des Bundestages aus dem Jahre 1951 zu korrigieren. Hitler wurde nach dem Krieg auch nicht dämonisiert, um sich zu entlasten. Das Gros der Mitglieder des 1. und 2. Deutschen Bundestages war ja nicht dem Rattenfänger Hitler gefolgt, musste sich also auch nicht auf fragwürdige Weise von eigener Schuld reinwaschen.

## Debatte wirklich erwünscht?

Wenn von Aufklärung die Rede ist, so denken viele sicherlich an Toleranz, Fairness und Offenheit für die Argumente des anderen. Ganz in diesem Sinne beenden die Hauptautoren von „Das Amt" ihre Apologetik mit den Worten: „Zur Auseinandersetzung mit dem Nationalsozialismus gehört die wissenschaftliche Kontroverse, auch öffentlich ausgetragen, unbedingt dazu. Wir wünschen uns daher eine ernsthafte wissenschaftliche Debatte über unser Buch…"[341] Wenn dieser gute Vorsatz ernst gemeint wäre, hätten die Autoren von „Das Amt" kaum dazu schweigen dürfen, dass die Ausarbeitung eines Kollegen amtlicherseits (!) makuliert wird. Sie haben aber geschwiegen und leider war auch sonst die Zahl der Solidarischen, die auf diese Weise den Geist der Aufklärung hochgehalten haben, überschaubar. Der Konformitätsdruck in dieser Frage ist doch enorm. Ich bin ganz gezielt an die zwei deutschen Hauptautoren von „Das Amt" herangetreten und habe sie um die von ihnen doch erklärtermaßen gewollte „ernsthafte wissenschaftliche Debatte" über mein Buch „Deutsche Schuld 1933–1945?" gebeten. Eine Antwort habe ich von ihnen nicht erhalten, noch nicht einmal eine Absage. Auch die übergroße Mehrheit der Medien hat das Buch bisher mit Schweigen übergangen. Die ignorierten Zeugen sollen weiter stumm bleiben. Die deutsche Presse schreibt lieber über die Aufklärungsdefizite in China und Russland, im Iran und in der Türkei. Immerhin titelte die *Frankfurter Allgemeine Zeitung* im Dezember 2012 „Israels Regierung macht eine Politologin mundtot" und berichtete, dass die seit vielen Jahren im deutsch-israelischen Dialog engagierte Historikerin Rivka Feldhay von der

---

341 Eckart Conze u. a. „Unser Buch hat einen Nerv getroffen" *Süddeutsche Zeitung*, 10.12.2010.

Regierung Netanyahu sehr kurzfristig von Gesprächen über deutsch-israe-
lische Wissenschaftskooperation ausgeladen worden sei, obgleich sie bereits
nach Berlin angereist war. Begründung: Sie sei der Regierung gegenüber
kritisch eingestellt. Solche Berichterstattung verdient Respekt und entspricht der Rolle, die die Medien in einem freien, den Prinzipien der Aufklärung verpflichteten Land wahrnehmen müssten. Doch kein Protest,
wenn ein Wissenschaftler in Deutschland kaltgestellt wird, auch wenn die
*FAZ* sich, wie dargestellt, immerhin nicht an der Polemik gegen das Verfassungsgericht beteiligt hatte und ihre Rolle in meiner Causa eher derjenigen
des Einäugigen unter Blinden entspricht: Sie hat auch nicht, was doch naheliegend gewesen wäre, das Versagen so vieler konkurrierenden Medien
thematisiert.

Eine Anzeige wird abgelehnt

Wenn schon die Zeugen nicht zu Worte kommen sollen, so ist es nur konsequent, dass auch derjenige sprachlos bleiben soll, der auf diesen Skandal
hinweist. So hat es das Institut für Zeitgeschichte (IfZ) sogar abgelehnt, in
ihrem Organ, den *Vierteljahrsheften für Zeitgeschichte*, eine bezahlte Anzeige abzudrucken, die das Buch „Deutsche Schuld 1933–1945? Die ignorierten Antworten der Zeitzeugen" vorstellen sollte. Besonders ärgerlich
war, dass man sich zur wahren, nämlich „politischen" Motivation dieser
Ablehnung nicht bekennen wollte, sondern zuerst Terminprobleme vor-
schob. Zunächst lautete die Begründung, die Plätze für 2012 seien ausgebucht, wörtlich: „...leider verfügen wir nur über begrenzte Anzeigeplätze in
den Vierteljahrsheften für Zeitgeschichte. Bis Jahresende ist bereits alles
ausgebucht. Es tut mir leid..."[342]. Erst als sich mein Verleger mit 2013 zufrieden geben wollte, wurde ihm mitgeteilt, dass keine Annahmepflicht bestehe und seitens des IfZ ein ablehnender Beschluss vorliege. Wenn man
schon meint, mich so behandeln zu müssen, dann möge man doch bitte
dazu stehen und allen Beteiligten diese unehrliche Druckerei ersparen!
Wie meinte einst Otto v. Bismarck über die Deutschen: „Mut auf dem
Schlachtfelde ist bei uns Gemeingut, aber Sie werden nicht selten finden,
dass es ganz achtbaren Leuten an Zivilcourage fehlt."[343]

---

342 Archiv des Autors.
343 Robert von Keudell, 1901: *Fürst und Fürstin Bismarck. Erinnerungen aus den Jahren 1846 bis 1872*,
S. 7f.

Jenseits aller Stilfragen sah ich keinen Anlass, den ablehnenden Beschluss hinzunehmen. Also wandte ich mich an den Vorsitzenden des Stiftungsrates IfZ, den Ministerialdirektor im Bayerischen Staatsministerium für Wissenschaft, Forschung und Kunst, mit der Bitte, mich in meinem Bemühen zu unterstützen. In seiner Antwort behauptete er glatt, die Angelegenheit sei mit mir ausführlich erörtert worden und der Oldenbourg Verlag, in dem die *Vierteljahrshefte* erscheinen, habe von sich aus eine Anzeige abgelehnt. Beides ist unzutreffend, wie ich dem Ministerialdirektor umgehend nachdrücklich mitteilte. Warum nur alle diese Unwahrheiten? Hätte ein solches Gespräch stattgefunden, so könnte man den Inhalt auch unschwer zu Papier bringen.[344] Man kann nur vermuten, dass sich weder das IfZ noch das Wissenschaftsministerium mit einflussreichen Leuten anlegen will. Wissenschaft ist gut, Vorsicht ist besser!

Zu denen, die in dieser Sache öffentlich zu meinen Gunsten Stellung genommen haben, gehörte einmal mehr Alfred Grosser[345], der, das soll nicht unerwähnt bleiben, 2013 mit dem Theodor-Wolff-Preis, dem Journalistenpreis der deutschen Zeitungen, ausgezeichnet wurde.

Um dieselbe Zeit, am 24. Oktober 2012, präsentierte das IfZ das Buch: Felix Römer „Kameraden. Die Wehrmacht von Innen". Darin wird, wie oben geschildert,[346] das Denken und Handeln geheim abgehörter Soldaten der Öffentlichkeit zugänglich gemacht, und dieses Buch liefert, wie auf-

---

344 Aus meinem Brief vom 19.11.2012 an das Ministerium: „Ganz allein an diesem unsäglichen Beschluss liegt auch das Nein des Verlages. Er hat mehrmals schriftlich den ‚Beschluss' genannt, warum die Anzeige nicht angenommen wurde. (Auf Wunsch Kopien!) Und ich kann es nicht begreifen, wie sich angesichts dieser Sachlage ein hoch angesehenes Ministerium hinter dem Verlag versteckt.
Es geht doch nicht um Quisquilien, sondern um das Vermächtnis der Zeitzeugen der NS-Ära, überwiegend Juden! Es sei mir gestattet, darauf hinzuweisen, aus welchem Elternhaus ich stamme. Zwei der Duzfreunde meines Vaters, alle drei anerkannte Opfer des NS-Regimes, wurden nach dem Zweiten Weltkrieg Kultusminister, nämlich Dr. Otto Hipp, bis 1933 Oberbürgermeister von Regensburg, und Dr. Dr. Alois Hundhammer, bis 1933 Generalsekretär des Bayerischen Christlichen Bauernvereins.
Nach dem Krieg hat Hundhammer maßgeblich am Text der Bayerischen Verfassung mitgewirkt, der ich mich sehr verpflichtet weiß. Darin heißt es (Art. 131): ‚Oberste Bildungsziele sind … Achtung … vor der Würde des Menschen … Verantwortungsgefühl und Verantwortungsfreudigkeit.' Im Kommentar steht zu lesen: Die Bildungsziele sind von der Verwaltung und jeder einzelnen Lehrkraft zu beachten. Im Bewusstsein dieser meiner Verantwortung will ich den Zeitzeugen tunlichst Gehör verschaffen und bitte das Ministerium um seine Mithilfe."
345 Alfred Grosser schrieb unter der Überschrift: „Die Rückkehr der Kollektivschuld": „Sicher kann man das Buch von Konrad Löw, „Deutsche Schuld 1933–1945?', frei kritisieren, aber wie merkwürdig, dass die renommierten ‚Vierteljahrshefte für Zeitgeschichte' sich weigern, eine Anzeige des Olzog-Verlags für dieses Buch zu drucken! Darf nicht verbreitet werden, wie viele deutsche Juden bezeugt haben, dass sie von nicht jüdischen Deutschen mutige Hilfe empfangen hatten?", *Focus*, 30.5.2011.
346 Siehe Seite 86.

gezeigt, zusätzliche Argumente für meine Grundthese. Warum das IfZ dennoch ausgerechnet das Denken der jüdischen Zeitzeugen ihre Umwelt betreffend unterdrücken zu müssen glaubt, bleibt vorerst sein Geheimnis.

„Die Quellen sprechen"

Die plausibelste Antwort auf die Frage: Warum der Boykott? liefert folgender Sachverhalt: Am 24. Januar 2013 fand im Jüdischen Gemeindezentrum in München am St.-Jakobs-Platz eine Lesung, die „Die Quellen sprechen" benannt, statt. Veranstalter: der *Bayerischer Rundfunk* und das Institut für Zeitgeschichte, deren Direktor auch auf der Bühne fungierte. Im Mittelpunkt der Veranstaltung stand die Präsentation von Texten aus der Reihe „Die Verfolgung und Ermordung der europäischen Juden". Sie wurde oben schon vorgestellt, wobei dieses gewaltige Werk trotz des verheißungsvollen Titels die aufschlussreichsten Zeugnisse gerade nicht bietet[347], was natürlich auch die Lesung vom Januar einseitig und tendenziös gemacht hat. Diese meine Kritik an der Auswahl der Quellen findet sich ansatzweise bereits in meinem Buch „Deutsche Schuld 1933–1945?", also in jenem Buch, für das mein damaliger Verlag in den *Vierteljahrsheften für Zeitgeschichte* hatte werben wollen. Nun, wenn es gegen meine Einwände gute Argumente gegeben hätte, welche Gründe hätten die Genannten noch haben können, in dieser Weise einfach zu verhindern, dass sie überhaupt Öffentlichkeit bekommen? Auch der *Bayerische Rundfunk* hat keines meiner einschlägigen Bücher besprochen, auf keines auch nur hingewiesen, obwohl ihn das Bayerische Rundfunkgesetz verpflichtet, „in allen Angelegenheiten von öffentlichem Interesse … die verschiedenen Auffassungen im Gesamtprogramm ausgewogen und angemessen zu berücksichtigen."[348] Wie heißt es so schön in der Verfassung (Art. 5, Abs. 1 Grundgesetz): „Eine Zensur findet nicht statt." – Kommt es nicht der Zensur nahe, wenn Positionen wie die meinigen noch vor jeder Diskussion der breiten Öffentlichkeit einfach vorenthalten werden? Verfassung und Verfassungswirklichkeit!

Besonders pikant ist hier, dass der Vorsitzende des Wissenschaftlichen Beirats IfZ der Jahre 1959 bis 1974 selbst ein eminent glaubwürdiger und kompetenter Zeitzeuge gewesen ist, Hans Rothfels. Der Ordinarius für Geschichte in Königsberg musste als Protestant jüdischer Herkunft aus rassis-

---

347 Siehe oben, Seite 60 ff.
348 Art. 4 Abs.2 Zi.1 Bayerisches Rundfunkgesetz.

tischen Gründen 1934 seinen Lehrstuhl und 1939 Deutschland verlassen.
Nach dem Kriege aus den USA zurückgekehrt, war sein Urteil sonnenklar:
„Dass Anti-Semitismus zum Urbestand der nationalsozialistischen Bewegung gehörte …, braucht nicht betont zu werden. Aber dass diese Gesin-
nungen und Handlungsweisen sich mehr oder weniger allgemeiner Zustimmung erfreuten oder bereitwillig hingenommen wurden, trifft keineswegs
zu."[349] So hat Rothfels es erlebt,[350] und das ist die Sicht der überwältigenden
Mehrheit aller Zeugen, die aber heute nicht mehr wahrgenommen werden
sollen. Deshalb unterbleibt in den maßgeblichen Medien inzwischen nahezu jede Rezension, selbst jeder Verriss entsprechender Veröffentlichungen. Ausgerechnet unsere selbsternannten „Philosemiten" tun ihr Mög-
lichstes, damit die jüdischen Quellen der NS-Ära nicht systematisch,
sondern nur sehr einseitig im Sinne eines vorgefassten, unzutreffenden Ge-
schichtsbildes, befragt werden.

Darf ich als Nichtjude wegen der Verleumdungen, die mich diskreditieren,
lamentieren? Selbst Hannah Arendt ist es als Jüdin nicht anders ergangen,
bloß weil sie die unbestreitbare Tatsache festhielt, dass Judenräte häufig den
Häschern zugearbeitet hatten.[351] Für diese Feststellung, die sie im Zusammenhang mit dem Prozess gegen Eichmann traf, wurde 1963 eine regel-
rechte Kampagne gegen sie geführt. Als ihr Buch „Eichmann in Jerusalem…"
im Jahre 2000, lange nach ihrem Tod, endlich auch auf Hebräisch erschien,
flammte diese Debatte erneut auf. Ihr Biograph Kurt Sontheimer: „Arendt
musste an sich selbst erleben, was es bedeutet, Opfer einer mehr oder weniger gesteuerten publizistischen Kampagne zu sein."[352]

---

349 Hans Rothfels „Die deutsche Opposition gegen Hitler" Zürich 1994, S. 69. Seinen selbstgerechten
neuen Landsleuten – er hatte inzwischen einen amerikanischen Pass – hielt er vor, was der frühere amerikanische Botschafter in Berlin James W. Gerald zu bedenken gegeben hatte (ebenda S. 45): „Hitler tut
viel für Deutschland, seine Einigung der Deutschen, seine Schaffung eines spartanischen Staates, der
durch Patriotismus belebt ist, seine Einschränkung der parlamentarischen Regierungsweise, die für den
deutschen Charakter so ungeeignet ist… – all dieses ist gut."
350 Hans Mommsen über Rothfels („Auf dem Prüfstand. Der Historiker Hans Rothfels, der deutsche
Widerstand und die schwere Erbschaft des ‚Dritten Reiches‘", Süddeutsche Zeitung 22.10.2005): „Rothfels besaß ein unvergleichlich hohes moralisches Prestige in der frühen Bundesrepublik. Sein Eintreten
für die Unantastbarkeit menschlicher Würde war keine bloße Phrase. ‚Grundgestein‘ seines unablässigen
Wirkens war die tiefe Überzeugung von der sittlichen Macht der Geschichte…"
351 Hannah Arendt „Eichmann in Jerusalem…" München 1997, S. 218: „Von Polen bis Holland und
Frankreich, von Skandinavien bis zum Balkan gab es anerkannte jüdische Führer, und diese Führer-
schaft hat fast ohne Ausnahme auf die eine oder andere Weise, aus dem einen oder anderen Grund mit
den Nazis zusammengearbeitet." Die englische Erstausgabe erschien 1963 in New York.
352 Kurt Sontheimer „Hannah Arendt. Der Weg einer großen Denkerin" München 2005, S. 63.

Auch über das Thema der „Kollektivschuld" und über den Umgang der Deutschen mit der NS-Vergangenheit hat Hannah Arendt schon in den 1960er Jahren sehr treffend geurteilt. „Ich habe es immer für den Inbegriff moralischer Verwirrung gehalten, dass sich im Deutschland der Nachkriegszeit diejenigen, die völlig frei von Schuld waren, gegenseitig und aller Welt versicherten, wie schuldig sie sich fühlten, wohingegen nur wenige der Verbrecher bereit waren, auch nur die geringste Spur von Reue an den Tag zu legen. Dergleichen wie kollektive Schuld oder kollektive Unschuld gibt es nicht; der Schuldbegriff macht nur Sinn, wenn er auf Individuen angewendet wird."[353] Das sind entscheidende Gedanken für Arendt ebenso wie für den Schreiber dieses Buches. Geht man fehl in der Annahme: Die Attacken gegen sie und mich wurzeln nicht zuletzt darin, dass dieses rechtsstaatliche Urprinzip: „Schuld ist etwas Höchstpersönliches und muss nachgewiesen werden", heute von interessierter Seite als störend empfunden wird, wenn es auf die Deutschen während der NS-Zeit zur Anwendung kommen soll?

---

353 Hannah Arendt „Was heißt persönliche Verantwortung unter einer Diktatur?" in: dies. „Nach Auschwitz, Essays und Kommentare" Berlin 1989, S. 81 f.

# XI. „German Angst"

## Angst

Wer „deutsche Schuld" als pauschales Unwerturteil ablehnt, muss je nach Position vielfältige Nachteile gewärtigen. Der Bürger hat Angst. Er weiß, er läuft zumindest Gefahr, sich zu isolieren. Und spätestens seit Elisabeth Noelle-Neumann ist erwiesen, dass sich die gesellige Natur des Menschen dagegen sträubt.

Ein Kollege, T. S., schreibt mir: „Ich war 16 Jahre Ordinarius an der Universität Tübingen. Die Vertreter der Geisteswissenschaften standen fast ausnahmslos unter dem geistigen Diktat von Walter Jens – alles lauter anständige, im Grunde ihres Herzens konservative Leute, denen nur eines fehlte: die Zivilcourage, auch einmal etwas gegen den falschen Propheten Jens zu sagen. Lauter Mitläufer. Und unter Anleitung des Rattenfängers, dem sie nachliefen, schimpften sie kräftig über die Mitläuferschaft der Deutschen unter Hitler."[354] Das ist in sich traurig, erhält aber seine bittere Pointe erst dadurch, dass gerade Walter Jens nicht nur NSDAP-Mitglied war, sondern sich als Student in einer Weise für das NS-Regime engagiert hat, die weit über das vom Konformitätsdruck erzwungene Maß hinausging. Bekannt wurden alle diese frühen Verfehlungen erst viel später. Gewiss wären sie ihm nach 1945 auch verziehen worden, doch Jens hat sich nie dazu bekannt, sogar seine bloße Parteimitgliedschaft geheim gehalten und, als sie doch bekannt wurde, zunächst in ähnlicher Weise geleugnet wie Günter Grass[355] seine Mitgliedschaft in der Waffen-SS. Dieser bundesdeutsche Großmoralist hat also – wie sollte man es anders sagen? – vor und nach 1945 moralisch versagt. Vor und nach 1945 hat er Weggefährten, die klarer sahen oder anständiger waren als er selbst oder beides, mit seiner persönlichen Autorität in die falsche Richtung gedrängt. Sogar die Mechanismen, die dabei ange-

---

354 Original im Archiv des Autors.

355 Zu den Selbstrechtfertigungen Grass gehört beispielsweise: „Relativ leicht fiel es, meine Biografie, die eines Hitlerjungen, der bei Kriegsende 17 Jahre alt war und mit letztem Aufgebot noch Soldat wurde, deutlich zu machen: Ich war zu jung, um schuldig zu werden." (Quelle: Malte Herwig „Die Flakhelfer. Wie aus Hitlers jüngsten Parteimitgliedern Deutschlands führende Demokraten wurden", München 2013, S. 219). Doch Grass war eben nicht nur Hitlerjunge, war mehr als ein Volkssturmmann des letzten Aufgebots, sondern Soldat der Waffen-SS. Generell beginnt die Strafmündigkeit nach deutschem Recht mit 14 Jahren, vor 1923 sowie zwischen 1943 und 1953 begann sie sogar bereits mit der Vollendung des 12. Lebensjahres.

wendet wurden, waren dieselben: Dem hohlen Machtanspruch einiger Weniger stand ängstliches Mitläufertum bei den Vielen gegenüber.
Otto von Habsburg, der Kaisersohn, wird mit den Worten zitiert: „Erst
wenn es gelungen sein wird, die Todsünde unserer Zeit, die Feigheit, zu
besiegen, kann ein neuer Anfang beginnen."[356]
Oben war von „Aufklärung“ die Rede, und es wurde Immanuel Kant mit
„Sapere aude!“ zitiert. Schon dieser Imperativ: „Habe Mut, Dich Deines
Verstandes zu bedienen!“ lässt an Angst denken, die mutig überwunden
werden soll. Und so lautet der vorausgehende Satz: „Selbstverschuldet ist
diese Unmündigkeit, wenn die Ursache derselben nicht am Mangel des Verstandes, sondern der Entschließung und des Mutes liegt …“

Mangel an Mut ist die einleuchtendste Erklärung für das Verhalten der Bundeszentrale für politische Bildung (bpb), wie es oben geschildert worden ist.
Eine weitere Episode soll hier Erwähnung finden, die das Gesagte in schier
unglaublicher Weise unterstreicht. Anfang Mai 1993 konnte ich auf Einladung der bpb nach Israel reisen. Auch ein Besuch der Gedenkstätte Yad
Vashem stand auf dem Programm. B. A., der ehemalige Direktor der Ab-
teilung für Öffentlichkeitsarbeit, schilderte vor Dutzenden Besuchern in
einem Begrüßungsreferat die Leiden des jüdischen Volkes während der
NS-Ära und fuhr fort: Trotz alledem darf auch heute noch in Deutschland
die Auschwitzlüge verbreitet werden. Die Gruppe, der ich angehörte, bestand aus Multiplikatoren, deren Reise die Bundesrepublik Deutschland
mitfinanziert hatte.
Die amtliche Reiseleiterin widersprach nicht, bemühte sich vielmehr
nach Kräften, jede Berichtigung *coram publico* zu unterbinden. Ich ließ sie
wissen, die ehrenrührige Tatsachenbehauptung sei vor allen Teilnehmern
der Veranstaltung geäußert worden, weshalb auch die Richtigstellung vor
diesem Personenkreis zu erfolgen habe. Und so geschah es. B. A. verwies auf
ein Buch, das in seinem Büro stehe, als Beweis. Er wurde gedrängt, das Buch
zu holen, wenn er schon weder den Titel noch den Autor wisse. Er tat es
schließlich und siehe da: Es war ein vor 20 Jahren in Frankreich erschiene-
nes Buch, und es war in diesem Punkt sachlich falsch: Die Leugnung des
Holocaust war in Deutschland spätestens seit 1979 als Beleidigung nach
§ 185 Strafgesetzbuch strafbar[357], noch bevor sie ab Herbst 1994 durch eine

---

356 *Medizin & Ideologie* 2/12, S. 35.
357 Endgültige Klarheit in diesem Sinne brachte ein Urteil des Bundesgerichtshofs vom 18.9.1979.

Novellierung von § 130 StGB zusätzlich den Tatbestand der Volksverhetzung erfüllt hat. Der Referent hatte es mit der Wahrheit nicht genau genommen – zu Lasten der Bundesrepublik. Die deutsche Reiseleitung aber glaubte, es sei ihre Pflicht, diese Anschwärzung schweigend hinzunehmen. Und die anwesenden Bundesbürger, durch die Bank Kenner der Materie, schwiegen – aus Angst oder warum auch immer.

Warum sollte das IfZ ohne Angabe von Gründen den Abdruck einer Anzeige verweigern, wenn es nicht die Missbilligung durch jene Historiker befürchten würde, denen ich die Missachtung der Zeitzeugen zum Vorwurf mache? Wie kann es sein, dass die Mehrheit der deutschen Zeitgeschichtler, die alle den Schutz der freiheitlich-demokratischen Grundordnung genießen, also keinen existenziellen Ängsten ausgesetzt sind, kaum aus den saubersten Quellen der Erkenntnis schöpft, sondern sie tunlichst zugeschüttet lässt, nämlich die Aufzeichnungen der Zeitzeugen? Erinnert sei an die Absage einer Veranstaltung durch die Konrad-Adenauer-Stiftung mit der schillernden Begründung, es sei nicht gelungen, einen adäquaten Diskussionspartner für mich aufzutreiben.[358]

Auf die Bitte des Vorsitzenden einer wissenschaftlichen Vereinigung, ein Thema für das nächste Symposium vorzuschlagen, nannte ich „Deutsche Schuld 1933–1945?" in der Absicht, die Zeitzeugen bekannter zu machen und über ihre Bekundungen eine Diskussion auszulösen. Darauf schriftlich die Antwort: „… Ich könnte ja noch darüber nachdenken, selbst dazu bereit zu sein, mich Stürmen auszusetzen… Aber Sturm zu säen für die beiden Institutionen, für die ich Verantwortung zu tragen habe, hielte ich schlicht für verantwortungslos."[359] Ist das nicht ein anschauliches Bekenntnis der Angst vor den „Stürmen", die unter der Geltung des Grundgesetzes die Wetterfahnen ausrichten? Der Zitierte ist kein Schüler, kein Student, auch kein Junior-Professor, der um seine Zukunft bangen müsste, sondern ein bestens etablierter, inzwischen emeritierter Kollege, zu dessen Aufgaben es gehören müsste, wenn nötig mit Zivilcourage für die historische Wahrheit zu werben und für die Werte des Grundgesetzes einzutreten. „German Angst" ist zu einem Weltbegriff geworden wie früher „Made in Germany", nun aber ins Negative verkehrt.

---

358 Schreiben vom 28.2.2006 (Archiv des Autors).
359 Archiv des Autors.

„Deutschland schafft sich ab"

„Deutschland schafft sich ab" lautet der Titel eines allseits bekannten Best-
sellers. Gemeint ist nicht, dass Deutschland von der Landkarte verschwindet, sondern dass es seine Identität, sein Selbstbewusstsein und letztlich
auch seine spirituelle Substanz verliert. Der Autor, der frühere SPD-Politiker und Bundesbankpräsident Thilo Sarrazin, äußerte Ende 2010: „In Politik und Medien gibt es nach meiner Überzeugung heute keineswegs mehr,
sondern eher weniger Zivilcourage und wirklich unabhängiges Denken als
in der Weimarer Republik oder in den ersten Jahrzehnten der Bundesrepublik. Weh uns, wenn sich die Verhältnisse, in denen wir uns so behaglich
und selbstgerecht aufgehoben fühlen, einmal zu unseren Ungunsten ändern
sollten. Wir werden uns dann wundern über den überbordenden Opportunismus und die kriecherische Feigheit rings um uns."[360]
    Wie verbreitet jüdischer Selbsthass vor 1933 war, dafür gibt das Buch
„Der jüdische Selbsthass" des deutsch-jüdischen Philosophen Theodor Les-
sing aus dem Jahre 1930 viele Beispiele. Die „arischen" Antisemiten haben
sich davon bedient. Heute macht sich deutscher Selbsthass breit, vernehm-
barer als früher, ein pervertierter Nationalismus.
    Wenn wir bedenken, dass 1951 vor aller Welt der deutsche Bundeskanz-
ler die ohnmächtigen Deutschen gegen schlimme Vorwürfe in Schutz nehmen konnte, während heute jene, die nicht mehr tun, als seinen Standpunkt
weiterhin zu teilen, von vielen ins Abseits gestellt werden, dann können wir
schwerlich umhin, Sarrazin beizupflichten.
    Dem Deutschland, an dessen Spitze Adenauer stand, verdanken wir das
Grundgesetz. Es ist Symbol eines aufgeklärten Geistes, der unausgespro-
chen wesentliche Vorgaben des Korans negiert. Millionen Muslime sind
heute Teil des deutschen Volkes, doch der Koran gehört nicht zu Deutschland, weil er seinem Wortlaut[361] nach inkompatibel mit zentralen Prinzipien
des Grundgesetzes ist – von der Gleichberechtigung der Frau über das Verbot von Körperstrafen und erniedrigender Behandlung über die Religionsfreiheit bis hin zur Volkssouveränität. Wer diese Unvereinbarkeit bestreitet,
verrät letztlich den Geist unserer Verfassung, sei es aus „überbordendem
Opportunismus", aus Ignoranz oder Angst. Er wirkt mit an der Abschaffung

---

360 Thilo Sarrazin „Ich hätte eine Staatskrise auslösen können" *Frankfurter Allgemeine Zeitung*
24.12.2010.
361 Eine halbwegs verbindliche Interpretation des Korans gibt es nicht.

Deutschlands, jedenfalls an der Abschaffung Deutschlands als demokratischem Rechtsstaat. Wie begründet die Sorge vor der Unvereinbarkeit von Islam und Demokratie ist, zeigt ein Blick auf die insgesamt rund 50 Staaten weltweit mit islamischer Mehrheit. Unter ihnen muss man die Demokratien mit der Lupe suchen; üblicherweise werden hier nur die Türkei und Indonesien genannt. Doch auch in diesen beiden Ländern gibt es erhebliche Menschenrechtsverletzungen und die Zurücksetzung anderer Religionen, insbesondere der Christen. Und welche naiven Hoffnungen wurden 2011 nicht auf den „arabischen Frühling" gesetzt, zumal von Beobachtern, die wenige Monate zuvor über Thilo Sarrazin hergezogen waren? Kein einziges der davon betroffenen Länder ist heute demokratisch. Der Zusammenhang zum Thema dieses Buches ist evident: Naivität beim Thema islamische Zuwanderung und heftige Kritik an Sarrazin kommen oft gerade von denen, die mit besonderer Emphase von „deutscher" Schuld sprechen und der Generation der Deutschen unter Hitler besonders pauschal ein mehr oder weniger kollektives Versagen vorhalten.[362] Über die Befürworter von Eurobonds bei SPD, Grünen und Linkspartei erklärte Sarrazin seinerseits treffend: „Sie sind außerdem getrieben von jenem sehr deutschen Reflex, wonach die Buße für Holocaust und Weltkrieg erst endgültig getan ist, wenn wir all unsere Belange, auch unser Geld, in europäische Hände gelegt haben."[363]

## Die Vorwürfe sind verstummt – in Israel

Eingangs wurde daran erinnert, dass sich während des Zweiten Weltkrieges und kurz danach auf dem Boden des heutigen Israel zwei Gruppen der Bevölkerung oft polemisierend gegenüberstanden. Viele Zionisten warfen den Jeckes und anderen Diasporajuden vor, sie hätten um 1933 die Zeichen der Zeit nicht erkannt.[364] Auch hätten sie sich später viel zu wenig gewehrt. Viele Flüchtlinge ihrerseits tadelten die Gleichgültigkeit des Jischuw (Israel im Werden) gegenüber den Verbrechen im deutschen Machtbereich.[365] Das ist alles lange her. Und wenn die Kontroversen schon nicht vergessen sind, so überlagert das Grauen des Holocaust alle anderen geschichtlichen Ereignisse.

---

362 Die Beispiele dafür sind so zahlreich, dass sich einzelne Belege erübrigen.
363 Thilo Sarrazin: „Europa braucht den Euro nicht" 2012, S. 203.
364 Anschaulich Robert Weltsch „Tragt ihn mit Stolz…" *Jüdische Rundschau* 4.4.1933: „Die Judenheit trägt eine schwere Schuld, weil sie den Ruf Theodor Herzls nicht gehört … hat".
365 Ausführlich dazu Segev 1995: 81, 151 f., 245 f., 248, 338, 367, 371, 668.

Der Kult der Schuld – in Deutschland[366]

Ganz anders in Deutschland, wo die Verbrechen der NS-Ära bedenkenlos,
ja geradezu gegen besseres Wissen kollektiviert werden und die Vorfahren
auf der Anklagebank verharren müssen. So gut wie jede Verteidigung wird,
wie gezeigt, teils als angeblich antisemitisch teils ganz ohne Begründung
abgeschmettert.[367] Auch dies ein bedenkenswertes Indiz für Sarrazins bittere Diagnose: „Deutschland schafft sich ab." Während andere Völker ihre
historischen Mythen *ad maiorem gloriam patriae*, zur höheren Ehre des
Vaterlandes kultivieren, kultivieren maßgebliche Kräfte in Deutschland
pauschal eine „deutsche Schuld", die nicht mehr bewiesen werden muss und
sogar kaum geprüft werden darf, sondern einfach zu bejahen ist. In der Einleitung zu dem Bildband „Der gelbe Stern" steht: „Was in diesem Buch gezeigt wird, ist unsere eigene Tat. Sie geschah durch uns, auch wenn wir sie
nicht selbst verübt haben. Wir haben sie geduldet, sie geht uns an."[368] Das
deutsche Volk als kollektiv handelnd? Absurd, aber wahr: Hier hat der
Antifaschismus in einer „Drehung um 360 Grad" ein lupenrein national-
sozialistisches „Axiom" übernommen. Es war ein Grundgedanke der
NS-Ideologie, dass ganze Völker mit kollektivem Willen und gemeinschaft-
licher Verantwortung gute oder böse Taten als „unsere" respektive „ihre eigene Tat" begehen könnten. Es ist bizarr, eben dieses Denken nun bei den-
jenigen wiederzufinden, die gewiss der Überzeugung sind, sie hätten die
Lehren aus der NS-Zeit besonders gut gelernt. Aber angesichts des fast ein-
schüchternden Tones wagt man kaum, die ungeheuerliche Anschuldigung,
die gegen jede Logik und Ethik verstößt, kritisch zu hinterfragen. Spätestens
dann müsste man nachdenklich werden, wenn man im Innern des Buches
auf Fotos stößt, die den „Jüdischen Ordnungsdienst im Einsatz" zeigen, der
mit Stöcken bewaffnet dienstbeflissen die Weisungen der Machthaber aus-
führt, oder mit dem Judenstern stigmatisierte Männer, die auf den Schul-

---

366 Ähnliche Erscheinungen gibt es auch in anderen Ländern, siehe Pascal Bruckner „Der Schuldkom-
plex – Vom Nutzen und Nachteil der Geschichte für Europa" München 2008. Aber Deutschland ist in
dieser Disziplin doch einsame Spitze.

367 Als der politisch linksstehende Journalist Jakob Augstein auf die Liste der zehn schlimmsten Antisemiten gesetzt wurde, übte die Presse ausnahmsweise doch einhellig Kritik. Statt vieler siehe Lothar
Müller „Ausweitung der Kampfzone" *Süddeutsche Zeitung* 5./6.1.2013 und Alexandra Belopolsky „Israel
gehört nicht seiner Regierung" *Frankfurter Allgemeine Zeitung* 7.1.2013. Darin einleitend der Satz: „Wie
kritisiert man Israels Politik, ohne dabei ein Antisemit genannt zu werden?" Man könnte auch fragen:
Wie beleuchtet man die deutsche Bevölkerung unter Hitler anhand der Zeitzeugnisse, ohne …?

368 Gerhard Schoenberner „Der gelbe Stern. Die Judenverfolgung in Europa" München 1978, S. 5.

tern jüdischer Greise reiten – wie die Machthaber es so wollten! Die Angst erzwang den Gehorsam.[369]

Eine frappante Parallele zum skandalösen Umgang mit den Zeugen bildet die Wanderausstellung „Vernichtungskrieg. Verbrechen der Wehrmacht 1941 bis 1944", die von April 1995 bis Oktober 1999 gezeigt wurde. Bis zu diesem Zeitpunkt galt in der Bundesrepublik als Konsens, dass im Zuge des Russlandfeldzugs zwar grauenhafte Verbrechen verübt worden sind – allen voran die Massenerschießungen von Juden durch die Einsatzgruppen hinter der Front und das Verhungernlassen sehr vieler sowjetischer Kriegsgefangener im Winter 1941/42 – dass die Zahl der an diesen Verbrechen persönlich Schuldigen aber relativ klein war. Konrad Adenauer hatte diese Überzeugung am 6. April 1951 namens der Bundesregierung vor dem Deutschen Bundestag so ausgedrückt: „Der Prozentsatz derjenigen, die wirklich schuldig sind, ist so außerordentlich gering und so außerordentlich klein, dass damit der Ehre der früheren deutschen Wehrmacht kein Abbruch geschieht."[370] Am 3. Dezember 1952 bekräftigte er in etwas vorsichtigeren Worten diese Überzeugung wiederum in einer Debatte über die sich abzeichnende Wiederbewaffnung: „Ich möchte heute vor diesem Hohen Hause im Namen der Bundesregierung erklären, dass wir alle Waffenträger unseres Volkes, die im Namen der hohen soldatischen Überlieferung ehrenhaft zu Lande, auf dem Wasser und in der Luft gekämpft haben, anerkennen."[371]

Die meist kurz „Wehrmachtsausstellung" genannte Schau zeichnete mit einer Fülle plakativ montierter Fotos ein ganz anderes Bild, das sich kurz in der Überzeugung des verantwortlichen Ausstellungmachers Hannes Heer zusammenfassen lässt, wonach „60 bis 80 Prozent" der deutschen Soldaten

---

369 Schoenberner 1978: 75 bzw. 64.

370 Auch wenn Adenauer hier von der „Ehre der früheren deutschen Wehrmacht" spricht, würde man ihn wohl überinterpretieren, wenn man ihm unterstellte, er hätte die Wehrmacht insgesamt für „sauber" erklären wollen. Dass die Wehrmacht an Verbrechen beteiligt war, war spätestens seit den Nürnberger Prozessen klar.

371 Auf Nachfrage des Sprechers der Angehörigen der ehemaligen Waffen-SS, Generaloberst a. D. Peter Haussner, antwortete er am 17. Dezember brieflich, „dass die von mir in meiner Rede vom 3. Dezember 1952 vor dem Deutschen Bundestag abgegebene Ehrenerklärung für die Soldaten der früheren deutschen Wehrmacht auch die Angehörigen der Waffen-SS umfasst, soweit sie ausschließlich als Soldaten ehrenvoll für Deutschland gekämpft haben." Adenauer vermied damit eine positive Aussage über die Waffen-SS als Institution.

an der Ostfront an Kriegsverbrechen beteiligt gewesen seien[372]. Die Ausstellung stieß von Anfang an auf scharfe Kritik, die jedoch den Triumphzug nicht abbremsen konnte. Vor allem dem polnischen Historiker Bogdan Musial ist es zu verdanken, dass sie schließlich ein abruptes Ende fand.

Er berichtet: *„… die sachlichen Mängel, Fehler und Manipulationen waren zahlreich und gravierend. So hatten die Ausstellungsmacher mehrere Dutzend Bilder mit ‚abweichenden Bildlegenden' (mindestens 45) versehen, das heißt mit selbst erfundenen, dazu auch falschen. Sie hatten mehrere Fotos, die jeweils verschiedene Ereignisse zeigten, zu Bildgeschichten/‚Bildfolgen' montiert, die sie dann vielfach mit einheitlichen und falschen Bildlegenden versahen, wodurch ‚dramatische Effekte erzielt' und ‚das Geschehen visuell dramatisiert' wurde … Sie führten erpresste Geständnisse und andere zweifelhafte Dokumente als glaubwürdige Quellen an. Hinzu kamen besonders aussagekräftige Fotos, die Leichenberge zeigten, welche jedoch nicht Verbrechen der Wehrmacht dokumentierten, wie die Aussteller behaupteten, sondern sowjetische. In mindestens zwei Fällen verwechselten die Aussteller finnische Soldaten mit deutschen und vieles mehr."*[373] Etwa „die Hälfte" der insgesamt 1433 Fotos, so Musial, hätten nichts mit Kriegsverbrechen zu tun. Der ungarische Militärhistoriker Krisztián Ungváry (*1969) ging noch deutlich weiter: Nur *zehn Prozent* aller damit angeblich befassten 800 Fotos zeigten tatsächlich Wehrmachtsverbrechen; die meisten übrigen hingegen Taten von ungarischen, finnischen oder kroatischen Soldaten, von „Hilfswilligen" aus der Ukraine, Russland und den baltischen Staaten oder aber Verbrechen von Angehörigen der SS oder des Sicherheitsdienstes (SD).[374]

Trotz dieser massiven Manipulationen erklärte der Grazer Zeithistoriker Helmut Konrad: „Alle Zeithistoriker mit Lehrstuhl stehen der Ausstellung positiv gegenüber und bescheinigen ihr wissenschaftliche Seriosität in der Bearbeitung des Themas."[375] Das war leider kaum übertrieben, nur „rettet" es die Wehrmachtsausstellung nicht, sondern belegt vielmehr schlaglichtartig den Niedergang einer ganzen akademischen Disziplin in Deutschland, mit schlimmen Folgen für das Niveau der öffentlichen Debatte.

---

372 Sven Felix Kellerhoff: Neue Studie belegt düstere Wehrmachtsgeschichte, *Die Welt* 15.9.2009. Darin enthalten ist die Aussage, dass Heer diese absurde Zahl in modifizierter Form weiterhin vertrete.

373 Bogdan Musial „Der Bildersturm. Aufstieg und Fall der ersten Wehrmachtsausstellung" *Deutschland Archiv* 4/2011, S. 570.

374 Krisztián Ungváry: ‚Echte Bilder – problematische Aussagen. Eine quantitative und qualitative Fotoanalyse der Ausstellung „Vernichtungskrieg. Verbrechen der Wehrmacht 1941–1944". in: *Geschichte in Wissenschaft und Unterricht* 10, 1999, S. 584–595.

375 Musial 2011: 571.

Dazu weitere Feststellungen Musials: „Die Eröffnungsveranstaltungen an den einzelnen Stationen der Ausstellung, an denen regelmäßig Persönlichkeiten des öffentlichen Lebens teilnahmen, wurden immer feierlicher ... Auch die Ausstellungsräume wurden immer repräsentativer ...“[376]

„Die Schau wurde zum Gegenstand zahlreicher zum Teil bewegender Landtagsdebatten ... Die Diskussion im Bundestag [am 13. März 1997 – Anm. d. Autors] machte die Ausstellung beinahe sakrosankt ...“[377] Die Verleihung der Carl-von-Ossietzky-Medaille der Internationalen Liga für Menschenrechte an den Hauptausstellungsmacher Hannes Heer (stellvertretend für sein Team) im Jahre 1997 bildete gleichsam den Höhepunkt der bis zu diesem Zeitpunkt weltweit wohl einmaligen Selbstbezichtigung. Bis Juli 1999 hatten 820.000 Menschen die Ausstellung besucht, und die meisten hatten sie wohl für bare Münze genommen. Was ist der Hintergrund von Hannes Heer? Geboren 1941 in einer Kleinstadt im Westerwald war er 1966 Mitbegründer des linksextremen Sozialistischen Deutschen Studentenbundes (SDS) in Bonn und später DKP-Mitglied. Zum Lehramt wurde er nach dem Studium wegen des damals geltenden Radikalenerlasses nicht zugelassen. Heer ist wegen einer Reihe von in den 70er Jahren verübten Straftaten vielfach vorbestraft. Das Magazin *Focus* berichtete über sechs Vorstrafen wegen „Nötigung, teilweise in Tateinheit mit Hausfriedensbruch oder mit Störung einer Versammlung“, weitere undementierte Presseberichte erwähnen Strafen wegen Landfriedensbruchs und Sachbeschädigung. Dem Landgericht Bielefeld erklärte Heer – objektiv unwahr – in einer eidesstaatlichen Versicherung vom 31. August 1998, er sei mit Ausnahme eines Verfahrens von 1975 „nicht angeklagt oder verurteilt worden“. Eine Bestrafung unterblieb 1998 nur deswegen, weil Heer dem verblüfften Gericht zusammen mit dieser Erklärung Belege präsentierte, die das Gegenteil beweisen, so dass die Staatsanwaltschaft wegen „geringer Schuld“ von einer Strafverfolgung absehen zu können glaubte.[378]

Sein Elternhaus war – genau wie das von Jan Philipp Reemtsma – nationalsozialistisch belastet, der Vater NSDAP-Mitglied.[379] Heer bietet damit ein

---

376 Musial 2011: 572.
377 Musial 2011: 573.
378 „Objektiv falsch“, *Focus* vom 17.5.1999 – Eine bemerkenswerte Schwäche hinsichtlich der Biographie von Hannes Heer weist die Enzyklopädie Wikipedia auf: Die deutsche Ausgabe erwähnt sein buntes Vorstrafenregister mit keinem Wort, entsprechende Eintragungen wurden immer wieder mit dem Hinweis gesäubert, der neutrale Standpunkt (neutral point of view bzw. „NPOV“) müsse „wiederhergestellt“ werden. Die englischsprachige Wikipedia berichtet darüber fast komplett (Stand jeweils 21.8.2013).
379 Quellen u. a.: Millionen Bürger beschimpft, *JF* vom 11.6.1999.

klassisches Beispiel für diejenigen, die eine Nazi-Belastung der eigenen Familie dadurch kompensieren, dass sie andere, Unbelastete mit Vorwürfen überziehen. Es ist eine Art irregeleiteter Bußakt – irregeleitet deswegen, weil die „Selbstkritik" nicht die eigene Person betrifft, sondern das eigene Volk, genauer: dessen Elterngeneration und damit sogar *ausschließlich* andere Personen. Die eigenen Eltern als Individuen, die Heer als militanter „68er" womöglich nicht geschont hat, werden damit aber doch entlastet: Wenn Millionen Soldaten irgendwie in Verbrechen involviert gewesen wären, wie Heer und Reemtsma es mit der Ausstellung suggeriert haben, dann relativiert dies die tatsächliche Belastung der beiden Väter.

Der weitere Weg dieser Ausstellung ist bemerkenswert. Am 4. November 1999 gab Reemtsma ihr vorläufiges Ende bekannt. Für „mindestens drei Monate" sollte sie geschlossen werden; die Präsentation einer englischen Version in den USA wurde überstürzt abgesagt. „Manche Fehler hätten ganz klar vermieden werden müssen", gab sich der Milliardenerbe selbstkritisch. Wichtige neue Forschungen über die Wehrmacht seien unberücksichtigt geblieben und es sei „ein Fehler" gewesen, gegen Kritiker der Ausstellung wie Bogdan Musial mit juristischen Mitteln vorzugehen. Wirkliche Lehren wollte Reemtsma aus dieser wissenschaftlichen und moralischen Bankrotterklärung indes nicht ziehen, vielmehr gab er zu verstehen, dass er an der zentralen These der soeben gescheiterten Ausstellung festhalten werde: Die Grundthese, dass die Wehrmacht im Zweiten Weltkrieg einen Vernichtungs- und Ausrottungskrieg geführt habe, stehe nicht infrage, erklärte der Sohn eines der größten Gewinners eben dieses Krieges, noch bevor die von ihm angekündigte Überarbeitung begonnen hatte. Man kann darin durchaus eine Vorgabe an die von ihm beauftragten Gutachter sehen: Wer die Musik bezahlt, bestellt sie eben auch.

Nun hätte eine solche, ziemlich beispiellose Blamage gewiss eine Gegenbewegung auslösen können, bei der dann beispielsweise danach gefragt werden würde:

– Warum in den Nürnberger Kriegsverbrecherprozessen, wo bekanntlich keineswegs zimperlich mit NS-Verbrechern umgegangen wurde, noch nicht einmal das Oberkommando der Wehrmacht, geschweige denn diese selbst zur verbrecherischen Organisation erklärt worden ist,

– Warum Millionen eindeutige Nicht-Nazis und Nazi-Gegner in den Reihen der Wehrmacht nach 1945 nichts über deren angeblich insgesamt verbrecherischen Charakter zu berichten wussten[380],
– Warum seit Anfang der neunziger Jahre russische Staatsanwaltschaften Tausende deutsche Soldaten, die von sowjetischen Gerichten einst als Kriegsverbrecher verurteilt worden waren, rehabilitierten.

Eine solche Gegenbewegung als Reaktion auf Reemtsmas Manipulationen blieb aus. Dabei wären doch gerade die russischen Rehabilitierungen gewiss ein wichtiger Vorgang, um zu verstehen, auf wie viele Schultern sich die Schuld an den im Osten von deutscher Seite ja unbestreitbar verübten Kriegsverbrechen tatsächlich verteilt: Etwa 35.000 deutsche Militärangehörige und vereinzelt auch Zivilisten waren zwischen 1943 und 1953 von sowjetischen Gerichten zum Tode oder zu hohen Freiheitsstrafen, meist zu 25 Jahren Lagerhaft, verurteilt worden. Ab den frühen 1990er Jahren wurden sie auf Antrag rehabilitiert. Bis November 1996 waren etwa 10.000 solcher Anträge gestellt worden, mehr als 6500 waren bis zu diesem Zeitpunkt bearbeitet. 5100 Urteile erklärten die Staatsanwälte für null und nichtig, nur ganze 730 Rehabilitierungsanträge wurden abgelehnt.[381] Mit einem Seitenhieb auf die laufende Wehrmachtsausstellung resümierte das Magazin *Focus*: „Die Arbeit russischer Staatsanwälte könnte heute in Deutschland wieder zu Erkenntnissen verhelfen, die der Bundestag bereits vor 45 Jahren besaß. Am 6. April 1951 erklärte Konrad Adenauer namens der Bundesregierung im Parlament: ‚Der Prozentsatz derjenigen, die wirklich schuldig sind, ist so außerordentlich gering und so außerordentlich klein, dass damit der Ehre der früheren deutschen Wehrmacht kein Abbruch geschieht.‘"

Doch an solchen Fakten war Reemtsma offenbar nicht interessiert. Die von ihm beauftragte achtköpfige Historikerkommission musste sogar zunächst noch unter Vorsitz von Hannes Heer arbeiten, der allen Ernstes behauptet hatte, „60 bis 80 Prozent" aller Wehrmachtssoldaten seien an Kriegsverbrechen beteiligt gewesen. Erst im Sommer des Jahres 2000 schloss Reemtsma ihn endlich von der weiteren Mitarbeit aus. Als die Kommission im November des selben Jahres ein Ergebnis präsentierte, gab es von Selbstkritik fast keine Spur mehr: Die Ausstellungsautoren hätten „intensive und

---

380 Einer dieser Zeitzeugen ist Altbundeskanzler Helmut Schmidt (SPD), der auch zu den Kritikern der Wehrmachtsausstellung gehörte, Hunderte weitere ließen sich nennen.
381 Jan von Flocken: Freisprüche für die Wehrmacht, *Focus* Nr. 49/1996 vom 2.12.1996.

seriöse Quellenarbeit" geleistet und sie enthalte „keine Fälschungen". Ihre
Mängel seien „im bemerkenswert unbekümmerten Gebrauch fotografischer
Quellen, wie er in geschichtswissenschaftlichen und populären Publikationen leider sehr verbreitet ist", zu sehen.[382] Doch diese Einschätzung ist absurd: Die Nutzung der Fotos war gerade nicht „unbekümmert", sondern
von raffinierter Böswilligkeit, und das Argument, diese Form der Manipulation sei „sehr verbreitet" nimmt geradezu das mutmaßliche Grundmotiv
des Auftraggebers des Projekts auf: Je mehr Soldaten der Ostfront Dreck am
Stecken hätten, umso „normaler" wären die Machenschaften von Reemtsmas Vater und Onkel in der Nazizeit gewesen.[383] Das Gesamtfazit lautete:
„Es ist unbestreitbar, dass sich die Wehrmacht in der Sowjetunion ... in die
[dort verübten] Verbrechen ... nicht nur ‚verstrickte‘, sondern dass sie an
diesen Verbrechen teils führend, teils unterstützend beteiligt war. Dabei
handelte es sich ... um Handlungen, die auf Entscheidungen der obersten
militärischen Führung und der Truppenführer an der Front und hinter der
Front beruhten."[384] Unbestreitbar? Militärhistoriker aus aller Welt, etwa in
den USA, Großbritannien und auch in Israel, zeichnen ein ganz anderes
Bild, selbst in den Urteilen der Nürnberger Prozesse kommt die Wehrmacht
mit ihren insgesamt 18,2 Millionen Angehörigen besser weg. Offenkundig
unwahr ist der Halbsatz „Handlungen, die auf Entscheidungen ... *der* Truppenführer ... beruhten.", weil der bestimmte Artikel besagt, dass *alle* Truppenführer Verbrechen befohlen oder veranlasst hätten.

   Im November 2001 wurde schließlich die Zweite Wehrmachtsausstellung eröffnet, Kulturstaatsminister Julian Nida-Rümelin (SPD) war dazu
bereit. Der weitgehende Verzicht auf Bilder machte die neue Ausstellung
viel weniger publikumswirksam. An nur elf Orten wurde sie bis 2004 gezeigt, seitdem ist sie archiviert. Zur wahrheitsgemäßen Aufklärung über die
Soldaten der Wehrmacht trug auch die Zweite Ausstellung kaum bei. Nach

---

382 Zitiert nach Wikipedia „Wehrmachtsausstellung", 22.10.2013.
383 Philipp Fürchtegott Reemtsma spendete hohe Millionenbeträge an Göring und andere Nazi-
Größen, was diese ihm mit einem höchst lukrativen Quasi-Monopol zur Belieferung der Wehrmacht
mit Zigaretten und Sammelalben für Propagandabilder dankten. Der Zusammenhang war so augenfällig, dass Reemtsma nach dem Krieg wegen Bestechung von Göring vor Gericht kam und 1948 erst-
instanzlich auch zu einer Haftstrafe plus Zahlung von 10 Millionen Reichsmark verurteilt wurde. Jan
Philipp Reemtsmas Onkel Alwin war Standartenführer (Oberst) der SS. Über ihn schreibt die *Preußische
Allgemeine Zeitung* (damals noch *Ostpreußenblatt*) offenbar unbestritten, dass er 1941 in Lettland ein KZ
einrichten ließ. („Reemtsmas Scheitern an der Geschichte", *Ostpreußenblatt* vom 18.12,1999, S. 3) Schon
in den fünfziger Jahren hatte die Familie übrigens die dominierende Position auf dem deutschen Ziga-
rettenmarkt zurückerobert.
384 Zitiert nach Wikipedia „Wehrmachtsausstellung", 22.10.2013.

dem Grundsatz *aliquid semper haeret* (es bleibt immer etwas hängen) hatte Reemtsmas erste „Heer-Schau" das Bild der Wehrmachtsangehörigen nachhaltig getrübt und die zentrale Irreführung – ein großer Anteil der Ostfrontsoldaten habe sich schuldig gemacht – *sollte* offenbar gar nicht korrigiert werden. Die oben zitierte, von Konrad Adenauer bereits 1951 vertretene Überzeugung, nur ein sehr kleiner Prozentsatz der Wehrmachtsangehörigen habe sich wirklich schuldig gemacht, ist weit in den Hintergrund gerückt oder gilt geradezu als reaktionär und randständig, obwohl es für Adenauers Überzeugung mit den russischen Rehabilitierungen seit 1991 ein starkes zusätzliches Argument gibt.

Der bereits mehrfach zitierte *Welt*-Redakteur Sven Felix Kellerhoff hat das Ergebnis dieses „Geschichtsrevisionismus von links" so ausgedrückt: „Die Wehrmacht als Institution war mit vollem Bewusstsein an allen Verbrechen des NS-Regimes beteiligt; die Verantwortung der obersten Generalität ist umfassend belegt. Trotzdem war nicht jeder einzelne Landser ein Mörder, aber mehrere hunderttausend deutsche Soldaten haben im strafrechtlichen Sinne aktiv an Kriegsverbrechen mitgewirkt."[385] Liest man diese Zeilen sorgfältig, dann häufen sich die Fragezeichen. Eher komisch ist die doppelte Ungenauigkeit, dass hier einer Institution „volles Bewusstsein" zugeschrieben wird und Kellerhoff der Wehrmacht sogar eine Mitwirkung an den vor Kriegsbeginn begangenen Verbrechen des Regimes zuweist („an *allen* Verbrechen des NS-Regimes beteiligt"). Gönnerhaft klingt die Versicherung, „nicht jeder einzelne" Landser sei ein Mörder gewesen. Doch auch die Kernaussage, rund 5 Prozent[386] der Ostfrontsoldaten seien Kriegsverbrecher gewesen, hat äußerst unplausible Implikationen. In diesem Falle hätte nämlich fast jeder Soldat einen Kriegsverbrecher zumindest gekannt und unzählige wären früher oder später Zeugen eines Verbrechens geworden. Dass davon später die überzeugten Nazis nichts berichtet hätten, erscheint verständlich. Nun gab es aber unter den Millionen Überlebenden des Russlandfeldzugs auch Hunderttausende, die zu keiner Zeit mit dem System sympathisiert haben, und die keinerlei Motiv hatten, das Bild der Wehrmacht zu beschönigen – nach dem verlorenen Krieg am allerwenigsten.

---

385 Sven Felix Kellerhoff: Neue Studie belegt düstere Wehrmachtsgeschichte, Die Welt, 15.9.2009.
386 Das ist der von Kellerhoff andernorts („Wie die Wehrmacht den Vernichtungskrieg plante", *Die Welt*, 17.6.2011) angegebene Prozentsatz, wobei er sich auf eine Schätzung bzw. Annahme des Historikers Christian Hartmann beruft. Bei etwa zehn Millionen deutschen Soldaten an der Ostfront führt dies zur Zahl von mehreren Hunderttausend Kriegsverbrechern, wie auch im oben zitierten Artikel.

Warum findet sich für eine so große Zahl an Verbrechern auch in *deren* Berichten und Erinnerungen kein Anhaltspunkt? Zudem widerspricht eine Zahl von Hunderttausenden Kriegsverbrechern diametral der russischen Rehabilitierungspraxis der 1990er Jahre und würde überhaupt den Alliierten ein miserables Zeugnis ausstellen. Für sie war die Aburteilung der Kriegsverbrecher ein mehrfach erklärtes, wichtiges Kriegsziel. Ihnen standen dafür ab 1945 sämtliche Akten und Sachbeweise zur Verfügung. Sie hatten genug Zeit und Ressourcen zu wirksamer Strafverfolgung. Am Ende standen wenige Tausend Urteile, nicht Zehn- und oder gar Hunderttausende. Sogar seinem eigenen Arbeitgeber stellt Kellerhoff mit seiner 5-Prozent-Schätzung ein wenig schmeichelhaftes Zeugnis aus: Das Bild, das ungezählte in- und ausländische Historiker und Zeitzeugen über Jahrzehnte hinweg als Redakteure, Gastautoren und Leserbriefschreiber in der *Welt* von den Soldaten der Wehrmacht gezeichnet haben, wäre eine schlimme Verharmlosung, wenn diese Schätzung zuträfe. Einer der prominenten *Welt*-Autoren, die hier ungleich fairer urteilten, war Ernst Cramer[387] (1913–2010), der als Jude nach der Pogromnacht vom 9. November 1938 sechs Wochen im KZ Buchenwald verbracht hatte. Er schrieb: „Die [Wehrmachts-]Ausstellung vermittelt den Eindruck, fast alle Wehrmachtsangehörigen seinen Nazi-Kriegsverbrecher gewesen. Das ist nicht nur falsch, sondern eine Verleumdung von Millionen Deutschen, die Ihre Pflicht als Soldaten erfüllt haben und dabei – soweit man das in einem Krieg überhaupt kann –, anständig geblieben sind. (…) Viele einzelne sind schuldig geworden. Das gilt für die Führung wie für die Truppe… Die meisten aber blieben persönlich sauber. Man kann ihnen nicht zum Vorwurf machen, dass sie einem verbrecherischen System dienen mussten."[388]

Der zwei Generationen später geborene Kellerhoff schlägt wie gesagt einen ganz anderen Ton an; die zitierten logischen und argumentativen Patzer stehen dabei in sonderbarem Kontrast zur Verve, mit der er seine Überzeugung über angeblich mehrere hunderttausend Verbrecher in Wehrmachtsuniform vorbringt: Die oben zitierte Einschätzung, so Kellerhoff, könne man „als gesicherten Konsens der seriösen Forschung festhalten". Und als Schlusssatz des ganzen Artikels folgt: „Genauere Zahlen wird nicht nie[389]

---

387 Der enge Weggefährte des 1985 verstorbenen Axel Springer war stellvertretender Chefredakteur der *Welt*, von 1981 bis 1993 Herausgeber der *Welt am Sonntag* und von 1981 bis zu seinem Tode Vorstandsvorsitzender der Axel Springer Stiftung.
388 *Welt am Sonntag*, 2.3.1997.
389 Grammatikfehler im Original.

angeben könne[390]. Wissenschaftlich ist der Streit um die Wehrmacht ausgestanden; der Zweite Weltkrieg kann historisiert werden." So stellt sich also der Leitende Redakteur Zeit- und Kulturgeschichte der einflussreichen *Welt* inzwischen wissenschaftliche Arbeit vor und liefert damit zugleich ein besonders treffendes Beispiel für das, was in diesem Buch als Versuch der Errichtung von zeitgeschichtlichen Dogmen bezeichnet und kritisiert wird.

Ganz anders Japan und Russland: Kein einziger Japaner hat sich nach dem Zweiten Weltkrieg vor einem japanischen Gericht wegen Kriegsverbrechen oder Verbrechen gegen die Menschlichkeit verantworten müssen. Das ist zwar keineswegs vorbildlich, belegt aber doch einen ganz anderen Umgang mit unrühmlichen Kapiteln der eigenen Geschichte. Dieser ist bisher – leider Gottes – international die Norm, wenn man nur bedenkt, dass Polen und die Tschechische Republik keinen einzigen der vielen tausend Mörder während der Vertreibung der Deutschen je zur Verantwortung gezogen haben. Ähnliches gilt für die teilweise haarsträubenden Verbrechen in der Kolonialgeschichte Frankreichs, Belgiens, der Niederlande und Großbritanniens. Im Buch „Der Archipel Gulag" klagte Solschenizyn schon 1986: „Und dann hört man aus Westdeutschland, dass dort bis 1966 86.000 Naziverbrecher verurteilt wurden – und wir trumpfen auf ...: ‚Auch 86.000 sind zu wenig[391]! Weitermachen!' Bei uns aber stand ... ein knappes Dutzend vor Gericht."[392] Am 10. Juni 1944 überfielen deutsche Soldaten der 2. SS-Panzerdivision das Dorf Oradour-sur-Glane. Der Befehl lautete, so der Bericht, alle Bewohner zu vernichten. 642 Menschen wurden demgemäß ermordet. Im Januar 1953 fand in Bordeaux ein Prozess gegen Täter und Helfer des Massakers statt. Vierzehn der insgesamt 21 verurteilten Soldaten waren Elsässer, sogenannte Volksdeutsche, von denen 13 für die Waffen-SS zwangsverpflichtet worden waren. Der eine Freiwillige wurde zum Tode verurteilt (aber später zu lebenslänglich begnadigt), die 13 übrigen Elsässer ebenso wie fünf „reichsdeutsche" Angeklagte zu acht bis zwölf Jahren Zwangsarbeit verurteilt. Die harte Verurteilung der „malgré-nous", der Zwangsrekrutierten, führte im Elsass zu heftigen Protesten. Nur fünf Tage nach der Urteilsverkündung verabschiedete die französische Nationalver-

---

390 Grammatikfehler im Original.

391 Vermutlich hat Solschenizyn hier die Verurteilungen durch alliierte Gerichte in den Westzonen mitgerechnet, jedenfalls haben bundesdeutsche Gerichte tatsächlich weit weniger Personen wegen NS-Verbrechen verurteilt, vgl. S. 31 f. dieses Buches. Der Kontrast zur kaum geschehenen Strafverfolgung von stalinistischen Verbrechen in der UdSSR und Russland bleibt augenfällig.

392 Alexander Solschenizyn „Der Archipel Gulag" München 1986, S. 91.

sammlung ein Amnestiegesetz, das die Strafen gegen die Elsässer aufhob[393], während die Urteile gegen die reichsdeutschen Angeklagten bestehen blieben, obwohl sich auch von diesen nur einer freiwillig zur Waffen-SS gemeldet hatte[394]. Hat Justitia wirklich eine Binde vor den Augen?

## Deutsche Schuld – natürlich auch am Ersten Weltkrieg

Welchen Schaden die Überhöhung einer „deutschen Schuld" im wissenschaftlichen Bereich anrichten kann, wurde deutlich bei einer Debatte mit dem australischen Historiker Christopher Clark, der in Cambridge lehrt. Sein Buch „Die Schlafwandler" zeichnet ein komplexes Bild der Vorgeschichte des Ersten Weltkriegs, und er verzichtet auf schnelle, einseitige oder gar kollektive Schuldzuweisungen. Damit beachtet er eigentlich nur das kleine Einmaleins des wissenschaftlichen Arbeitens, aber im Deutschland des Jahres 2013 ist diese Vorgehensweise unerhört, ja fast schon skandalös. So skandalös, dass selbst nichtdeutsche Wissenschaftler sich dafür rechtfertigen müssen. Lesenswert ist, was *die Welt* – nicht Sven Felix Kellerhoff, sondern Berthold Seewald war der Autor – über eine Podiumsdiskussion mit Clark am 24. Oktober 2013 in Potsdam zu berichten wusste: „Fünf namhafte Kollegen auf dem Podium versuchten, von der Orthodoxie zu retten, was zu retten ist. Als herrschende Meinung gilt hierzulande, dass Deutschland zwar nicht schuldig, wohl aber hauptverantwortlich für den Ausbruch des Krieges war, von dem eine direkte Linie in den Zweiten Weltkrieg und in den Kalten Krieg führte."[395] Also wurde Clark in die Zange genommen wie ein mittelmäßiger Examenskandidat: „Die Deutschen wussten, dass ihre Politik in einem großen Krieg münden konnte, wird ihm entgegen gehalten. Aber sie wussten nicht, was das für ein Krieg werden würde, sagt Clark. Deutschland war verantwortlich für die strukturellen Vorbedingungen des Krieges, heißt es. Aber diese mussten 1914 nicht zum Krieg führen, argumentiert Clark. Alle wichtigen Akteure trugen ihren Teil dazu bei, weil sie die Komplexität der Krise nicht erkannten. Mit Charme und rhetorischem Florett erwehrt sich Clark seiner Kontrahenten. Diese stellen die entscheidende Frage erst am Schluss: Ob er keine Angst habe, dass sein Buch als Balsam für die deutsche Seele verstanden werden könne. ‚Nur in

---

393 Michaela Wiegel „Wo die Zeit stehenblieb" *FAZ* 5.9.2013.
394 Siehe Wikipedia: „Massaker von Oradour", Stand 8. März 2015
395 Berthold Seewald: „Besessen von der deutschen Kriegsschuld", *Die Welt*, 25.10.2013

Deutschland wird mir vorgeworfen, ich wäre deutschfreundlich', entlarvt Clark die deutsche Nabelschau. Nicht nationale Narrative seien geeignet, die viel zitierte Katastrophe des 20. Jahrhunderts zu begreifen, sondern eine europäische Erzählung. In Europa begann der Erste Weltkrieg, hier lagen seine wichtigsten Schlachtfelder. Und nur ein multipolarer, ein europäischer Blick vermöge die Spielzüge der Akteure verständlich zu machen. Das Publikum applaudiert euphorisch, und die Diskutanten ergeben sich. ‚Besessen von der deutschen Kriegsschuld' habe man die europäischen Perspektiven aus dem Blick verloren, gibt einer zu Protokoll."[396]

Man kann es auch anders sagen: Was mit der deutschen Geschichtswissenschaft insbesondere seit dem Historikerstreit des Jahres 1986/87 geschehen ist, ist ein blanker Verfall der professionellen Standards, verursacht durch einen deutschen Nationalismus mit umgekehrten Vorzeichen.

## Ein fast entmündigter Zahlmeister

Deutschland, seit Beginn der größte Nettozahler in den Haushalt der Europäischen Gemeinschaft, hat nur einmal (1958–1967) mit Walter Hallstein den Vorsitzenden der Kommission der Europäischen Wirtschaftsgemeinschaft und damit den ranghöchsten Vertreter der damaligen EG gestellt, Frankreich und Italien jeweils zweimal. In der Weltbank und im Internationalen Währungsfonds hat Deutschland zwar eine höhere Kapitalbeteiligung und Lastentragung als Großbritannien und Frankreich, aber die höchste Position des IWF, das Amt des geschäftsführenden Direktors, haben bisher mit einer einzigen Ausnahme keine Deutschen bekleidet, nun zweimal nacheinander Franzosen (Strauss-Kahn und Lagarde), von 2000 bis 2004 war immerhin mit Horst Köhler auch einmal ein Deutscher IWF-Chef. Am Stammkapital der Europäischen Zentralbank hält Deutschland mit 27,1 Prozent am eingezahlten Kapital den weitaus größten Anteil, hat aber noch nie den EZB-Präsidenten gestellt. „Deutschland hat zwischen 1991 und 2011 rund 45 Prozent der gesamten Nettobeträge aller zehn EU-Nettozahler gezahlt – weit überproportional zu seiner Wirtschaftsleistung."[397] Es ist schon auf den ersten Blick kaum zu glauben, dass diese diskriminierende Bilanz nichts mit der „deutschen Schuld" zu tun hätte. Deutsche und nichtdeutsche Politiker lassen das immer wieder anklingen, mal deutlicher, mal

---

396 ebd.
397 Philipp Plickert „Deutschland als Melkkuh der EU?" *FAZ* 11.2.2013, S. 18.

weniger deutlich. Drastischen Klartext sprach in diesem Zusammenhang der frühere deutsche EU-Kommissar Günther Verheugen (SPD), der Ende 2010 in einer Fernseh-Talkshow mit verblüffender Offenheit nicht etwa nur die hohen deutschen Zahlungen, sondern die europäische Einigung selbst geradezu als Sanktion für den Nationalsozialismus interpretierte: „Wir sollten bitte nicht vergessen: Dieses ganze Projekt ‚Europäische Einheit' ist nur wegen Deutschland nötig geworden. Es geht immer dabei[398], Deutschland einzubinden, damit es nicht zur Gefahr für andere wird. Das dürfen wir in diesem Land nicht vergessen. Wenn irgendjemand glaubt, wenn Sie glauben, dass das 65 Jahre nach Kriegsende keine Rolle mehr spielt, dann sind Sie vollkommen schief gewickelt. Ich kann Ihnen nach zehn Jahren Brüssel sagen, das spielt jeden Tag noch eine Rolle."[399]

## EU-Zahlungen als heimliche Reparationen Deutschlands

Diese Worte Verheugens machen spätestens klar, dass die weit überdurchschnittlichen Zahlungen Deutschlands im Rahmen der EU und die astronomisch hohen Bürgschaften zur „Euro-Rettung" von den politisch daran Beteiligten auch als Sühneleistungen für Nazi-Unrecht verstanden werden. Sie sind also durch die These einer fortdauernden „Verantwortung" Deutschlands für die Verbrechen der NS-Zeit zu verstehen. Kann man bei diesen Leistungen womöglich sogar direkt von Reparationen reden, also von spezifischen Wiedergutmachungszahlungen für den verlorenen Zweiten Weltkrieg und die dabei in den Nachbarländern angerichteten Zerstörungen und Schäden?

Der Göttinger Ordinarius für Völkerrecht und Europarecht Frank Schorkopf hat dazu im SPIEGEL vom 14. März 2015 einige sehr delikate Überlegungen zum Besten gegeben. Zunächst einmal erklärte er, die heutigen Reparationsforderungen Griechenlands an Deutschland seien „nicht nur formaljuristisch abzulehnen, sondern auch wirtschaftlich, politisch und moralisch als erfüllt anzusehen" – soweit so gut. Wodurch erfüllt? Schorkopf führt aus, dass die Bundesrepublik „über die vergangenen Jahrzehnte enorme Transferleistungen gegenüber Griechenland erbracht" habe – nicht ausdrücklich als Reparationen, sondern im Zuge der europäischen Integration. Die „hohen zweistelligen Milliardenbeträge", die dabei geflossen seien,

---

398 Grammatikfehler (fehlendes Wort „darum") im Original.
399 „Bei Maybrit Illner", 9.12.2010.

erreichten „ohne Weiteres die Höhe möglicher Reparationszahlungen". So Schorkopf, der übrigens die Europapolitik auch aus eigener Anschauung kennt, weil er Ende der 1990er Jahre im Brüsseler Büro eines CDU-Europaabgeordneten gearbeitet hat. Es sei geradezu „eine Art Geschäftsgrundlage" der europäischen Einigung gewesen, „dass Deutschland durch den damit verbundenen Wohlstandstransfer auch seiner Verantwortung aus dem Zweiten Weltkrieg gerecht wird". Sein Fazit: „Das war eine kluge und moderne Form, die Reparationsfrage zu lösen."

Aus gleich drei Gründen sind diese Überlegungen äußerst delikat. Zum einen sind die hohen deutschen Nettozahlungen innerhalb der EU bisher offiziell kaum je so begründet worden, der oben zitierte, emotionale „Ausbruch" von Günther Verheugen bildet eine der wenigen Ausnahmen. Dem Bürger wurde vielmehr gesagt, das exportstarke Deutschland sei einer der Hauptgewinner der europäischen Einigung und da sei es nur recht und billig, dass es sich an den Kosten des Projekts überdurchschnittlich beteilige. Anscheinend war das nicht die ganze Wahrheit und man muss wohl annehmen, dass die Zustimmung der Deutschen zur EU geringer wäre, wenn deren oben dargestellte „Geschäftsgrundlage" schon immer bekannt gewesen wäre. Zum Anderen: Wenn die hohen deutschen Transfers der zurückliegenden Jahrzehnte nicht zuletzt den Charakter einer Reparation hatten, warum haben auch Länder wie Spanien und Portugal, die nie von Deutschland besetzt waren und in denen es eigene faschistische Bewegungen gab, in derselben Weise wie Griechenland von diesen Zahlungen profitiert? Besonders problematisch erscheint freilich ein dritter Punkt. Schorkopf hat – wohl völlig zu Recht – ausgeführt, dass etwaige weitere Forderungen „auch politisch und moralisch" erfüllt seien. Dann aber müssten auch die sehr hohen deutschen Nettozahlungen und Transfers irgendwann ein Ende haben. Doch das Gegenteil ist der Fall. Deutschland zahlt mehr denn je, mit der sogenannten Eurorettung insbesondere wiederum an Griechenland. Einige der größten Verpflichtungen hat Berlin in Form von Bürgschaften in zweistelliger Milliardenhöhe übernommen. Daraus können in einigen Jahren neue, extrem hohe Zahlungsverpflichtungen werden, dann vielleicht 80 Jahre nach Kriegsende. Es ist schon absurd: Während vom theologisch wichtigen Gedanken der Erbsünde bei kaum einem deutschen Bischof oder Theologen noch eine Spur zu finden ist, scheint dieser Gedanke ausgerechnet in der europäischen Finanzpolitik fröhliche Urständ zu feiern – dort freilich in einer Form, die mit christlicher Theologie nichts mehr zu tun hat.

Diese schier zeitlosen Konsequenzen aus einer Verantwortung, wie sie die Welt bisher nicht gekannt hat, müsste neben „Wahrheit" und „Gerechtigkeit" ein weiterer Ansporn sein, der Frage nach der deutschen Schuld unter Heranziehung aller Beweise auf den Grund zu gehen.

Die Zeche zahlen auch Juden

Bis zum Olympia-Attentat in München 1972 hatten Regierung, Medien und Öffentlichkeit in Israel „Deutschland, wie gewohnt, durch den Wahrnehmungsfilter Hitler/Holocaust betrachtet und waren nun über Nach-Hitler-Deutschland entsetzt. Der Deutschen ‚Umerziehung', die nicht zuletzt Israel und die jüdische Welt gewollt hatten, hatte gewirkt, nur nicht im Sinne ihrer Mit-Erfinder." [400] Besonders treffend ist diese Beobachtung Michael Wolffsohns angesichts des Umstandes, dass die palästinensischen Terroristen eng mit deutschen Linksextremisten kooperiert hatten, also mit Deutschen, bei denen die „Reeducation" sozusagen über das Ziel hinausgeschossen war. Er fährt fort: „‚Nie wieder Täter', sagen ‚die' Deutschen. ‚Nie wieder Opfer', sagen ‚die' Juden." Diese Logik der Täter und ihrer Söhne ist nachvollziehbar. Mehr als tragisch ist es, wenn die Söhne der Eltern, die sich unter Hitler ehrenvoll verhalten haben und dabei äußerstenfalls eine Verfolgung wie ihre jüdischen Mitbürger riskiert haben, durch eine „Umerziehung" wie Wolffsohn sie hier beschreibt, durch die Knebelung der historischen Wirklichkeit in das „Lager der Täter" hineingedrängt werden, indem die so „weichgeklopften" Deutschen dem bedrängten Israel in der Stunde der Not – konkret während des Jom-Kippur-Krieges von 1973 – dann keine militärische Hilfe leisten wollten, wie Wolffsohn zutreffend konstatierte. „Ihr feigen Deutschen" titelte Henryk M. Broder seine „Abrechnung", als Bin Laden getötet worden war und „die Branchenführer im Moralisieren", die Deutschen, ihre hoch ehrenwerten Bedenken geäußert hatten. Broder fährt fort – eine ganze Seite lang: „Aber die Moral, die sie produzieren, ist das reine Gewissen resozialisierter Gewalttäter, die ihre Strafe verbüßt, ‚die Lehren aus der Geschichte gelernt' haben und nun einer ‚Friedfertigkeit' verfallen

---

400 Michael Wolffsohn „München 1972" *Frankfurter Allgemeine Zeitung* 5.9.2012.

sind, die sie in Form unterlassener Hilfeleistung pflegen."[401] Bei der Befreiung Libyens im Sommer 2011 sollte sich „die deutsche Geschichte" erneut als Rechtfertigung für unterlassene Hilfeleistung „bewähren".

Doch trifft die Schuld für dieses Bild des Jammers nicht auch jene, die den Deutschen permanent einreden, Abkömmlinge von „Gewalttätern" zu sein, jene, die statt von Deutschland vom „Land der Mörder" sprechen, jene, die die Deutschen daran hindern, die eigene Geschichte anhand der Quellen aufzuarbeiten? Im März 2008 und erneut im Jahre 2012 hat Bundeskanzlerin Angela Merkel erklärt, die historische Verantwortung für die Sicherheit Israels sei „Teil der deutschen Staatsräson". Das wurde und wird quer durch die politischen Lager überwiegend so verstanden, dass Deutsche im Falle einer existenziellen Bedrohung Israels notfalls auf dessen Seite zu kämpfen hätten. Aber ist es vorstellbar, dass jene, die als Abkömmlinge der „früheren Henker" diffamiert werden, eines Tages im Bedarfsfalle mit den Nachkommen der Opfer des Holocaust Seite an Seite um deren Überleben kämpfen?

Am 3. Juli 2012 titelte die *Frankfurter Allgemeine Zeitung* „Ein Land stirbt aus". Und gleich zu Beginn: „Wie schon in den vergangenen 40 Jahren sind auch 2011 wieder mehr Menschen in Deutschland gestorben als geboren wurden."[402] Das hat sicher viele Gründe. Ist die Annahme wirklich abwegig, dass mangelndes nationales Selbstbewusstsein diese fatale Entwicklung begünstigt? Werden jene, die die Plätze der Nichtgeborenen einnehmen, dem Judentum und Israel gegenüber freundlicher eingestellt sein?

Der Hang zur Bequemlichkeit tut das seine. Wer die Mehrheitsmeinung vertritt, muss keine Gründe nennen. Zivilcourage wird zwar wieder und wieder als Tugend gepriesen. Sie soll aber, so die erkennbare Absicht der Laudatores, auch dazu genutzt werden, um die Vorgaben der Political Correctness selbst noch im privaten Bereich durchzusetzen. Doch im Grunde wird damit der Sinn dieses Wortes in sein Gegenteil verkehrt. Welchen Mut braucht es denn, mit der Mehrheit konform zu argumentieren? Als Kritik jedenfalls genießt die Zivilcourage auffallend wenig Wohlwollen bei Politik und Meinungsmachern.

---

401 Henryk M. Broder „Ihr feigen Deutschen!" *Welt am Sonntag* 8.5.2011.
402 Peter-Philipp Schmitt „Ein Land stirbt aus. Die Zahl der Geburten in Deutschland erreicht im Jahr 2011 einen neuen Tiefststand" *Frankfurter Allgemeine Zeitung* 3.7.2012.

# XII. „Staatswahrheit deutsche Schuld"

### Der Balken im eigenen Auge

In einer bedenkenswerten Betrachtung über die Geschichtspolitik der Türkei hinsichtlich des Genozids an den Armeniern heißt es: „Eine homogene Herrschaftselite, die sich auf sämtliche Institutionen stützt, hat ihre Version der Geschichte gewissermaßen als ‚Staatswahrheit' nach innen und nach außen festgeschrieben und ist bemüht, jeden Diskurs über den Gegenstand... zu unterbinden".[403] Nach dem oben Gesagten sind die Parallelen zu Deutschland augenfällig – wenn auch bei uns zu Lasten des eigenen Landes: Da werden zahlreiche unverdächtige Zeugen präsentiert, die der Mehrheit der Deutschen unter Hitler ein gutes Zeugnis ausgestellt haben, und es wird verlangt, dass Beweise für die gegenteilige Behauptung vorgelegt werden. Folge: Vorwürfe und Lamento, Entschuldigungen bei denen, die „aus Versehen" nicht gleich widersprochen haben, Anzeigenboykott und Makulierung wissenschaftlicher Arbeiten. Und die großen Medien schweigen nicht nur fast ausnahmslos zu dieser Verzeichnung der Geschichte, sondern sind geradezu Hauptakteure dieser Politik.

### „Gesicherter Forschungsstand"

Der wissenschaftliche Leiter der Stiftung Gedenkstätte deutscher Widerstand, Peter Steinbach, wurde unlängst mit den Worten zitiert: Es sei „gesicherter Forschungsstand, dass die Deutschen im Nationalsozialismus kein Mitleid mit den Juden hatten..."[404] Nur ein Narr rennt mit dem Kopf gegen eine solche Wand, die da heißt: „gesicherter Forschungsstand"[405]. Doch wer Steinbach nach Beweisen fragt,[406] bleibt wiederum ohne Antwort. Warum? Dieser „Forschungsstand" ist nichts weiter als eine freie Behauptung, gleichsam ein Axiom, mit dem delikaten Unterschied, dass Axiome im Bereich

---

403 Mihran Dabag „Der Genozid an den Armeniern..." in: Volkhard Knigge u. a. „Verbrechen erinnern. Die Auseinandersetzung mit Holocaust und Völkermord" München 2002, S. 45. Siehe auch Alfred de Zayas, „The Genocide against the Armenians and the Relevance of the 1948 Genocide Convention", Haigazian University Press, Beirut 2010.
404 Gernot Facius „Abenteuer Meinungsfreiheit" in: „Der Freiheit eine Gasse" Berlin 2011, S. 26.
405 Fast wörtlich den selben Begriff verwendet Kellerhoff zur Bekräftigung der These von angeblich mehreren hunderttausend deutschen Kriegsverbrechern im Zweiten Weltkrieg, s. o. S. 141.
406 Wie der Autor mit Schreiben vom 22.8.2011.

der Sozialwissenschaften nicht existieren, sondern nur in der Mathematik. Wenn sich die Historiker damit zufrieden geben, womit zu rechnen ist, so ist auch die Anschuldigung der Mitleidslosigkeit „der" Deutschen bald Teil der Staatswahrheit „deutsche Schuld". Eine der wenigen Stimmen, die diesem im Ansatz unwissenschaftlichen Denken noch widersprechen, ist der Historiker und Journalist Christian Vollradt. Zitat:

> „Der ‚Fall Löw' veranschaulicht auf drastische Weise, wie stark immer noch von offizieller Seite das Bedürfnis nach kanonisierter Geschichtsschreibung vorherrscht, die sich ‚in den Dienst einer Selbstdiskriminierung' (Hellmut Diwald) der Deutschen zu stellen hat. Anstatt kontroverse Meinungen zu Wort kommen zu lassen, wird unterbunden, was man für missliebig erachtet. … Während des Historikerstreits von 1986 charakterisierte Klaus Hildebrand solche Vorgehensweise als die Behauptung einer ‚intellektuellen Vormachtstellung, die auf Differenzierungen keinen Wert legt, sondern grob an einem Geschichtsbild festhält, das den langen Schatten als uniforme Folie für die Handhabung von Vergangenheit, Gegenwart und Zukunft benutzt'. Vorstehendes Zitat wurde der Welt entnommen, die wie der große Rest der bürgerlichen Medien den einstmals beklagten Paradigmenwechsel längst nachvollzogen hat. Das beweist auch die Berichterstattung zum ‚Fall Löw'.[407]

## „What Makes Powerful Men Act Like Pigs?"

Dies ist die Frage, die sich und uns mit großen Lettern das amerikanische Magazin *TIME* auf der Umschlagseite seiner Ausgabe vom 30.5.2011 stellt.[408] Darunter ist ein Schwein abgebildet, bei dem sich das Blatt mit den Worten „No offense" entschuldigt. „Pig" steht hier für ein Wesen, das keine ethischen Grundsätze kennt, keine Wahrhaftigkeit, keinen Respekt vor der Ehre und Würde des Nächsten.

Wer sich anhand obiger Aufzeichnungen vergegenwärtigt, wie die Mächtigen auf jenen einprügeln, der es wagt, „im Bewusstsein seiner Verantwortung vor Gott und den Menschen"[409] nach Beweisen für höchst ehrenrührige Vorwürfe zu fragen, kann schwerlich umhin, an die Mächtigen im eigenen Lande zu denken, auch wenn es in *TIME* primär um Sex in den USA geht. Warum sollte die Skrupellosigkeit genau am Atlantik und an der Gürtellinie

---

407 Christian Vollradt „Der Fall Löw" *Sezession, 6.6.2004.*
408 *TIME* 30.5.2011, U 1.
409 Präambel Grundgesetz.

enden? Ist nicht jener ein „Pig", der mit der einen Hand die Antisemitis-
muskeule schwingt und mit der anderen die Zeugnisse der betroffenen
Juden wegwischen möchte?

## „Die weißen Flecken der Historiographie"

Mit den Worten „Es gab in Deutschland viel mehr Helfer verfolgter Juden,
als bekannt ist", kündigte die *Süddeutsche Zeitung* Ende 2011 ein ganzseiti-
ges Interview mit Arno Lustiger an, in dem der ehemalige Häftling die Erkenntnis mitteilt: „ … vor allem versuche ich, die weißen Flecken der Historiographie zu füllen. In meinem Buch erinnern meine Mitautoren und ich
an die vielen Menschen, über die man zu wenig weiß und die nicht kollektiv
geehrt werden":[410] Lustiger geht es um die Helfer, denen er verdienstvollerweise ein Denkmal setzt. Mir geht es primär um die Einstellung und das
Verhalten des Großteils der deutschen Bevölkerung zu Hitlers brutaler Judenpolitik, also der Masse derjenigen Deutschen, die weder zu den Tätern
noch zu den Helfern gezählt werden können, die untätig blieben, weil sie
nicht helfen konnten oder weil sie sich nicht angesprochen fühlten. Auch
insofern gilt es, „die weißen Flecken der Historiographie" zu füllen. Das
Material ist, wie mehrfach aufgezeigt, reichlich vorhanden.

## Bundespräsident von Weizsäcker und sein Erbe

In seiner viel gerühmten Ansprache vom 8. Mai 1985 – 40 Jahre nach
Kriegsende – äußerte Bundespräsident Weizsäcker: „Am Anfang der Gewaltherrschaft hatte der abgrundtiefe Hass Hitlers gegen unsere jüdischen
Mitmenschen gestanden. Hitler hatte ihn nie vor der Öffentlichkeit ver-
schwiegen, sondern das ganze Volk zum Werkzeug dieses Hasses gemacht."[411]
    Wenige Sätze später: „Aber jeder Deutsche konnte miterleben, was jüdi-
sche Mitbürger erleiden mussten …"[412] Und schließlich: „Wer seine Ohren
und Augen aufmachte, wer sich informieren wollte, dem konnte nicht entgehen, dass Deportationszüge rollten …"[413]

---

410 „Arno Lustiger über Rettung" *Süddeutsche Zeitung* 12./13.11.2011.
411 Richard von Weizsäcker „Reden und Interviews" Bd. 1 Bonn 1986, S. 282.
412 von Weizsäcker 1986: 283.
413 von Weizsäcker 1986: 283.

*Roma locuta, causa finita?* Sollten wir schweigen, weil der hochangesehene Bundespräsident gesprochen hat? Nein, insbesondere dann nicht, wenn wir das Gegenteil belegen können. Wie hat er das ganze Volk zum Werkzeug seines Hasses gemacht, mich, meine Mutter, meinen Vater usw.? Richard v. Weizsäckers Formulierung, Hitler habe „die" Deutschen zu Werkzeugen seines Hasses gemacht, ist subtil, ja geradezu raffiniert. Denn es ist ja wahr, dass fast alle zu den Waffen Gerufenen den Gestellungsbefehlen Folge geleistet haben (kein Wunder: Wer sich weigerte wurde erschossen!) und dass dann auch die Regimegegner als Soldaten erzwungenermaßen an Angriffskriegen teilgenommen haben. Bis zu diesem Punkt kann man dem Altbundespräsidenten kaum widersprechen, zumal er den „Hasswerkzeugen wider Willen" keinen direkten Schuldvorwurf macht. Und doch ist die Formulierung, Hitler habe „das ganze Volk zum Werkzeug dieses Hasses gemacht" irreführend und verfehlt. Man muss den Gedanken nur zu Ende denken: Wäre denn auch der in Dora-Mittelbau unter Tage schuftende KZ-Häftling, der um zu überleben V2-Raketen montiert hat, ein „Werkzeug von Hitlers Hass" gewesen? Die Logik der Worte des Altbundespräsidenten impliziert genau dies, aber man kann sicher davon ausgehen, dass er das nie so hätte sagen wollen, aus guten Gründen, denn es wäre deplatziert. Aus dem selben Grund sollte er auch all jene Deutschen, die nie mit Hitler sympathisiert haben und dafür – durchaus im Unterschied zu ihm selbst und seiner Familie – Nachteile hatten, nicht so abfällig bezeichnen und dabei auch noch mit den Belasteten in einen Topf werfen.

Der nächstzitierte Satz ist nicht minder unrichtig. Mein Vater stammt aus Wiesmühl an der Alz. Dort stoßen drei Landkreise zusammen, Mühldorf, Traunstein und Altötting. In keinem gab es Juden in nennenswerter Zahl. Diese Landkreise waren nicht die große Ausnahme. Nur die Zeitungsleser und die Betrachter der Stürmer-Schaukästen bekamen, von Ausnahmen abgesehen, in diesen deutschen Gebieten den antisemitischen Hass der Herrschenden zu Gesicht. Aber das war kein „Erleben". Auch ich, Jahrgang 1931, habe in München keine Hassausbrüche erlebt. Ich sah einige mit dem gelben Stern stigmatisierte Juden und hatte Mitleid mit ihnen. Aber die dafür Verantwortlichen waren uns zumindest fremd. Ich persönlich hasste sie mit kindlicher Leidenschaft.

Und das Rollen der Deportationszüge? Auch hier fehlt der Nachweis der behaupteten allgemeinen Informiertheit, den es auch nicht gibt. Else Behrend-Rosenfeld schildert den „regulären" Abtransport von München. Sie begab sich wie eine gewöhnliche Reisende mit ihrem Köfferchen von Icking aus in das angewiesene Judenhaus in München-Berg am Laim. Von dort wurde sie nach Monaten mit anderen in einem Bus abtransportiert, und zwar in das große Lager Milbertshofen. Wieder Tage oder Wochen später wurden die Juden von dort am frühen Morgen zum nahen Bahnhof gebracht. Wohl nicht einer von tausend Münchnern hat diese Aktionen direkt wahrgenommen.[414]

München war nicht singulär, München steht für viele Städte und für weite Teile des flachen Landes.

Warum diese Entstellung der deutschen Geschichte? Anlässlich des Erscheinens seines Buches „Der Weizsäckerkomplex" beleuchtete Thorsten Hinz die prekäre Weizsäcker-Familiengeschichte. Hinz räsoniert: „Eine Familie, … die von Generation zu Generation auf der gesellschaftlichen Stufenleiter höher geklettert ist, muss plötzlich damit zurechtkommen, dass ihr Familienoberhaupt als Kriegsverbrecher verurteilt und ins Zuchthaus gesteckt wird. Der Sohn … belehrt nun das Staatsvolk darüber, dass es sich faktisch im Zustand einer geschichtlichen Erbsünde befindet."[415]

Die Familienchronik Weizsäcker, der Vater SS-Brigadeführer[416] und die Mutter NSDAP-Mitglied seit 1936, hat wenig gemeinsam mit den Erfahrungen der großen Mehrheit der Deutschen, in deren Kern und nächster Umgebung keine Kriegsverbrecher lebten. Kein deutscher Widerstandskämpfer hat sich den Kollektivschuldvorwurf zu eigen gemacht. Es gibt auch kein einziges offizielles Dokument der Siegermächte, das eine Kollektivschuld behauptet.[417] Der Vorwurf wurde verbreitet durch viele von der Entnazifizierung Betroffene, die durch die Verallgemeinerung der Schuld ihren eigenen Tatbeitrag relativieren wollten, und von nicht wenigen ihrer Kinder.[418]

---

414 Else Behrend Rosenfeld „Ich stand nicht allein" München 1988.
415 Thorsten Hinz „Der Mann tat mir wirklich leid" *Junge Freiheit* 42/12, S. 9.
416 Ferner: Träger des NS-Ehrendegens und des SS-Totenkopfringes. Er gehörte zum persönlichen Stab Heinrich Himmlers.
417 Die Idee einer deutschen Kollektivschuld war im Denken der Alliierten zeitweilig durchaus vorhanden, s. u. S. 162 ff., sie drang aber nicht bis auf die Ebene der Regierungspolitik durch. Die Nürnberger Prozesse bestätigen dies, denn sie setzen die Überzeugung voraus, dass Schuld individuell nachgewiesen werden muss.
418 Weitere Beispiele sind wie dargestellt Günter Grass und Walter Jens. Ferner ist hier der Vater von Eckart Conze, einem der Hauptherausgeber von „Das Amt", zu nennen: Werner Conze. Von ihm heißt es (Ingo Haar „vom Ostforscher…" *Süddeutsche Zeitung* 27.5.2011): „… einer der schillerndsten Historiker des 20. Jahrhunderts … Er war einer der radikalsten Antisemiten der Zunft". Der Historiker Wolfgang Wippermann (*1945) schließlich benennt selbst seine belastende Abstammung (sein Vater war Haupt-

Daran kann ich mich selbst noch sehr gut erinnern: „Alle haben doch mit-gemacht" – bekam ich schon 1945 zu hören. Aber die Zahl dieser skrupel-losen Schlaumeier hielt sich zunächst doch sehr in Grenzen und ver-stummte, wenn man konkret und persönlich wurde.

Mit Schreiben vom 3. Dezember 2012 wandte ich mich an Herrn von Weizsäcker und unterbreitete ihm meine Kritik mit der Bitte um Stellung-nahme. Er entsprach umgehend (14. Dezember), ausführlich (31 Zeilen) und vollendet höflich in der Form („Verehrter … In Dankbarkeit Ihr …") meinem Wunsche. Doch die Beanstandungen konnte er nicht ausräumen. Im Gegenteil. Er räumte ein: „Schon Helmut Schmidt hatte mir damals ge-sagt, nördlich von Hamburg habe er keine Gelegenheit gehabt, rollende Züge zu beobachten, deren Ziel Konzentrationslager im Osten waren." Mit derlei Konzessionen werden die Bedenken, die oben skizziert worden sind, nicht ausgeräumt. Meiner Bitte, sich zu korrigieren, ist er bisher nicht nach-gekommen. So wird die Tragik des Vaters wie die des durch den Vater offen-bar zumindest psychologisch belasteten Sohnes auch zur Tragik des Volkes, in dessen Dienst sie standen und dessen Bild der Sohn um des Vaters willen verfinstert hat.

## Bundespräsident Gauck, die Achtundsechziger und das Geschichtsbild

Die Frage, warum sich das Bild der Deutschen, die unter Hitler lebten, ver-finstert, hat auch durch die Ansprache des Bundespräsidenten Gauck nach seiner Vereidigung am 23. März 2012 an Aktualität gewonnen. Mit Blick auf die Nachkriegsära führte er aus: „Die Verdrängung eigener Schuld, die feh-lende Empathie mit den Opfern des Nazi-Regimes prägten den damaligen Zeitgeist. Erst die Achtundsechziger-Generation hat das nachhaltig geän-dert. Damals war meine Generation konfrontiert mit dem tiefschwarzen

---

sturmführer der Waffen-SS) als Motiv für seine exzentrische Agitation – er war nach eigener Einschät-zung der einzige deutsche Historiker, der sich in der Goldhagen-Kontroverse explizit auf die Seite von Goldhagen schlug. Ähnlich verhält es sich bei Götz Aly, in dessen Elternhaus nach eigenen Angaben das Wort „Jude" nicht ausgesprochen wurde und dessen Vater über die NS-Zeit lamentierte, ob denn „alles falsch gewesen sein soll". Götz Aly verfiel dann als „68er" gleichsam ins andere Extrem, findet dafür heute aber respektable Worte der Distanzierung: „[W]ir verehrten einen fernen, kriminellen Mao und waren in unserem Freund-Feind-Denken kaum weniger zimperlich als unsere Väter." (Quelle: *Bayern 2*, Eins zu Eins. Der Talk, 26.8.2013). Jürgen Trittins Vater Klaus wiederum meldete sich 1941 mit 17 Jahren freiwil-lig zur Waffen-SS. Die von ihm geführte „Kampfgruppe Trittin" gehörte zu den „deutschen Divisionen", die im Wehrmachtsbericht vom 9. Mai (!) 1945 dafür gelobt werden, dass sie noch am Vortag „In Ost-preußen … die Weichselmündung und den Westteil der Frischen Nehrung tapfer verteidigt" haben; (Quelle: *Stern*, 14.11.2012). Die Beispiele ließen sich fast beliebig vermehren.

Loch der deutschen Geschichte, als die Generation unserer Eltern sich mit
Hybris, Mord und Krieg gegen unsere Nachbarn im Innern wie im Äußern
verging."[419]

Mit den „Nachbarn im Innern" sind sicherlich die Juden gemeint und
gewiss auch die anderen NS-Opfer. Die Frage bleibt: Wie viel Verantwortung trifft die Masse der unpolitischen Bürger? Um zu wissen, wie viele das
waren, die Gegner, die Dulder, muss man entweder damals gelebt haben
oder man muss die literarische Hinterlassenschaft der Zeugen und die seriösen Publikationen studieren. Um dem Bundespräsidenten gerecht zu werden, habe ich ihm am 18. August 2010 geschrieben:

*„Als Kuratoriumsmitglied der Gesellschaft [für Menschenrechte] hatte ich
die Ehre, Sie vom Flughafen Frankfurt/Main abzuholen.[420] Auf der Fahrt er-
zählte ich Ihnen von meinem Bemühen, möglichst fundiert unter Heranziehung aller Zeitzeugnisse die Frage zu beantworten, inwiefern die Ermordung der Juden unter den Deutschen auf Zustimmung stieß.*

*Da Sie großes Interesse zeigten, erlaube ich mir, Ihnen das Inhaltsverzeich-
nis und die Einleitung meines Forschungsergebnisses zuzusenden. Sollten Sie
die Zeit finden, darin zu lesen, und sollte die Lektüre das Verlangen wecken,
weiter zu lesen, werden Ihnen die anderen Kapitel umgehend zugesandt."*

Der Brief blieb ohne Antwort. Hätte Gauck von diesem Angebot Gebrauch gemacht, dann hätte er gesehen, dass es zumindest missverständlich
ist, „der" – also der ganzen – „Generation unserer Eltern" Mord und Krieg
anzulasten. Von dieser Geschlossenheit träumten die führenden Nazis, wie
bereits während des Krieges der britische Rundfunk verlauten ließ:

*„Die Naziverbrecher sind die Schuldigen – sie und das deutsche Volk sind
nicht dasselbe." Und: „Die Nazis wollen diesen Unterschied aufheben. Das
deutsche Volk soll in ihre Verbrechen verstrickt werden. Wenn es nicht mitschuldig ist, dann muss es mitschuldig werden... Das Ausland soll urteilen,
wie Goebbels urteilt: Goebbels: Wir, die Führung, und ihr, das deutsche Volk,
haben gemeinsame Sache gemacht."*[421]

Wie wollte Gauck begründen, dass das „tiefschwarze Loch der deutschen
Geschichte" von einer geschlossen handelnden Generation zu verantworten
ist? Und auf welcher Basis haben die Achtundsechziger – gemeint sind hier
natürlich die einschlägigen Exponenten der gleichnamigen Bewegung, auch

---

419 Joachim Gauck „Freiheit ist eine notwendige Bedingung von Gerechtigkeit" *Das Parlament.* Dokumentation 13/2012, S. 1.
420 Das war am 13. April 2010.
421 Bernward Dörner „Die Deutschen und der Holocaust" Berlin 2007, S. 206 f.

hier wäre es unzulässig, eine ganze Generation zu beschuldigen! – ihre Vorfahren auf die Anklagebank gesetzt? Ich glaube die Antwort zu kennen. Als junger akademischer Lehrer, der die Konfrontation miterlebt und sich den Angriffen gestellt hat,[422] kann ich versichern: Neues, fundiertes Wissen über die tatsächlichen Verantwortlichkeiten am NS-Unrecht hatten die Wortführer der Studentenbewegung nicht zu bieten. Woher auch? Sie kannten offenbar weder Gerhard Ritter noch sein vierbändiges Werk über den deutschen Militarismus. „Die deutsche Opposition gegen Hitler", Verfasser der Protestant jüdischer Herkunft[423] Hans Rothfels, war ihnen ersichtlich fremd. Weder Eugen Kogons „SS-Staat" noch Walther Hofers Dokumentation über den Nationalsozialismus hatten sie verinnerlicht. Entsprechendes gilt für das zweibändige Werk „Kreuz und Hakenkreuz, das der Ex-Häftling und Prälat Johannes Neuhäusler (vier Jahre KZ Dachau) verfasst hat. Mit weiteren Belegen füllt Horst Möller, Leiter des Instituts für Zeitgeschichte in München von 1992 bis 2011, eine ganze Zeitungsseite. Sein Fazit: „Es ist nicht nur eine Legende, dass in Deutschland die Auseinandersetzung mit der NS-Diktatur erst in den 60er Jahren eingesetzt hat. Jede Behauptung dieser Art ist so offensichtlich falsch, dass sie mit Unwissenheit allein nicht zu erklären ist."[424]

Die Auseinandersetzung mit dem NS-System und mit der Shoah spielte schon in den ersten Jahren der Tätigkeit der Bundeszentrale für politische Bildung eine herausragende Rolle. „Von den insgesamt 57 Publikationen, die bis 1963 in ihrer Schriftenreihe erschienen, thematisierten 16 Bände den Nationalsozialismus … und sieben Veröffentlichungen die Ausgrenzung, Ghettoisierung und Ermordung der europäischen Juden."[425] Dass rechtsstaatliche Strafjustiz im Zweifel für den Angeklagten, den angeklagten NS-Täter nicht ausgenommen, urteilte, hat bei juristischen Laien verständliche Kritik ausgelöst, zumal seitens der Verteidigung meist unwiderleglich auf den Befehlsnotstand hingewiesen wurde. So sind viele Verbrecher der gerechten Strafe entgangen. Doch daran hat sich bis heute nichts geändert. Auch nach der friedlichen Revolution in der DDR war die Justiz außerstande, das mitunter mörderische Unrecht allseits befriedigend aufzuarbeiten. Man denke nur an Erich Honecker, der keinen Tag Strafe absitzen musste.

---

422 Gleich mein erstes Seminar 1968 suchte den Dialog mit den Studenten in ihren Anliegen. Titel: „Studenten machen Schlagzeilen".
423 Er konvertierte 1910 im Alter von 18 oder 19 Jahren.
424 Horst Möller „Unser letzter Stolz" *Frankfurter Allgemeine Zeitung* 9.6.2012.
425 Gudrun Hentges „Die Bundeszentrale für Heimatdienst 1952–1963" *APuZ* 46–47/2012, S. 40 f.

Einer der selbstkritischen Teilnehmer der Achtundsechzigerbewegung erinnert sich: „Man huldigte dem Massenmörder Mao, bewunderte den tyrannischen Kubaner Castro, schwärmte vom revolutionären Terror und wandte den Blick ab von Stalins Welt hinter dem Eisernen Vorhang."[426]

Die Aggressivität der erwähnten Achtundsechziger war nicht durch Sachkenntnis gezügelt. Woher auch? Sie hatten als Nachgeborene gut reden und sehr viele genossen zunächst auch das Wohlwollen von in dieser Frage unsicheren Kollegen. Entsprechenden Vorhaltungen widersprachen sie meist nicht einmal. Die Waffe der jungen Rebellen war nicht der Geist, war nicht das Wissen, sondern sehr bald der schlichte Psychoterror. Mit lärmenden und oft auch gewalttätigen „Go-ins", „Sit-ins", „Teach-ins" wollten die Anführer dieser Bewegung ihre Professoren fertig machen, weshalb sich gerade auch jüdische Remigranten letztlich mit Entsetzen von ihnen abwandten. Erinnert sei an Richard Löwenthal, Theodor Adorno, Jürgen Habermas und Max Horkheimer. Jan van der Meulen, Professor für Philosophie in Heidelberg, nahm sich Ende September 1969, unmittelbar nach dem linksliberalen Sieg bei der Bundestagswahl sogar das Leben, weil er keine Hoffnung mehr hatte, dass sich die Zustände bessern würden. Es sei wohl, so schrieb er kurz zuvor, notwendig, die Universität durch ein Zeichen aufzuwecken, um die Freiheit der Lehre in unserem Land zu verteidigen.[427] Theodor W. Adorno wandte sich „in äußerster Depression" an seinen Freund Herbert Marcuse: „Du müsstest nur einmal in die manisch erstarrten Augen derer sehen, die – womöglich unter Berufung auf uns selbst – ihre Wut gegen uns kehren."[428] Wenig später, am 6. August 1969, starb Adorno auf dem Weg in einen Erholungsurlaub.

Zu den damals Betroffenen zählte auch der Theologe Prof. Joseph Ratzinger, der spätere Papst Benedikt XVI. Als Kardinal schrieb er mir auf dem Hintergrund seiner Erfahrungen: „Zur Reinigung des Gedächtnisses … gehört das Erkennen und Anerkennen von Schuld und damit die Reue, aber auch die Redlichkeit, die nicht in falscher Reue-Haltung Verurteilungen der Vergangenheit ausspricht, die in Wahrheit nur falsche Formen der Selbstrechtfertigung und Selbstgerechtigkeit sind."[429] Eine vorzügliche Diagnose der Kritiker ihrer Väter!

---

426 Götz Aly „Unser Kampf 1968 – ein irritierter Blick zurück" Frankfurt am Main 2007, S. 109.
427 Robert Spaemann „Über Gott und die Welt" Stuttgart 2012, S. 196.
428 Aly 2007: 167.
429 Schreiben an den Autor vom 24.7.1998; im Archiv des Autors.

„Nützlichen Idioten" unter den Studenten diente der Einsatz schieß-
wütiger V-Männer der DDR wie Karl-Heinz Kurras als Vorwand, um die
Bonner Republik zu verteufeln. Honeckers Mannen lieferten den Achtund-
sechzigern Material, um mit „den Alten" abrechnen zu können.[430] Auch an
die Hakenkreuzschmierereien an der Kölner Synagoge 1959 und in den
Monaten danach an vielen anderen Orten sei erinnert, hinter denen, wie
nach 1990 bekannt wurde, die Stasi steckte.[431] Das Motiv liegt auf der Hand.

Im ersten Teil seiner berühmten Rede vom 8. Mai 1985 zeigte der damalige
Bundespräsident Richard v. Weizsäcker viel Verständnis für die Ängste der
Menschen von heute: „Ängste vermindern unsern Mut wie unser Selbstver-
trauen, und manchmal so entscheidend, dass wir beides ganz und gar ver-
lieren können, bis wir gar Feigheit für Tugend halten und Flucht für eine
legitime Haltung im politischen Raum." Doch im Zusammenhang mit der
Generation der Deutschen in der NS-Zeit, die in einer extremen Diktatur
leben mussten, fiel ihm Angst als Schuldminderungs- oder Schuldausschlie-
ßungsgrund nicht ein.

Den meist jugendlichen Rebellen, die Ende der sechziger Jahre Politik
machen wollten, ging es um Emanzipation von den Eltern, um die Delegiti-
mierung der Väter und ihrer gesellschaftspolitischen Hinterlassenschaft,
um Verklärung der Studentenbewegung. Für viele war nach meinem Erleben Karl Marx ein Idol. Er, der den Prometheus über alles schätzte, hatte
bemerkenswerterweise nicht nur seine Mutter, sondern auch seinen Vater
verachtet.[432] Viele Nachgeborene der NS-Ära empfanden, ob bewusst oder
unbewusst, in diesem Punkt wie er. Marx hatte im Kommunistischen Manifest geschrieben, dass er und seinesgleichen ihre Ziele nur erreichen könnten „durch den gewaltsamen Umsturz aller bisherigen Gesellschaftsordnung".[433] Alles, was besteht, sei wert, dass es zugrunde gehe. Die Vorfahren
– so der kühne Gedankensprung vieler 68er – hätten allesamt versagt, sonst
wäre es nicht zu der großen Katastrophe Hitler gekommen. Ein Nachweis
schien überflüssig. Differenzierte Fakten über die Entstehung des Nationalsozialismus waren nicht gefragt. Jetzt gelte es, so dachten sie, ganz Neues zu

---

430 Siehe Günter Bohnsack, Herbert Bremer „Auftrag: Irreführung. Wie die Stasi Politik im Westen
machte" Hamburg 1992. Regine Igel „Terrorismus-Lügen. Wie die Stasi im Untergrund agierte" München 2012.
431 Michael Wolffsohn: „Die Deutschland Akte", München 1995, S. 17 ff.
432 Siehe Konrad Löw „Der Mythos Marx und seine Macher" München 2001, S. 77 ff.
433 Marx/Engels Werke, Berlin-Ost 1956 ff. 4, 493.

schaffen aus und auf der Asche des Alten. Tatsächlich hatten 1933–1945 Hunderttausende Schuld auf sich geladen – aus Verblendung oder weil sie dem Gruppendruck erlagen. Aber das deutsche Volk bestand aus fast 70 Millionen Menschen, von denen jeder einzelne einen Anspruch darauf hat, individuell beurteilt zu werden.[434]

## Wenn „Kollektivscham" in „Sündenstolz" umschlägt

„Je schlimmer die Vorwürfe gegen die Älteren waren, umso weniger konnten die Jüngeren davon betroffen sein. Sie fühlten sich entlastet und stimmten dankbar in die pauschalen Anschuldigungen gegen die vorherige Generation ein.", so meinte treffend der Historiker Christian Meier 2010 in einem *Spiegel*-Gespräch.[435] Es entstanden die „Canossa-Republik"[436] und das massenhafte Duckmäusertum in Fragen der Geschichtspolitik. Henryk Broder traf ins Schwarze, als er schrieb: „Die ‚Kollektivscham', mit der man sich zu Zeiten von Adenauer, Brandt und Kohl geschmückt hat, ist längst einem ‚Sündenstolz' gewichen, der fröhlich mit seiner grausamen Geschichte kokettiert, um daraus moralisches Kapital zu schlagen. ‚Gerade wir als Deutsche…' ist die Floskel, mit der fast alle Reden anfangen, die bei Auschwitz einsetzen und im Nahen Osten aufhören… ‚Gerade wir als Deutsche' haben aus der Vergangenheit gelernt, wenn auch nicht, dass man das Böse bekämpfen, sondern dass man überhaupt nicht kämpfen soll."[437]

---

434 Am Vorabend des Zweiten Weltkriegs lebten im sog. „Altreich" (= Grenzen von 1937, ohne Österreich und Sudetenland) etwas über 69 Millionen Menschen.

435 Christian Meier: *Spiegel*-Gespräch 30/2010, S. 127 „Versöhnen und vergessen".

436 Den Begriff „Canossa-Republik" verwendete Alfred de Zayas in einer Bonner Rede am 8. Mai 1995: „Als Amerikaner frage ich mich, warum die Deutschen so wenig Respekt vor sich selbst zeigen? Sie sagen überall ‚mea culpa, mea culpa', respektieren aber nicht die eigenen Opfer. Sie bitten überall um Verzeihung – als wäre Deutschland eine Art Canossa-Republik geworden, eine Republik der Reue. Aber wenn man Moral zur Schau trägt, riskiert man, nicht sehr ernst genommen zu werden. Als Nicht-Deutscher erlaube ich mir die Bemerkung: Man kann einem Volk nicht trauen, das sich nur selbst bezichtigt. Diese anormale Haltung wirkt auf viele Ausländer, nicht nur auf mich, als ein Ritual, eine Pflichtübung, unecht, überflüssig, schließlich sogar als respektlos. Um glaubwürdig zu sein, muß man auch bereit sein, ähnliche Verbrechen zu verurteilen, überall in der Welt, auch dann, wenn die Opfer Deutsche waren oder sind.", vgl. www.mitteleuropa.de/dezayas1995-05-08.htm. Er verwendete den Begriff wieder in einer Berliner Rede vom 13. Mai 1995. (www.alfreddezayas.com/Lectures/Canossarepublic_de.shtml) und in einem Interview, vgl. www.silesia-schlesien.com/index.php?option=com_content&view=article&id=127:prof-de-zayas-warum-die-deutschen-ihre-eigene-geschichte-so-tabuisieren&catid=38:beitraege. Der Begriff wurde wenig später vom estnischen Präsidenten Lennart Meri in seiner berühmten Wiedervereinigungsrede vom 3. Oktober 1995 in Berlin mit großem Effekt eingesetzt, vgl. http://potsdamerkonferenz.de/versoehnung/lennart_meri_rede.php.

437 Henryk Broder „Die großen Katastrophen…" *Frankfurter Allgemeine Zeitung* 7.6.2010.

Ähnlich äußert sich der amerikanisch-jüdische Autor Tuvia Tenenbom: „Dass die Deutschen diese seltsame Anwandlung haben, nicht stolz sein zu wollen, ist ein ungesunder, ja gefährlicher Zustand." Und weiter im Interview: „Mein Eindruck ist, in Deutschland hat man nicht begriffen, worum es bei der Demokratie geht ... Es geht darum, Meinungen zuzulassen und nicht sie auszugrenzen, Gedanken zu teilen und nicht sie zu verbannen."[438] Die Ansprache des Bundespräsidenten Gauck nach seiner Vereidigung wurde wegen der pauschalierenden Schelte auch von einer Leserbriefschreiberin in der *Frankfurter Allgemeine Zeitung* kritisiert.[439] Ralph Giordano, der der Erlebnisgeneration, so wörtlich, „tendenziell eine Kollektivschuld" unterstellt, durfte sehr ausführlich darauf antworten.[440] Doch für den Nachweis, dass Giordano in seiner Biographie selbst die Kollektivschuldthese widerlegt, fand das Blatt keinen Platz. Natürlich macht uns Giordano in seiner Vita mit willfährigen Nazis bekannt, aber das Gros seiner Umwelt liefert gerade kein Material für eine moralische oder gar juristische Anklage. Er selbst räumt ein: „Richtig, es gab Bekundungen der Abscheu und der Trauer, der Wut und der Auflehnung, ich selbst bin mehr als einmal Zeuge solcher humaner Haltung geworden, eines natürlichen Mitleids mit den Geschundenen, bis hin zu Tränen der Fassungslosigkeit."[441]

Giordano erklärt nicht näher, was nichtjüdische Deutsche hätten tun müssen, um seinem Kollektivschuldvorwurf zu entgehen. Ganz offenbar hat es für ihn nicht ausgereicht, sich an der Verfolgung nicht selbst zu beteiligen. Seiner Autobiographie ist indes nicht zu entnehmen, wie er sich selbst angesichts des Pogroms von 1938 verhalten hat, und wie sein „arischer" Vater, obwohl er von den nichtjüdischen Deutschen eben diesen Mut sonst anscheinend verlangt hat. Vermutlich hatten sie dieselben Empfindungen, die er bei anderen wahrnahm, Abscheu und Trauer. Trifft seinen Vater gleichwohl der Kollektivschuldvorwurf, weil sie nicht lauthals protestiert, keine Barrikaden errichtet haben? Und welche Schuld kann es bedeuten, dass er nach dem Krieg der Propaganda des Stalinismus erlag und der KPD beitrat?

---

438 Tuvia Tenenbom im Gespräch „Nationalstolz ist verboten" *Junge Freiheit* 5.4.2013.
439 Felizitas Küble, 2.4.2012.
440 Ralph Giorano, 5.4.2012.
441 Ralph Giorano „Erinnerungen eines Davongekommenen" Köln 2007, S. 137. Entsprechendes gilt auch für Margarete Mitscherlich. Siehe Löw 2011: 195 f.

„Deutsche Ethik" – aus dem Bundespräsidialamt

Mit Brief vom 20. Januar 2013 wandte ich mich an Bundespräsidenten Gauck „mit der Bitte, mir bei der Klärung eines wichtigen Sachverhalts behilflich zu sein". Dann zitiere ich aus seiner Ansprache anlässlich seiner Vereidigung das bereits oben Angeführte die Achtundsechziger-Generation betreffend und frage: „Auf welche Publikationen stützen Sie die eingangs zitierte Behauptung?"

Für den Bundespräsidenten gab der Leiter des Referats 10 die Antwort.[442] Sie ist aufschlussreich. Einleitend bemerkt er: „Auch der Bundespräsident hat … betont, dass Schuld eine personale Dimension hat. So gesehen, haben auch die Älteren unter uns schon keine Schuld mehr." Ich frage zurück: Was heißt denn „keine Schuld *mehr*"? Schuld verschwindet doch – einmal abgesehen vom Fall einer verbüßten Strafe – nicht einfach durch Zeitablauf.

Was in seinem Schreiben folgt, löst noch weit mehr Widerspruch aus, nämlich: „Gleichwohl wird jeder Deutsche als Staatsbürger in eine politische Haftung genommen. Wir haben geduldet, dass ein solches Regime wie der Nationalsozialismus bei uns entstanden ist, auch wenn viele keine moralische Mitschuld an ihm tragen … Hoffentlich stimmen Sie mir zu, dass zumindest in diesem politischen – nicht personalen oder moralischen – Sinn von Vergehen der ‚Generation unserer Eltern' zu sprechen ist."

Meine Antwort: Leider muss ich Satz für Satz widersprechen. Zunächst: Was heißt politische Haftung? Wiedergutmachung leistet der Staat mit Mitteln, die von allen Steuerpflichtigen stammen, den jungen wie den alten, den deutschen wie den ausländischen usw. Was im Brief folgt, ist ebenso richtig wie absurd, die Argumentation mit „dulden". Ja, ich habe geduldet. Aber haben nicht alle Menschen geduldet, dass der Nationalsozialismus bei uns entstanden ist, auch die späteren Opfer? Was soll das bedeuten? In der Zeit des Dritten Reiches war die Rede von einer „deutsche Physik". Was das Schreiben aus dem Hause unseres Staatsoberhauptes erkennen lässt, sind Geburtswehen einer „deutschen Ethik", die behauptet, es könne „Vergehen" geben, die selbst ohne personale oder moralische Schuld noch über 65 Jahre später eine „Haftung" begründen könnten. (So nebenbei: Warum ist nur von „Vergehen" und nicht ehrlicherweise gleich von „Verbrechen" die Rede? Aus bloßen Vergehen wäre zwei volle Generationen später ja gewiss keine

---

442 Brief vom 14.2.2013.

Haftung mehr ableitbar.) Derlei von oberster Stelle lesen zu müssen, beunruhigt mich sehr.

Auf meine Frage nach Belegmaterial für die Verdienste der Achtundsechziger erhielt ich keine Antwort, nur die apodiktische Mitteilung, die Worte des Bundespräsidenten beziehen sich auf die „„neu, anders und tiefer' geführte Auseinandersetzung mit der eigenen Geschichte".[443] Was soll man dazu noch sagen? Ja, die Gewaltandrohung und -anwendung durch die 68er war neu, ja, die frappierende Selbstgerechtigkeit der selbsternannten Ankläger war anders und ja, das Niveau der so geführten Debatte über das NS-Unrecht war unvergleichlich tiefer als in den Jahren zuvor. Doch so hatte Gauck es nicht gemeint. Der frühere Pastor, dessen klare Distanz zum SED-Regime Hochachtung verdient, darf an das Bibelwort erinnert werden: „Such deinen Ruhm nicht darin, den Vater herabzusetzen, denn das ist keine Ehre für dich."[444]

## Kein „Schulddogma gegen Adenauer und den Deutschen Bundestag"

In meinem bereits erwähnten Brief an den Präsidenten des Deutschen Bundestages, Norbert Lammert, habe ich ausgeführt: „Offenbar verwerfen heute die demokratischen Fraktionen des Deutschen Bundestages das, was sie vor 60 Jahren beklatscht haben. Zumindest stand nirgendwo zu lesen, dass die Kritik an Adenauer ungerechtfertigt gewesen sei. Nirgendwo wurde der Dissens zwischen den beiden Zeitzeugen auch nur zum Gegenstand einer Debatte gemacht, offenbar auch nicht seitens der Konrad-Adenauer-Stiftung oder der Hanns-Seidel-Stiftung." In der Antwort, die auf Weisung des Präsidenten erging, heißt es, die Ausführungen Deutschkrons seien „ihre ganz persönliche Meinung" gewesen. Der Applaus habe „in erster Linie" ihrer Wertschätzung gegolten. Das kann man so sehen. Tatsache bleibt, dass die Massenmedien vor allem ihre Korrektur Adenauers herausgestellt haben und nirgendwo der Widerspruch thematisiert und analysiert worden ist. Ihr Wort ist somit das letzte in dieser Sache und wird von vielen Unbedarften geglaubt.

Immerhin hat sich der Vorsitzende der Konrad-Adenauer-Stiftung, Hans-Gert Pöttering, in einem Brief an mich zu Adenauers Einschätzung von 1951 bekannt: „Zu Recht weisen Sie auf die Feststellung Konrad Ade-

---

443 Das Zitat im Zitat nimmt Bezug auf eine Äußerung des Bundespräsidenten.
444 Sir 3,10.

nauers vor dem Deutschen Bundestag hin, wonach ‚die große Mehrheit des
deutschen Volkes' das an den Juden ‚begangene Verbrechen verabscheut'
habe."[445] Das sind wohltuende und wichtige Worte. Es bleibt zu wünschen,
dass die Adenauerstiftung so etwas auch öffentlich wieder erklärt. Es geht
ja nicht nur um das Ansehen ihres Namensgebers und die geschichtliche
Wahrheit, sondern schlicht auch darum, ob die Kräfte der bürgerlichen
Mitte in einer wichtigen Kontroverse unserer Zeit einer an sich linksextremen Position einfach das Feld überlassen wollen.

## „Sehr geehrter Herr Vorsitzender"

Erfreulich die erste Reaktion des Vorsitzenden der Hanns-Seidel-Stiftung,
Hans Zehetmair: „Sie machen hier auf eine bemerkenswerte Diskrepanz
aufmerksam, die sicherlich größere Beachtung verdient. Ich habe den Vorgang zur Prüfung an unser Archiv für Christlich-Soziale Politik weiterge-
leitet."[446] Allerdings habe ich trotz Nachfrage bis heute (Stand Mai 2016)
nichts über das Ergebnis dieser Prüfung erfahren.

---

445 Brief vom 24.4.2013 an den Autor.
446 Brief vom 21.3.2013.

# XIII. Warum verfinstert sich …?
# Zusammenfassende Antwort

Warum verfinstert sich das Bild der Deutschen unter Hitler? – lautet die eingangs gestellte „Frage aller Fragen". Hier der Versuch einer zusammenfassenden Antwort. Es gibt mehrere Gründe. Die wichtigsten, chronologisch gegliedert:

## „Ein Volk, ein Reich, ein Führer"

Diese zackigen Worte können der Form nach Zustandsbeschreibung wie Wunsch und Norm sein. Es war der Traum, den Adolf Hitler und seine Anhänger träumten, den der Reichspropagandaminister – wider besseres Wissen – alle Welt glauben machen wollte. Die Deutschen, eine geschlossene Gemeinschaft mit dem Führer an der Spitze: „Führer befiehl, wir folgen Dir!" – So lautete die Parole. *Die* Deutschen eine angebliche Einheit, in ihrem Wollen geradezu identisch mit ihrem Führer.

Als gegen Ende des Krieges die Lage immer ernster wurde, sollte niemand daran zweifeln, dass die fiktive Volksgemeinschaft alles blindlings gutgeheißen hatte, was der Diktator verfügt und verbrochen hatte. Volksgemeinschaft und Schicksalsgemeinschaft in einem. Einige tausend Handverlesene klatschten Beifall, wollten den totalen Krieg, als er von Goebbels ausgerufen wurde – koste es, was es wolle. Der „Übermensch" Hitler wollte die Seinen mit in den Abgrund reißen, so seine Frau Eva, und Goebbels seine Frau und die Kinder. Der Mythos von der „deutschen Schuld" war im Keim schon damals, in den letzten Kriegsmonaten geboren, obwohl Hitler bei diesen kollektiven Untergangsphantasien nicht mit Schuld argumentiert hat.

## Die Sieger und die Kollektivschuld

Die Westalliierten kamen mit der Vorstellung ins Land, sie hätten Hitlers Volk vor sich, und waren dann bass erstaunt, als viele von denen, die sie vernahmen, ganz selbstbewusst auftraten – eben als Befreite.[447] Auf Seiten

---

447 Siehe Löw 2011: 195 f und 289.

der Sieger waren viele Opfer der Feindpropaganda geworden. Nach dem gescheiterten Hitler-Attentat vom 20. Juli 1944 glaubten die Westalliierten offenbar allen Ernstes: „Now the Nazis are Nazifying the people down to the last dissident voice."[448] Sie hatten den aberwitzigen Beifall auf die von Goebbels gestellte Frage: „Wollt Ihr den totalen Krieg" nicht ungern gehört, lieferte er doch einen Vorwand für die Rechtfertigung der Flächenbombardements gegen die Zivilbevölkerung, die freilich sozusagen probeweise schon vorher begonnen hatten: Hamburg, Dresden, Kassel, Köln, Darmstadt, Würzburg, Potsdam usw., darunter Städte ohne jede militärische Bedeutung, wurden in Schutt und Asche gelegt – teilweise bis wenige Tage vor Kriegsende. Der Vorwand, den viele Einfältige geglaubt haben mögen, aber die Verantwortlichen natürlich nicht, lautete: „We are now fighting the Nazis who are Germans and the Germans who are Nazis. The way is now clear for an allied occupation of Germany lasting not less than 25 years – perhaps lasting 50 years."[449]

Nach der Okkupation kam allmählich die Einsicht. Amtliche US-amerikanische Beobachter notierten noch wenige Monate nach Kriegsende: „The speech made by Pastor Niemöller in Erlangen 2nd February 1946 aroused what was, from Military Government standpoint, a most unfavorable reaction.[450] Both Catholics and Protestants condemned his remarks that 'Germany must openly confess that all of us without exception are responsible for what the Nazis had done to the world.'"[451] Die meisten von ihnen teilten offenbar noch Niemöllers pauschale Beschuldigung des deutschen Volkes, so auch ihr Oberkommandierender General Eisenhower. Doch rasch folgte das Umdenken. Am 22. Januar 1951 gab Eisenhower eine Ehrenerklärung für die deutschen Soldaten ab, in der es heißt:

„Ich war 1945 der Auffassung, dass die Wehrmacht, insbesondere das deutsche Offizierskorps, identisch mit Hitler und den Exponenten seiner

---

448 „Jetzt nazifizieren die Nazis das Volk bis hinab zur letzten Gegenstimme.", The National Archives Record Group 226 Records of the Office of Strategic Services OSS R&A 88579, London July 30, 1944.

449 „Wir bekämpfen jetzt die Nazis, die Deutsche sind, und die Deutschen, die Nazis sind. Der Weg ist jetzt klar für die alliierte Besetzung Deutschlands auf nicht weniger als 25 Jahre – vielleicht soll sie 50 Jahre dauern." The National Archives Record Group 226 Records of the Office of Strategic Services OSS R&A 88579, London July 30,1944.

450 Niemöller war Anfang der dreißiger Jahre in Berlin-Dahlem als „der braune Pastor" bekannt, weil er massiv für Hitler warb. Siehe die Niemöller-Biographien.

451 „Die Ansprache des Pastors Niemöller in Erlangen am 2. Februar 1946 löste – vom Standpunkt der Militärregierung aus betrachtet – eine ungünstige Reaktion aus. Katholiken wie Protestanten verurteilten seine Bemerkungen, 'Deutschland müsse offen gestehen, dass alle von uns ohne Ausnahme für das, was die Nazis der Welt angetan haben, verantwortlich sind.'"

Gewaltherrschaft seien – und deshalb auch voll mitverantwortlich für die Auswüchse dieses Regimes. Genauso wie ich mich damals eingesetzt habe gegen die Bedrohung der Freiheit und Menschenwürde durch Hitler, so sehe ich heute in Stalin und dem Sowjetregime dieselben Erscheinungen. Ich habe inzwischen eingesehen, dass meine damalige Beurteilung der Haltung des deutschen Offizierskorps und der Wehrmacht nicht den Tatsachen entspricht, und ich stehe daher nicht an, mich wegen meiner damaligen Auffassungen – sie sind ja auch in meinem Buch[452] ersichtlich – zu entschuldigen. Der deutsche Soldat hat für seine Heimat tapfer und anständig gekämpft. Wir wollen alle für die Erhaltung des Friedens in Europa, das uns allen ja die Kultur geschenkt hat, gemeinsam eintreten.“[453]

In den Nürnberger Kriegsverbrecherprozessen wurde seitens der Sieger und Richter klar die Auffassung vertreten, dass nicht das Volk als Ganzes schuldig geworden sei, auch nicht die deutsche Wehrmacht als Ganze. Kaum mehr bekannt ist heute, dass selbst der deutsche Generalstab und das Oberkommando der Wehrmacht nicht als verbrecherische Organisationen eingestuft wurden.

## Die Mitläufer und ihre Kinder

Als nach Kriegsende in Deutschland die Suche nach den Schuldigen begann, wollten sich viele Hitleranhänger mit dem Hinweis salvieren, die Deutschen hätten doch praktisch alle mitgemacht, seien gleichsam Bestandteile von Goebbels Volksgemeinschaft gewesen. Ein aktuelles Bespiel ist die Haltung des politisch erklärtermaßen links stehenden Kabarettisten Dieter Hildebrandt. Sein Fall liegt ganz ähnlich wie der des vier Jahre älteren Walter Jens: Der 1927 im schlesischen Bunzlau geborene Hildebrandt hat Jahrzehnte erfolgreich geheim gehalten, dass er in jungen Jahren ein überzeugter Nazi war. Die Mitgliedschaft in der HJ besagt hier nichts, denn sie wurde von allen erzwungen, auch die Einziehung als Flakhelfer 1943 kann gegen

---

452 Gemeint sind seine 1948 publizierten Kriegserinnerungen „Crusade in Europe“ (Kreuzzug in Europa).

453 „Erklärung von General Eisenhower gegenüber den Generalen Adolf Heusinger und Dr. Hans Speidel am 22.1.1951 um 19 Uhr 25 Uhr (zur Veröffentlichung nicht freigegeben)“ in: BA/MA N 626–220. Am Tag nach dieser Ehrenerklärung in Bad Homburg im Kreis von vier Personen gab Eisenhower öffentlich eine inhaltlich ganz ähnliche Erklärung ab, nur weniger deutlich selbstkritisch hinsichtlich seiner Haltung von 1945.

den Willen Hildebrandts erfolgt sein. Anders liegen die Dinge bei seinem Beitritt zur NSDAP am 20. April (sic!) 1944, die im Jahre 2007 bekannt wurde. Genau wie Walter Jens bestritt Hildebrandt zunächst, bewusst der Partei beigetreten zu sein. Freilich ist kaum eine Frage in Deutschland nach 1945 so gründlich untersucht und so eindeutig beantwortet worden wie die, dass zwar viele zum Parteibeitritt verleitet und gedrängt worden sind, dass aber niemand gegen seinen Willen oder gar ohne sein Wissen „beigetreten wurde". Später verteidigte Hildebrandt seine Anhänglichkeit an den „Führer" mit der zutiefst unaufrichtigen Behauptung, das sei bei 99 von 100 Deutschen nicht anders gewesen![454] Auch wenn Hildebrandt in diesem einen Punkt anders argumentiert hat als Jens, gibt es weitere Parallelen: Hildebrandt übte als moralisierender Kabarettist über Jahrzehnte hinweg vor einem in die Millionen gehenden Fernsehpublikum einen ähnlichen Einfluss aus wie Jens im universitären Bereich. Hier wie dort die Belehrungen vom hohen moralischen Ross, hier wie dort der braune Fleck auf der frühen Biographie, der mit etwas mehr Aufrichtigkeit sicher verziehen worden wäre, hier wie dort zunächst das jahrzehntelange Schweigen und dann das Leugnen.[455]

Jedenfalls hat der Kollektivschuldvorwurf, dessen eigentliche Wurzel wie dargestellt in der von den Alliierten in modifizierter Form aufgenommenen NS-Propaganda liegt, nach 1945 durch die Ausrede vieler Belasteter, es hätten doch alle mitgemacht, zunächst zusätzliche Nahrung bekommen. In den 50er und 60er Jahren trat dieser Vorwurf weit in den Hintergrund, wurde dann aber von den maßgeblichen Vertretern der 68er-Bewegung gleichsam wiederaufgewärmt und schließlich, wie ebenfalls aufgezeigt, etwa seit Mitte der 1990er Jahre mit der Durchsetzung der Formulierungen „deutsche Schuld" und „Verantwortung der Deutschen" politisch und auch gesellschaftlich etabliert. Rein begrifflich stellen diese Redewendungen zwar

---

454 Zeitschrift *GQ*, Juli 2012, S. 52. Hier nur die völlig unverdächtige Margarete Mitscherlich (in: Stefan Aust u. a. „Die Gegenwart der Vergangenheit" München 2004 S. 77): „Ich bin nie in ein Milieu hineingeraten, in dem man Hitler und seine Gefolgschaft nicht unendlich primitiv fand. ...ich hatte das Glück, mit Menschen zusammen sein zu dürfen, deren innere Haltung eindeutig war. Selbst auf dem Gymnasium konnten wir durch die dreißiger Jahre hindurch immer noch lernen, was offiziell geächtet wurde."
455 Malte Herwig nennt in seinem o.g. Buch „Die Flakhelfer. Wie aus Hitlers jüngsten Parteimitgliedern Deutschlands führende Demokraten wurden" (München 2013) noch eine Reihe anderer Namen, so Günter Grass und Martin Walser. Was die NS-Belastung der Deutschen betrifft, so waren sie nicht führende, sondern verführende Demokraten, indem sie mit publikumswirksamen Hinweis auf das Versagen anderer die eigene Verstrickung überspielten und die der anderen verallgemeinerten.

eine leichte Entschärfung gegenüber einem expliziten Kollektivschuldvorwurf dar. Gemeint ist aber – wie aufgezeigt – dasselbe und die minimal weichere Formulierung wird politisch und publizistisch um so intensiver eingefordert, ja nachgerade erzwungen, indem Abweichungen oder gar ein explizites Infragestellen in vielen Formen sanktioniert werden.

## Unkenntnis? – „Jeder Deutsche ist ein Mörder"

In Israel waren es Leute wie Menachem Begin (später Premierminister), die hemmungslos agierten: „Jeder Deutsche ist ein Mörder. Adenauer ist ein Mörder."[456] Später kam noch Helmut Schmidt zu den auf diese Weise namentlich Geächteten. Erfahrungen mit Deutschen in Deutschland hatte Begin nicht gemacht. Für die Injektion von Schuldgefühlen auch bei denen, die gar keinen Grund für sie hatten, gab es viele Motive: Von bloßer Unkenntnis, über den Wunsch nach Vergeltung bis hin zu materiellen oder politischen Interessen. Nicht zuletzt war es eine Waffe im Kalten Krieg.

Der „kapitalistische" Westen war dem Ostblock von Anfang an ein Dorn im Auge, blockierte er doch die kommunistische Weltrevolution. Die DDR führte einen psychologischen Krieg gegen den „faschistischen Ausbeuterstaat BRD". Jedes Mittel war den in Ostberlin Regierenden genehm, auch Fälschung und Verleumdung. Das so geschaffene Material kam der innerdeutschen Opposition durchaus gelegen. Dazu zählte auch der Vorwurf, die „BRD" habe ihre braune Vergangenheit nicht aufgearbeitet.

Dort, wo Marx als „größter Sohn des deutschen Volkes" verehrt wurde, in der DDR, hatte man mit vielen Altnazis kurzen Prozess gemacht und grenzüberschreitend in „Braunbüchern" nachgewiesen, dass in der „BRD" zahlreiche NS-Belastete im öffentlichen Dienst teils sogar in führenden Positionen wieder zu Einfluss gekommen seien. Dass es für diese Resozialisierung gute praktische wie ethische Gründe gab, nämlich Bedarf einerseits und Aussöhnung andererseits, wollte man nicht sehen. (Die Angriffe verstummten erst, als die Gegenrechnung aufgemacht wurde. Denn auch die „DDR" hatte ihre braunen Flecken in beachtlicher Zahl.[457]) Um die Bundesrepublik zu destabilisieren, hat die DDR auch versucht, möglichst viele westdeutsche

---

456 Segev 1995: 289.
457 Siehe: Harry Waibel „Diener vieler Herren. Ehemalige NS-Funktionäre in der SBZ/DDR" Frankfurt am Main 2011. Waibel bietet ca. 1500 Kurzbiographien von Personen, die für Nazi-Deutschland wie für die SBZ/DDR aktiv waren.

Politiker braun einzufärben, etwa mit der Propagandaphrase vom „Braunen Haus" in Bonn. Es begann mit der verlogenen Kampagne gegen Bundespräsident Heinrich Lübke. Angesehene Medien bei uns waren dankbare Abnehmer der Fehlinformationen aus Honeckers Reich.[458]

## Die Friedfertigen

Oben war davon die Rede, dass es für Nachsicht mit den Mitläufern Hitlers gute Gründe gab. Von einem war schon die Rede: Man brauchte sie als Lehrer, als Richter, in der Verwaltung. Wer hätte alle vakanten Stellen der Gefallenen und Gefangenen besetzten sollen? Aber es gab noch einen anderen Grund, von dem kaum die Rede ist, der aber gerade damals noch näherliegend war als heute, die Nachsicht aus christlichem Geist. Der Apostel Paulus ermahnt: *„Segnet, die euch verfolgen; segnet, und flucht nicht."*[459]

Als der israelische Staatspräsident Chaim Herzog 1987 die Bundesrepublik besuchte, äußerte er: „Kein Verzeihen habe ich mit mir gebracht und kein Vergessen."[460] Auch viele Christen mögen nach dieser Maxime handeln, doch sagen können sie es nicht, ohne den Vorwurf zu riskieren, derlei sei doch gänzlich unchristlich. „Vergib uns unsere Schuld, wie auch wir vergeben unseren Schuldigern".[461]

Meinem Vater lag nach Kriegsende nichts an Rache, Vergeltung, Bestrafung. Als er aufgefordert wurde, als Beisitzer einer Entnazifizierungskammer zu fungieren, lehnte er ab. Doch gegen die Entnazifizierung als solche hat er sich nie ausgesprochen. Zur Aussöhnung mit jedem reuigen Verbrecher wäre er jederzeit bereit gewesen. „Bitburg" hätte ihn nicht zum Protest herausgefordert. Keine Feindschaft, schon gar nicht über den Tod hinaus! Wie mein Vater dachten sicherlich viele. Man kann Täter auch durch Verzeihen nachdenklich machen. Das war jedenfalls ihr Weg der Vergangenheitsbewältigung, und diese Einstellung hat wohl dazu beigetragen, dass die

---

458 Das Bohnsack-Protokoll vermerkt (Hans Filbinger „Die geschmähte Generation" Esslingen 1994, S. V): „Es gab kaum eine Zeitschrift, die nicht auf unsere Fälschungen hereingefallen ist." In der Aufzählung befindet sich auch die *Süddeutsche Zeitung.*
459 Römer 12,14.
460 Chaim Herzog „Besuch in Bergen-Belsen" in: Bundeszentrale für politische Bildung (Hrsg.) „Staatsbesuch des Präsidenten des Staates Israel…" Bonn 1987, S. 1.
461 Über „Vergessen" und „Vergessenwollen" kann man lange debattieren. Doch eine etwaige Selektion darf nicht willkürlich sein, etwa: Stalin ja, Hitler nein! Die Weisheit früherer Friedensverträge, etwa des Westfälischen, verdient Beachtung: „Es soll auf beiden Seiten in ewige Vergessenheit geraten …"

Vergangenheitsbewältigung in den Augen der Achtundsechziger nicht befriedigend verlaufen ist.

Ein wunderschönes Beispiel für diese christliche Weise der Vergangenheitsbewältigung bietet die Ortschronik von Solln, einem Stadtteil Münchens. Darin wird geschildert, wie der dortige Pfarrer über Monate bis zum Einmarsch der Amerikaner die Jüdin Gertrud Schaeffler versteckt hatte. Dann lesen wir von ihm: „Stadtpfarrer Josef Hahner, dem während des Dritten Reiches viele Drohbriefe von Nazis zugestellt worden waren, hat sich in einer großartigen Weise von diesem Schmutz befreit. Kurz nach dem Krieg hat er all jene, die ihm Drohungen und Anfeindungen gesandt hatten, zu sich ins Pfarrhaus gebeten. Er las den Herren ihre Briefe vor, steckte sie in den Ofen, verbrannte sie und sagte: ‚Meine Herren, Sie wissen, ich kann Ihnen jetzt nichts mehr anhaben. Was Sie gemacht haben, das müssen Sie mit Ihrem eigenen Gewissen ausmachen.‘"[462] Nicht Rache war sein Anliegen, sondern Vergebung. „Liebet Euere Feinde"[463] Und „Herr, rechne ihnen diese Sünde nicht an!"[464]

Auf der Trauerfeier zu Ehren von Marcel Reich-Ranicki schwärmte Thomas Gottschalk: „Nichts … konnte dich davon abhalten, uns, den Nachfahren deiner Feinde, diese Liebe weiterzugeben"[465], die Liebe zu Musik und Literatur. Doch wer sind „die Nachfahren deiner Feinde"? Meine Vorfahren waren keine solchen Feinde und die von Gottschalk vermutlich auch nicht.

Im Juli 1946 übermittelte der polnische Botschafter bei der italienischen Regierung dem Heiligen Stuhl die Bitte des schwer belasteten ehemaligen Gauleiters des Warthegaus, Arthur Greiser, der in Posen zum Tode verurteilt worden war, um eine Intervention des Papstes zugunsten seiner Gnadengesuche, was dieser – wenn auch vergeblich – tat.[466]

Pastor Uwe Holmer nahm ab Ende Januar 1990 Erich Honecker und dessen Frau zehn Wochen lang bei sich auf, obwohl er selbst unter Repressalien des SED-Regimes hatte leiden müssen. Als Staatsratsvorsitzender war Honecker der Hauptverantwortliche für die schier zahllosen Verbrechen der DDR.

---

462 „Dr. Gertrud Schaeffler. Pfarrer Josef Hahner. Ein Sollner Schicksal". Sollner Hefte 70. München 2012, S. 50.
463 Lukas 6, 25.
464 Apg 7, 60.
465 Thomas Gottschalk „Held des Vergebens" FAZ 27.9.2013.
466 Francesco Merlino „Pius XII." Bad Schussenried 2012, S. 362.

Vor gut 100 Jahren, am 17. Januar 1913, wurde der Prämonstratenser-
pater Werenfried van Straaten geboren. 1947 begann der Niederländer bei
seinen Landsleuten für die hungernden Deutschen zu betteln. Und zwar
ebendort, wo am 26. Mai 1940 alle 86 männlichen Bewohner des Ortes als
Repressalie von Deutschen getötet worden waren, in Vinkt, Flandern. Und
er hatte schließlich Erfolg. Wer es fassen kann, der fasse es.

## Fremde Schuld als Herrschaftsinstrument

Ein beträchtlicher Teil der Kritiker unserer Vorfahren dürfte in dem berech-
nenden Bewusstsein gehandelt haben und noch handeln, das Johannes
Gross mit den Worten beschrieben hat: „Die Verwaltung der deutschen
Schuld und die Pflege des deutschen Schuldbewusstseins sind ein Herrschaftsinstrument. Es liegt in der Hand aller, die Herrschaft über die Deutschen ausüben wollen, drinnen wie draußen."[467] Wer Deutschland zur Kasse
bitten will, dem ist ein Deutschland willkommener, das an seiner Vergangenheit leidet, als ein Deutschland, dessen Bewohner selbstbewusst auf glei-
cher Augenhöhe auftreten und sich nicht ihrer Herkunft schämen. „Es ist
gar kein Wunder, dass es heute in Griechenland Äußerungen von Deutschfeindlichkeit gibt, wie sie so seit 50 Jahren nicht mehr beobachtet wurde",
schreibt Thilo Sarrazin in seinem Bestseller „Europa braucht den Euro
nicht".[468] Und die Deutschfeindlichkeit benötigt eine argumentative Basis,
die die Aversion trägt. Der Wahrheitsgehalt ist nicht entscheidend,[469] wie
die einschlägigen Veröffentlichungen von Goldhagen und Gellately beweisen. Ihre absurde Resonanz in Deutschland bestätigt die Vermutung, dass
die Fälschungen gefördert werden und ihre Früchte tragen. „Die in Deutschland seit sechs Jahrzehnten besonders ausgeprägte Begeisterung für Europa
ist nicht zu erklären ohne die moralische Last der Nazizeit", wie Sarrazin
dem eben Zitierten hinzufügt,[470] auch wenn es daneben noch andere und
bessere Gründe dafür gibt.

---

467 Johannes Gross „Phönix in Asche – Kapitel zum westdeutschen Stil" Stuttgart 1989, S. 14.
468 Thilo Sarrazin „Europa braucht den Euro nicht" o.O. 2012, S. 346.
469 Im April 2013 waren die Blätter voll mit Meldungen wie: „Deutsche sind die Ärmsten im Euroraum"
(*FAZ*, 10.4.2013). Doch derlei verhindert nicht, dass weitere Hilfen gerade von Deutschland erwartet
werden.
470 Sarrazin 2012: 390.

## Das Wegsterben der Zeugen

Von überragender Bedeutung ist schließlich der Zeitablauf, wie schon die Gegenüberstellung der Position Adenauers einerseits und der Bundeszentrale für politische Bildung in unserer Zeit andererseits gezeigt hat. Viele Zeugen der Hitlerära haben schon das Kriegsende nicht erlebt. Die meisten Überlebenden, so die Mitglieder der ersten Bundestage, sind zwischenzeitlich gestorben, meist ohne ihr Wissen über die fragliche Zeit aufgezeichnet zu haben. Dem Mythos von der (ewigen) Schuld *der* Deutschen können sie nicht mehr widersprechen. Doch zahlreiche andere haben ihre Erfahrungen und Einsichten zu Papier gebracht. Unsere Aufgabe ist es, sicherzustellen, dass diese und die anderen Quellen nicht nur konserviert, sondern dass auch aus ihnen geschöpft wird.

## Nicht die NS-Gegner und nicht die Opfer

Wer sich, wie eben geschehen, die große Koalition derer anschaut, die *dem* deutschen Volk die Verbrechen Hitlers anlasten, wird feststellen, dass sich unter den Anklägern nur sehr wenige NS-Gegner oder NS-Opfer befinden, die im und mit dem deutschen Volk gelebt haben und ihre eigenen Erfahrungen schildern. Das ist sicherlich für viele überraschend und kann nicht nachdrücklich genug betont und fixiert werden.

# XIV. Hitlers langer Schatten: Deutschland im Zuwanderungsrausch

Ein bizarrer deutscher Sonderweg

In historisch und international beispielloser Weise hat die deutsche Bundes-regierung im Spätsommer 2015 die Staatsgrenzen geöffnet, um Flüchtlin-gen und Zuwanderungswilligen aus aller Welt die Einreise nach Deutsch-land zu ermöglichen. Ab Anfang September wurden viele Einreisende nicht mehr namentlich registriert und bald darauf oft nicht einmal mehr gezählt. Seitdem weiß niemand mehr, wie viele und welche Ausländer im Jahre 2015 nach Deutschland eingereist waren und wie viele sich noch im Lande befin-den, denn auch die Rückreisen wurden bei weitem nicht vollständig erfasst. Zudem sind Hunderttausende Zugewanderte bald nach ihrer Registrierung „verschwunden" – niemand weiß, ob untergetaucht oder ausgereist.

Die meisten großen Medien in Deutschland haben diese Politik im Jahre 2015 intensiv unterstützt und nur wenig Raum für Kritik daran zugelassen, die stets zurückhaltende *Neue Zürcher Zeitung* wunderte sich über eine „Kampagne", und konstatierte den Verfall journalistischer Standards selbst in den öffentlich-rechtlichen Sendern: „Selbst in Nachrichtensendungen wie dem ZDF-‚Heute-Journal' gilt anwaltschaftlicher Journalismus als Pflicht. ‚Wo Mitgefühl angebracht wäre, herrscht Menschenverachtung', tönt es in einer Nachricht über die Lage in Ungarn."[471] Mehr noch: Viele großen Zeitungen und Sender – allen voran die öffentlich-rechtlichen – haben die Kritiker dieser sehr weitgehenden Grenzöffnung in die Nähe von Rechts-radikalen gerückt. Auch dazu die *NZZ* als zweifellos seriöse Stimme: „Zu voller kritischer Wucht läuft man [in den bundesdeutschen Medien] da-gegen auf, wenn es den ‚Kampf gegen rechts' aktivistisch zu befördern gilt. Sprachregelungen sind etabliert, Meinungskontrollen im Netz mit nach-folgender Denunziation beim Arbeitgeber werden empfohlen, Zensur-forderungen sind gesellschaftsfähig."[472]

Diese Grundlinie der großen Medien in Deutschland und die Rigidität, mit der sie durchgefochten wurde, sind schon erstaunlich, denn 25 von 28 EU-Staaten haben diese Linie von Anfang an für falsch gehalten und

---

471 Heribert Seifert: Berichterstatter als Stimmungsmacher, *NZZ* vom 19.9.2015
472 Ebd.

selbst die einzigen anfänglichen Verbündeten der Bundesregierung in dieser Frage, Schweden und Österreich, haben ihre Haltung schon bald um 180 Grad korrigiert. Sollen wirklich 25 von 28 frei gewählte Regierungen in Europa fremdenfeindlich oder rechtspopulistisch gewesen sein, am Ende sogar alle außer der deutschen?

Erst recht ist diese Tendenz der deutschen Leitmedien und Bundestagsparteien bemerkenswert, wenn man einen Blick in die Gesetze und europäischen Verträge zum Thema Zuwanderung und Asyl wirft. Die Außengrenzen der EU und notfalls die Grenzen der Mitgliedsstaaten dürfen nicht nur, sie *müssen* nach deutschem und europäischem Recht vor unkontrollierten Einreisen geschützt werden. Doch der Ruf nach Einhaltung des geltenden Rechts wurde im Laufe des Jahres 2015 von *allen* im Bundestag vertretenen Parteien mit Ausnahme der CSU und einer Minderheit der CDU-Abgeordneten sowie von den meisten großen Medien in Deutschland zurückgewiesen und dabei oft als unmenschliches, europafeindliches, ja als rechtsradikales Verlangen denunziert. Die Ausnahmen unter den großen, meinungsbildenden Medien kann man an einer Hand abzählen: *Cicero, FAZ, Welt, Focus* und der *Bayerischer Rundfunk*. Erst Anfang des Jahres 2016 haben die meisten Zeitungen, Internetportale und Sender unter dem Eindruck der massenhaften Übergriffe in der Kölner Sylvesternacht diese eigentlich bizarre Linie korrigiert.

Die Sachargumente gegen die Massenzuwanderung des Jahres 2015 sind erdrückend. Hier nur die allerwichtigsten, wobei sich detaillierte Belege erübrigen. Diese Tatsachen stehen – *inzwischen wieder* muss man sagen – tagtäglich in den Zeitungen:

– Wer vor einem Bürgerkrieg flieht und in einem Nachbarland sichere Aufnahme gefunden hat, ist dort ein Flüchtling. Wer dann weiterwandert ist im Sinne des Völkerrechts, des Europarechts und auch nach deutschem Recht kein Flüchtling mehr, sondern ein Migrant. Es kann Gründe geben, ihn dennoch aufzunehmen, eine Verpflichtung dafür gibt es nicht. Selbst tatsächlich politisch Verfolgte, die zu Recht weit mehr Schutz genießen als Bürgerkriegsflüchtlinge oder Wirtschaftsmigranten, können laut Grundgesetz keinen Asylantrag stellen, wenn sie über ein sicheres Drittland nach Deutschland gekommen sind.

– Ein einzelner Flüchtling (oder als Flüchtling aufgenommener Migrant) kostet im ersten Jahr an die 15.000 Euro. Die Hilfe für eine ganze syrische

Flüchtlingsfamilie in einem Aufnahmelager etwa in der Türkei oder im Libanon kostet im selben Zeitraum nur etwa ein Zehntel davon. Soweit man Bürgerkriegsflüchtlinge im Aufnahmeland integrieren will (was erst noch zu begründen wäre, die meisten wollen doch wieder zurück und werden in ihrer Heimat auch gebraucht) wäre das dort viel leichter möglich.

– Die Teilgruppe der Syrienflüchtlinge, die heute wohl am meisten unseren Schutz verdienen würde, sind die dortigen Christen. Was sich in Syrien abspielt, ist ja ein Stellvertreterkrieg von Sunniten und Schiiten: Das Regime Assad wird vom schiitischen Iran und den von ihm finanzierten Milizen unterstützt, seine Gegner hingegen von den sunnitischen Regionalmächten Saudi-Arabien und Türkei. Die Christen und anderen Nichtmuslime sind in großer Gefahr, zwischen diesen „Mühlsteinen" zerrieben zu werden. Es gehört zu den größten Absurditäten der Merkelschen Politik „des menschlichen Gesichts", dass sie noch nicht einmal den syrischen Christen, die deutschen Boden erreicht haben, Sicherheit bietet. Einer neuen Untersuchung zufolge sollen in deutschen Aufnahmeeinrichtungen in mehreren Zehntausend (!) Fällen Christen von Muslimen beschimpft, bedrängt, bedroht oder geschlagen worden sein.[473] Möglich war das nur, weil das Personal der dortigen Wachdienste sehr oft selbst muslimisch ist. Die deutsche Polizei ist mit der Bewachung dieser Einrichtungen längst hoffnungslos überfordert.

– Ein einzelner „unbegleiteter minderjähriger Flüchtling" verursacht im Jahr sogar Kosten von rund 50.000 Euro. Viele davon stammen noch nicht einmal aus einem Bürgerkriegsgebiet, sondern aus Nordafrika. Die meisten werden bewusst von ihren Angehörigen vorausgeschickt, in der Hoffnung, dass später die ganze Familie nachziehen kann. Gewiss, in Nordafrika gibt es viel Armut, aber weder politische Verfolgung noch Bürgerkriege. Mit denselben Mitteln könnte man vor Ort Hunderten noch Ärmeren helfen. Die Rettung eines Menschen in einem der Notstandsgebiete in Ostafrika vor dem Hungertod kostet kaum mehr als ein Tausendstel[474] dessen, was die Intensivbetreuung eines 16-jährigen Algeriers nach den Standards der deutschen Jugendfürsorge an Aufwand verursacht.

---

473 So die Nachrichtenagentur *idea* in einem Bericht über eine gemeinsame Pressekonferenz mehrerer christlicher Hilfsorganisationen und der Internationalen Gesellschaft für Menschenrechte (IfGM) am 9. Mai 2016. Dabei war sogar die Rede von bis zu 40.000 Fällen, die aber offenbar nicht im Einzelnen belegt sind.
474 Gerd Müller (CSU), Bundesminister für wirtschaftliche Zusammenarbeit, bezifferte im Herbst 2015 in einem Interview die Kosten für die Ernährung einer Person auf 40 Euro im Vierteljahr.

– Wirtschaftsverbände befürworten Zuwanderung, weil unser Land Facharbeiter benötige. Aber rund 20 Prozent der zugewanderten Syrer und bis zu 65 Prozent der Afghanen sind schlicht Analphabeten – die Kinder jeweils nicht mitgerechnet. Ein Vorstandsmitglied der Bundesagentur für Arbeit äußerte im Herbst 2015 die Erwartung, dass „rund 90 Prozent der anerkannten Flüchtlinge zunächst auf Hartz IV angewiesen sein werden". Bundesarbeitsministerin Andrea Nahles (SPD), fremdenfeindlicher Anwandlungen unverdächtig, sprach am selben Tag von 460.000 neuen Hartz-IV-Empfängern durch den Flüchtlingszustrom.[475]

– Die terroristischen Gefahren in Europa werden immer größer, wie zuletzt die Anschläge in Paris und Brüssel gezeigt haben. Einige der Täter sind nachweislich als „Flüchtlinge" nach Europa gekommen. Ja, die Masse der Ankömmlinge waren und sind friedliche Menschen. Aber im syrischen Bürgerkrieg gibt es eben nicht nur Opfer, sondern auch Täter – Propagandisten und Kämpfer sowie unzählige junge Männer, die von Gewalterfahrungen aller Art radikalisiert worden sind. Eine arabischen Forschungseinrichtung (Neudeutsch sagt man wohl „think-tank") beziffert den Anteil der Syrienflüchtlinge, die mit der Terrormiliz IS oder vergleichbar fanatischen Gruppen sympathisieren, auf 10 bis 13 Prozent.[476] Das wären rund 60.000 Personen nur unter den nach Deutschland gekommenen Syrern des Jahres 2015. Allein die gewiss nötige Überwachung dieser Personen würde Milliardenbeträge verschlingen, soweit sie überhaupt zu leisten wäre.

– Die radikale Grenzöffnung des Jahres 2015 ist zudem längst zu einer Hypothek für den Zusammenhalt Europas geworden. In vielen Hauptstädten Europas zweifelt man am Verstand der deutschen Bundesregierung, Merkel hat Deutschland mit dieser Politik in Europa geradezu isoliert und versucht seit Monaten in einer Frage von historischer Bedeutung, dem Rest des Kontinents ihren Willen aufzuzwingen[477] was schon in sich eine böse Parallele zur NS-Zeit darstellt. Hunderte Millionen Menschen in ganz Europa können nicht mehr nachvollziehen, was in Brüssel und Berlin beschlossen wird und reagieren bei Wahlen dementsprechend. Diese an sich wünschenswerte Gegenreaktion könnte über das Ziel hinausschießen und Kräfte nach oben bringen, die die nicht nur Fehlentwicklungen

---

475 Quelle für beides: Stefan von Borstel: Mehr als 90 Prozent der Flüchtlinge brauchen Hartz IV, in: *Die Welt* vom 30.9.2015

476 Quelle: Arab Center for Research & Policy Studies, Doha, veröffentlicht am 16.11.2015.

477 Siehe u.a. Jacques Schuster: Merkel hat Deutschland in Europa isoliert, *Die Welt*, 15.2.2016

in der Europapolitik bekämpfen wollen, sondern die europäische Einigung als solche. Niemand kann wollen, dass am Ende den wirklich politisch Verfolgten – völlig unabhängig von ihrer Herkunft, Rasse und Reli-
gion – nicht mehr im gebotenen Umfang geholfen wird. Diese Hilfe ist
eine richtige und gute Lehre des Nationalsozialismus, was man von der
Aufnahme von Millionen oft unqualifizierter und kaum integrierbarer
Armutsflüchtlinge aus islamischen Staaten und Afrika nicht sagen kann.

Ja, man kann wirklich am Verstand der Verantwortlichen in Politik und
Medien zweifeln und fragen: Was war da los in Deutschland in diesen denk-
würdigen Monaten zwischen Mitte 2015 und Frühjahr 2016? Was hat,
salopp gefragt, die Verantwortlichen „geritten"?

Der stellvertretende CDU-Bundesvorsitzende Armin Laschet fand für
das, was hier geschehen ist, Mitte Januar 2016 erstaunliche Worte. Diese
Worte haben besonderes Gewicht, denn Laschet, ein Mann vom linken Flügel der CDU, gehört zu der kleinen Handvoll Personen in der Umgebung
von Angela Merkel, die die Kanzlerin zu ihren fatalen Fehlentscheidungen
insbesondere ab Juli 2015 bewogen haben.[478] Die „breite Willkommenskam-
pagne" für Flüchtlinge im vergangenen Jahr sei „von Medien gestartet" worden, so Laschet. „Es komme keiner mit der Idee, es war Angela Merkel, und
die hat die Millionen der Welt eingeladen", sagte er. Und schließlich: „Wir
waren alle in diesem Rausch."[479] Im Rausch?? Wir alle?? Offenbar meinte er
einen kleinen Kreis von Entscheidern im Umfeld der Bundeskanzlerin, darunter sich selbst. Schon die Innenpolitiker in der CDU-Bundestagsfrak-
tion sind nachweislich nüchtern geblieben, ebenso Fraktionschef Volker
Kauder und die CSU-Bundestagsabgeordneten.

Und was ist erst mit den Vielen, die von höchsten Regierungsvertretern
direkt beschimpft worden sind, weil sie die evidente Irrationalität und den
Hunderttausendfachen Rechtsbruch, den Merkels Grenzöffnung eben auch
bedeutet hat, klar als solche benannt haben? Zur Erinnerung: Die Bundeskanzlerin persönlich bescheinigte in ihrer Neujahrsansprache 2015 den
Kritikern der sich damals bereits anbahnenden Massenzuwanderung, sie
hätten „Hass in ihren Herzen", Vizekanzler Sigmar Gabriel (SPD) nannte

---

478 Robin Alexander, Stefan Aust: Ahnungslos, lustlos und total überfordert, *Die Welt*, 20.9.2015 – Der
exzellent recherchierte Artikel informiert genau über die Vorgeschichte der Grenzöffnung vom 4.9.2015
und benennt Armin Laschet, Peter Altmaier und Peter Tauber (neben Merkel selbst) als die Hauptverantwortlichen. Er benennt ebenso die Kritiker dieser Politik in der CDU-Führung.
479 Laschet verteidigt Merkel Flüchtlingspolitik, *Die Welt*, 16.1.2016

zuwanderungskritische Demonstranten sogar „Pack und Mob... man muss sie einsperren." Es handele sich um „Leute, die Menschen aufhetzen, die zu Gewalt und Mord und Totschlag auffordern"[480]. Mitglieder der Bundesregierung haben keineswegs das Recht, Bürger zu kritisieren, deren Überzeugungen ihnen nicht passen, geschweige denn, sie in dieser Weise zu schmähen. Beide Äußerungen sind insofern offene Verstöße gegen die Neutralitätspflicht des Staates nach Art. 4 Grundgesetz. Man muss froh sein, dass die sächsischen Justizbehörden Gabriels Verlangen nach Inhaftierung Unschuldiger keine Folge geleistet haben – zumindest insoweit funktioniert der Rechtsstaat noch.

Mit den folgenden Überlegungen geht es keineswegs um eine komplette Dokumentation oder Analyse dieser Politik, das würde den Rahmen dieses Buches bei Weitem sprengen. Es geht um Klarstellungen zu einigen besonders eklatanten Punkten von Irreführung, Irrationalität und auch Rechtsbruch. Und es geht darum, aufzuzeigen, wie eng die radikale, so in der ganzen Welt nur von Deutschland propagierte und ins Werk gesetzte Grenzöffnung des Jahres 2015 argumentativ und politisch mit den Irrwegen verbunden ist, die auch die deutsche Geschichtspolitik seit einigen Jahren beschreitet: Hier wie dort verdrängt Gesinnung die Verantwortung, hier wie dort tritt Betroffenheit an Stelle der Vernunft. Hier wie dort nimmt man es inzwischen mit der Wahrheit nicht mehr genau, hier wie dort wurde und wird schließlich das Recht gebrochen. Vor allem: Hier wie dort hat der Staat seine grundgesetzlich vorgegebene Neutralität aufgegeben. Er engagiert sich ideologisch und damit sogar parteipolitisch, was im demokratischen Rechtsstaat völlig unzulässig ist. Und hier wie dort gibt es nicht nur irregeleiteten Idealismus, sondern auch die knallharte Verfolgung von machtpolitischen und materiellen Interessen.

---

480 *Focus* vom 24.8.2015 – Der letzte Halbsatz belegt, dass Gabriel mit dieser radikalen Forderung eben nicht Gewalttäter im Sinne hatte, sondern gewaltlose Demonstranten, hier konkret diejenigen in der Stadt Heidenau in den Tagen 19.-24.8.2015 gegen die dort geplante Erstaufnahmeeinrichtung für Migranten. Deren angebliche Aufforderung zu „Gewalt und Mord und Totschlag" ist eine freie Erfindung Gabriels, sonst wären die Betreffenden nach § 111 StGB strafrechtlich belangt worden. Dass diese öffentliche Aufforderung zur Begehung von Straftaten nicht geschehen ist, hat die Bundesregierung inzwischen selbst bestätigt, nämlich in ihrer minutiösen Antwort auf eine parlamentarische Anfrage der „Linken" (Drucksache 18/6559 vom 2.11.2015, S. 11). Sie dokumentiert für Heidenau am 21. und 24.8.2015 je einen Fall von politisch motivierter Sachbeschädigung, aber keinerlei anderen einschlägigen Delikte.

Die Verortung von Pegida

Es gibt viele Dinge, die man an der sogenannten „Pegida-Bewegung" mit Fug und Recht kritisieren kann. Lutz Bachmann, der Anführer dieser Gruppe, die seit Herbst 2014 mit wöchentlichen Demonstrationen „gegen die Islamisierung des Abendlandes" zu Felde ziehen, hat ein langes Vorstrafenregister. Einige, insbesondere nichtdeutsche Redner auf den Kundgebungen von Pegida stehen wohl tatsächlich so weit rechts, wie angeblich die gesamte Bewegung, wenn man dem von den großen Medien gezeichneten Zerrbild Glauben schenken würde. Dass führende Politiker dieses Landes auf diesen Kundgebungen vereinzelt als „Volksverräter" und in ähnlicher Weise geschmäht werden, macht dieser Bewegung ebenfalls keine Ehre. Aber solche Fehlgriffe können keineswegs das Anliegen der Dresdner Demonstranten insgesamt delegitimieren, sonst könnte man leicht jede politische Kundgebung ins Abseits rücken. Selektive Fernsehbilder taugen noch nicht einmal dazu, eine Bewegung politisch zu verorten, geschweige denn, sie beurteilen zu können. Das geht nur anhand ihrer eigenen Erklärungen, im Falle von Pediga also anhand der „19 Punkte", die diese Bewegung im Dezember 2014 publiziert hat und über die kaum ein größeres Medium näher berichtet hat. Was ist darin zu lesen? Nur ein Punkt betrifft den Islam, und nur zwei Punkte betreffen die Grundsätze der Zuwanderungs- und Asylpolitik.

Diese drei Punkte lauten wörtlich: (1.) „PEGIDA ist FÜR die Aufnahme von Kriegsflüchtlingen und politisch oder religiös Verfolgten. Das ist Menschenpflicht!" (10.) „PEGIDA ist FÜR den Widerstand gegen eine frauenfeindliche, gewaltbetonte politische Ideologie aber nicht gegen hier lebende, sich integrierende Muslime!" (11.) „PEGIDA ist FÜR eine Zuwanderung nach dem Vorbild der Schweiz, Australiens, Kanadas oder Südafrikas!" Vergleicht man diese knappen Punkte mit den Programmen der etablierten Parteien der vergangenen Jahre, dann ist das verblüffende Resultat: Pegida vertritt eine Zuwanderungspolitik, die *deutlich links* von dem steht, was die CDU noch in den späten 1990er Jahren für richtig gehalten hat. Eine systematische Zuwanderungspolitik, wie etwa Australien und Kanada sie betreiben, hat die CDU bis weit in die 1990er Jahre hinein mit dem Argument abgelehnt, dass zunächst einmal die absehbare starke Zuwanderung infolge der EU-Osterweiterung abgewartet und bewältigt werden müsse und jedenfalls bis dahin kein Anlass bestehe, weitere Türen für Zuwanderer zu öffnen. Die traditionelle Formel „Deutschland ist kein Einwanderungs-land!" hat die CDU damals zwar nicht mehr laut vertreten, aber auch noch nicht verworfen.

Vor allem aber hat die CDU, in der Merkel damals bereits in hohen Äm-tern engagiert war, bei weitem nicht so offenherzig wie Pegida die Aufnahme von Kriegsflüchtlingen gutgeheißen. Damals hat die CDU noch sehr genau zwischen (Bürger-)Kriegsflüchtlingen und politisch Verfolgten unterschie-den und war gegenüber Erstgenannten viel reservierter als Pegida. Erst nach langen Diskussionen war die Union während des Jugoslawienkrieges der Jahre 1991 bis 1995 bereit, in größerer Zahl Flüchtlinge von dort aufzuneh-men, die nicht zugleich politisch verfolgt waren. Schließlich wurden etwa 400.000 aufgenommen, allerdings unter der Bedingung, dass sie nach dem Ende des Konfliktes, das dann 1995 kam, wieder zurückkehren müssten. Diese Bedingung wurde auch durchgesetzt: Bis zum Jahr 2001 hatten über 90% der Jugoslawienflüchtlinge Deutschland wieder verlassen, wer nach Ab-lauf seiner Aufenthaltsbewilligung nicht ausreiste, bekam den Ausweisungs-bescheid und wurde notfalls abgeschoben. Nicht nur unionsregierte Länder führten solche Abschiebungen durch, auch SPD-regierte Bundesländer han-delten nach den entsprechenden Vereinbarungen. Das alles war nicht nur völlig völkerrechtskonform, es war im europäischen Vergleich großzügig, nur sehr wenige Länder, darunter Österreich, halfen noch mehr. Überaus restriktiv war diese Politik allerdings gemessen am Programm von Pegida, das politisch Verfolgte und Kriegsflüchtlinge ohne Unterscheidung in einem Atemzug nennt und mit keinem Wort davon spricht, dass die Aufnahme von Kriegsflüchtlingen zeitlich befristet sein könnte. Deutlicher gesagt: Wenn das Programm von Pegida rechtspopulistisch sein sollte, dann wäre die Poli-tik der CDU-Innenminister Rudolf Seiters und Manfred Kanther der 1990er Jahre eine einzige rechtsextremistische Verirrung gewesen. Oder noch deut-licher: Pegida wird in diesem Punkt verleumdet.

## Wo steht eigentlich die „Antifa"?

Wer hätte für möglich gehalten, dass jemals wieder auf deutschen Plätzen der Ruf „Juden ins Gas!" erschallen könnte? Doch es ist geschehen, im Juli 2014, in Bochum und Gelsenkirchen, in München und in Berlin[481]. Aller-dings, die schockierende Parole ist verkürzt. Der Schlachtruf in voller Länge

---

481 Richard Herzinger: Merkel – „Juden sind in Deutschland zuhause". *Die Welt*, 14.9.2014

lautete: „Hamas, Hamas, Juden ins Gas!" und gerufen haben ihn nicht Deutsche, jedenfalls nicht so genannte „Bio-Deutsche", sondern arabische Zuwanderer, von denen freilich wohl so mancher einen deutschen Pass hatte[482]. Interessant ist die Haltung der teilweise aus Steuergeldern finanzierten „Antifa" zu diesem Nazismus in islamistischem Gewand. Sie fehlte nicht nur völlig bei den Gegnern dieser Kundgebungen, sondern war teilweise sogar mit von der Partie. Bei einer Demonstration der „Linken Jugend" (NRW) im Sommer 2014 in Essen feierten Antisemiten die Hamas und skandierten „Adolf Hitler"[483]. In dieser extremen Form mag es eine Ausnahme gewesen sein, aber die Grundlinie der deutschen Antifa ist klar: Man äußert sich kaum je gegen arabischen Radikalismus, aber oft genug gegen Israel. Vor allem aber bekämpft die Antifa unablässig und auch mit Gewalt diejenigen, die der Massenzuwanderung aus dem arabischen Raum widersprechen – nicht zuletzt mit dem Einwand, dass auf diesem Wege schon Hunderttausende oft militante Antisemiten nach Europa gekommen sind und immer noch kommen.

Dies wirft eine grundlegende Frage auf: Ist die Antifa ihrem Wesen nach überhaupt (noch) eine linke Bewegung im Sinne dessen, was gemeinhin darunter verstanden wird, also eine demokratische und emanzipatorische, international und humanitär denkende Kraft? Oder ist sie eine „linke" Bewegung eben doch nur im Sinne dessen, was Konservative unter links und linksradikal verstehen, also eine von Ressentiment und Neid motivierte Eruption der sozialen und intellektuellen Unterschicht, zu deren ungutem „Programm" Gewaltbereitschaft und Antisemitismus immer mit gehört haben und die in allen diesen Punkten dem Nationalsozialismus weitaus ähnlicher ist als die demokratische Linke etwa in der SPD es wahrhaben will?

Als 2009 bei den traditionellen Straßenschlachten linker Chaoten in Berlin zum 1. Mai wieder einmal Dutzende Polizisten verletzt wurden und enormer Sachschaden entstand, bescheinigte Henryk M. Broder dem Anmelder dieser „Demonstration", dem Berliner Linken-Politiker Kirill Jermak in einer Fernsehdiskussion, es sei „die SA der Friedensbewegung, die da getobt hat"[484]. Nicht nur die erwähnten Ereignisse vom Sommer 2014, sondern der ganze Umgang von „Linken" und Antifa mit den Kritikern der

---

482 Das ist wahrscheinlich, weil den Betreffenden sonst in diesem Falle doch die Abschiebung gedroht hätte. Generell gibt es viele Belege dafür, dass islamische Extremisten juristisch gut beraten sind und bei ihren Aktionen die zu erwartende Reaktion des bundesdeutschen Rechtsstaates sorgfältig berücksichtigen.
483 Alexander Kissler: Der Judenhass ist wieder da, *Cicero*, 22.7.2014
484 Im Fernsehsender n24, am 5.5.2009 oder kurz davor, nachzuschauen auf Youtube.

Massenzuwanderung setzen hinter Broders spitze Diagnose ein dickes Ausrufezeichen.

## Wenn Linke Rechtsextremisten willkommen heißen

Grundsätzlicher gefragt: Was ist überhaupt noch rechts und links im Jahre 2016? Für die meisten, die sich selbst als „Linke" verstehen und deren politisch linker Standpunkt auch von niemandem in Frage gestellt wird, ist zumindest klar, was einen Rechtsradikalen ausmacht: Autoritätsgläubig statt demokratisch, national und ethnozentrisch statt international, gegen die Gleichstellung der Frau und womöglich auch noch fundamental-religiös. Wer von diesen vier Kriterien zwei erfüllt, gilt als „Rechter", sind es drei oder vier, dann ist die Diagnose „rechtsradikal" aus linker Sicht zwingend. Soweit die unzähligen linken Hobbyverfassungsschützer in Deutschland überhaupt noch unterscheiden zwischen „rechts", „rechtsradikal" und „rechtsextrem/nazistisch", dann beginnt die schlimmste Stufe (oft mit dem Wort „Nazi-Schwein" bezeichnet) jedenfalls dort, wo ein Verdächtiger nicht etwa nur die Gleichstellung der Frau ablehnt, sondern sogar ihre Gleichberechtigung, wo Schwulenfeindlichkeit, Antisemitismus, Machogehabe und Gewaltbereitschaft hinzukommen. Und es ist ja wahr: Wer würde solche Einstellungen, die man wohl in NPD-nahen Kameradschaften findet, gutheißen? Nun eine simple Frage: Zu welchem Ergebnis führen diese Kriterien, wenn man sie einmal auf die rund 800.000 Muslime unter den schätzungsweise 1,1 Millionen Zuwanderern nach Deutschland im Jahre 2015 anwendet? Ein sehr bedeutender Teil davon, womöglich die Mehrheit, ist in dieser – keineswegs abwegigen – Logik der deutschen Linken als rechtsextremistisch einzustufen.

Das schließt keineswegs aus, dass auch solche Personen Kriegsopfer sind, die Hilfe benötigen und verdienen. Es ist aber eine tiefe Absurdität, dass der bundesdeutsche „Kampf gegen rechts" Hunderttausende Menschen mit derartigen Überzeugungen und kulturellen Prägungen ins Land geholt hat, Menschen, gegenüber denen selbst Exponenten des rechten Flügels der AfD wie Linksliberale aussehen. Stöbert man ein bisschen in den sozialen Netzwerken, dann findet man Berichte von linken Flüchtlingshelferinnen, die nach wenigen Wochen ihre Tätigkeit aus dem schlichten Grund beendet haben, dass sie in den von ihnen betreuten „refugees" genau die chauvinistischen Machos wiedererkennen mussten, mit denen sie, wenn sie denn Deutsche wären, kein Wort wechseln würden. Der Lernprozess für die Betroffenen ist bitter. War nicht die Parole „Ausländer, lasst uns mit diesen Deutschen nicht allein!" ein beliebter Slogan linker Demonstranten bei Aufmärschen von Rechtsradikalen[485]? Was kann gerade aus linker Sicht noch davon übrigbleiben, wenn man die ideologische Brille absetzt und den Tatsachen ins Auge sieht?

## Das Elend der falsch gestellten Fragen

Sowohl beim Thema Zuwanderung als auch beim Thema Nationalsozialismus geht die Diskussion oft einfach deswegen in die Irre, weil Politiker die falschen Fragen stellen. Besonders schädlich ist es, wenn versucht wird, komplizierte Sachverhalte auf Ja-Nein-Fragen zu reduzieren. Bei der Antwort bleibt dann nur noch A oder B, gut oder böse, also im Deutschland unserer Tage: gut oder rechts! Ein Beispiel ist die unsägliche Debatte, ob der 8. Mai 1945 ein Tag der Befreiung gewesen wäre – ja oder nein?! Bundespräsident Theodor Heuss sprach 1949 noch treffend von der „Paradoxie" dieses Tages, mit dem die Deutschen „erlöst und vernichtet und in Einem" gewesen wären. Diese Deutung bleibt wahr und gültig und in den 1950er Jahren blieb es der SED vorbehalten, in der DDR den 8. Mai 1945 als „Tag der Befreiung" zu bejubeln. Niemand hat das damals so ätzend kritisiert wie die SPD, mit drei sonnenklaren Argumenten: Haben nicht die Westalliierten 1945 unmissverständlich gesagt, dass sie „nicht als Befreier, sondern als siegreiches Heer" gekommen wären und sich in den ersten Jahren dann auch so verhalten – wer würde denn wirklich Befreite dreieinhalb Jahre lang hungern lassen? War das Geschehen von 1945 im Gebiet der nachmaligen DDR nicht noch viel eindeutiger eben keine Befreiung, sondern eine brutale Besetzung mit anschließendem Austausch der braunen Zwangsjacke durch die rote? Und ist nicht die gegenteilige Behauptung der SED ein plumper Versuch, sich auf die Seite der Sieger zu mogeln? So galt die Parole vom „Tag der Befreiung" noch lange nach Stalins Tod als ein reines Stück Stalinismus. Es blieb Richard v. Weizsäcker vorbehalten, dieses an sich linksradikale Ideologem ab 1985 in der bundesrepublikanischen Geschichtspolitik zu etablieren und damit zugleich tüchtig dazu beizutragen, dass sich das Bild der unter Hitler lebenden

---

485 Heute wird das so kaum mehr skandiert, denn das Wort „Ausländer" gilt aus linker Sicht schon als unzulässig und latent diskriminierend. Es müsste folglich durch „Flüchtling", „Migrant" oder „refugee" ersetzt werden.

Deutschen rückblickend verfinstert. Wohlgemerkt: Die richtige Antwort auf die Ja-Nein-Frage, ob der 8. Mai 1945 ein Tag der Befreiung gewesen wäre, ist auch nicht „Nein!", sondern: „Die Frage ist falsch gestellt!"

In der selben Weise hat unser Land lange an der falsch gestellten Frage herumgedoktort, ob Deutschland nun ein Einwanderungsland sei – ja oder nein? Tatsächlich ging es immer nur darum: *Wie viel* Einwanderung aus welchen Ländern und Kulturen wollen wir und zu welchen rechtlichen und politischen Bedingungen? Die falsche Verkürzung zur Ja-Nein-Alternative, mit „Ja" als der guten und „Nein" als der bösen und „rechten" Antwort hat viel zu den zuwanderungspolitischen Verirrungen unserer Tage beigetragen. Man geht wohl nicht fehl in der Annahme, dass eine solche differenzierte Diskussion nie gewollt war und genau deswegen die Verkürzung auf eine Ja-Nein-Entscheidung vorangetrieben worden ist.

Ein drittes Beispiel ist die Ja-Nein-Frage, ob der Islam zu Deutschland gehört, denn darin ist erst recht eine unsägliche Vereinfachung angelegt. Drei wohl gerade noch zulässige Ja-Nein-Fragen wären, ob es Islam ohne Scharia gibt (Nein), ob die Scharia mit den Prinzipien unseres Grundgesetzes vereinbar ist (schon hier ist das Nein nicht mehr ganz klar, denn manche Strömungen im Islam interpretieren die Scharia so vorsichtig, dass sie wohl mit dem Grundgesetz vereinbar wäre) und ob Islam und Demokratie zusammenpassen (auch hier ist das Nein nicht eindeutig, unter den rund 60 Ländern mit islamischer Mehrheit in der Welt sind immerhin drei Demokratien, die Türkei, Indonesien und seit kurzem Tunesien). Was soll dagegen die simplifizierende Frage, ob der Islam zu Deutschland gehört? Bedeutet ein „Ja" auf diese Frage unbegrenzten Zuzug (so war ja für einige Monate tatsächlich die Handhabe), unbegrenzten Bau von neuen Moscheen auch mit Finanzierung durch fundamentalistisch-islamische Staaten und weitere Öffnung unserer Rechtsordnung für die Scharia? Bedeutet umgekehrt ein „Nein" die Einschränkung der Religionsfreiheit für die bereits hier lebenden Muslime, womöglich sogar für die deutschen Staatsbürger unter ihnen?

Das eine wäre so absurd wie das andere und die Hauptkritik am früheren Bundespräsidenten Christian Wulff in diesem Zusammenhang ist eben nicht, dass er diese Ja-Nein-Frage falsch beantwortet hätte, sondern dass er die dringend notwendige Debatte über Islam und Scharia, Rechtsstaat und Demokratie, Zuwanderung und Demographie mit einer komplett falsch gestellten Frage in die falsche Richtung gelenkt hat – in die Richtung eines

Entweder-Oder und damit in die Richtung der Konfrontation statt in die Richtung der klugen Differenzierung und damit eines respektvollen Miteinanders ohne Naivität in Sicherheitsfragen.

Ein vielfacher Rechtsbruch

Sehr prominente Juristen haben die Grenzöffnungspolitik des Jahres 2015 als rechtswidrig kritisiert, unter Ihnen der frühere Bundesverteidigungsminister Rupert Scholz, der frühere Richter am Bundesverfassungsgericht Udo di Fabio und der Staatsrechtler Karl Albrecht Schachtschneider. Da bei diesem Thema vieles durcheinandergeht und im Internet der Bundesregierung etliche Rechtsverstöße vorgeworfen werden, die sich eindeutig nicht begangen hat, soll dieses Thema noch kurz behandelt werden.

Die Dublin II-Verordnung von 2003 sieht vor, dass Flüchtlinge von außerhalb der EU nur im Land der ersten Aufnahme in den Schengen-Raum einen Asylantrag stellen können. Trotz dieser klaren Vorgabe hat die deutsche Grenzöffnungspolitik des Jahres 2015 gegen diese Verordnung nicht verstoßen, denn Dublin II erlaubt den so genannten „Selbsteintritt" von Ländern zugunsten der Aufnahme von Flüchtlingen von außerhalb der EU. Verstoßen wurde also nicht gegen den Wortlaut, sondern nur gegen Sinn und Zweck dieser Verordnung. Nicht im Ansatz zutreffend ist auch der im Internet und auf Demonstration gelegentlich gegen die Regierung Merkel erhobene Vorwurf des Hochverrats (§ 81 StGB), denn dieser Tatbestand setzt die Androhung oder Anwendung von Gewalt voraus.

Verletzt werden von der Regierung Merkel aber die Schengen-Vereinbarungen, hier vor allem der darin geforderte Schutz der EU-Außengrenze. Diesen hat die Bundesregierung ganz offen hintertrieben, indem sie das massiv vertragswidrige Verhalten Griechenlands unbeanstandet ließ, aber das exakt vertragstreue Verhalten Ungarns (das versucht hat, das Versagen Athens zu kompensieren) politisch bekämpft hat, statt es zu unterstützen. Anfang des Jahres 2016 hat die Bundesregierung diese Torpedierung des Schengen-Abkommens wiederholt, indem sie Österreich öffentlich für die Schließung der Balkan-Route kritisiert hat. Verletzt werden ferner schon seit mehreren Jahren Artikel 16a GG durch die unzulässige Annahme von Asylanträgen an den Land-Grenzen, weil Deutschland nur an sichere Drittstaaten grenzt und wer aus einem solchen Land kommt, bei uns keinen Asylantrag stellen kann. Wie dargestellt wird durch Aufgabe der staatlichen

Neutralität gegenüber Kritikern der Zuwanderungspolitik Artikel 4 GG verletzt und in der Folge dann auch Artikel 21 GG, der die Chancengleichheit der Parteien schützt.

Seit spätestens Juli 2015 wird zudem systematisch und auf Verlangen des Bundeskanzleramts § 14 Aufenthaltsgesetz verletzt: Die Bundespolizei darf seitdem illegal Einreisende, insbesondere Einreisende ohne Papiere, nicht mehr abweisen, obwohl § 14 Aufenthaltsgesetz sie eben dazu verpflichtet. Seit dem 4.9.2015 werden zudem massiv verletzt § 95 Aufenthaltsgesetz (Hunderttausende Fälle illegaler Einreisen nicht nur ohne Sanktion, sondern mit Förderung der Regierung) und § 96 AufenthG (Schleusung). Es gibt renommierte Juristen, die der Ansicht sind, Angela Merkel selbst habe den Tatbestand der Schleusung nach § 96 Aufenthaltsgesetz erfüllt, namentlich der Strafrechtler Prof. Dr. Holm Putzke von der Universität Passau erhebt diesen Vorwurf. Ebenfalls hunderttausendfach verletzt wird mit der Politik der Bundesregierung § 18 (2) Asylverfahrensgesetz, der die Anwendung von Artikel 16a GG (keine Asylanträge aus sicheren Drittstaaten) gesetzlich konkretisiert. Bundesminister a.D. Rupert Scholz moniert außerdem, dass die pauschale Asylgewährung für Syrer einen Verstoß gegen Art. 16 GG darstelle, weil das Asylrecht ein Individualrecht darstellt, das nicht ohne Einzelfallprüfung einer ganzen Gruppe zugesprochen werden könne.

Der als „Euro-Rebell" bekannte Professor Schachtschneider hat außerdem darauf hingewiesen, dass laut Artikel 20 (3) GG nicht nur die Bundesregierung, sondern auch die anderen Teile der Exekutive, also vor allem Polizei und Verwaltung unmittelbar „an Gesetz und Recht" gebunden sind. Deswegen sei es den Angehörigen der Bundespolizei direkt verboten, der erkennbar illegalen Forderung ihrer Vorgesetzten und letztlich des Bundeskanzleramtes, § 14 Aufenthaltsgesetz und § 18 (2) Asylverfahrensgesetz nicht anzuwenden, Folge zu leisten. Jeder einzelne Bundespolizist mache sich strafbar, der es dennoch tue – wenn er nicht zuvor zumindest „remonstriert" hätte, d.h. seine Vorgesetzten auf die Rechtswidrigkeit ihrer Weisung hingewiesen hätte.[486] Das hat wohlgemerkt nichts mit dem Widerstandsrecht nach Art. 20 (4) Grundgesetz zu tun, sondern nur mit dem Rechtsstaatlichkeitsgebot von Art. 20 (3). Schachtschneiders am 2.2.2016 eingereichte Verfassungsbeschwerde wurde übrigens vom Verfassungsgericht

---

486 So Schachtschneider am 3.2.2016 in der ausführlichen Begründung seiner Verfassungsbeschwerde, abrufbar unter www.youtube.com/watch?v=npDNUhNEods

nach weniger als drei Wochen ohne Begründung nicht zur Entscheidung angenommen. Das Gericht berief sich dabei auf einen Paragraphen, der es von der Bearbeitung unsinniger Beschwerden entlasten soll. Eine stärkere Medienberichterstattung über die Klage hätte dieses fragwürdige Vorgehen wohl zumindest erschwert.

Die vielen von der Bundesregierung teils hingenommenen, öfter sogar bewusst ins Werk gesetzten Rechtsbrüche implizieren wiederum eine massive Verletzung von Artikel 20 GG (Bindung der Regierung an das Gesetz) und des ersten Teils des Amtseids (Ich schwöre,… „das Grundgesetz und die Gesetze des Bundes [zu] wahren"). Der Verstoß gegen den Amtseid ist nicht justiziabel, wohl aber der Bruch von Artikel 20 Grundgesetz. Dabei bildet dieser Artikel zusammen mit Artikel 1 GG, der die Unantastbarkeit der Menschenwürde verbürgt, den eigentlichen Kern unserer Verfassung. Nur diese beiden Artikel stehen unter dem Schutz der „Ewigkeitsgarantie" von Art. 79, 3 GG. Ferner implizieren die aufgelisteten Rechtsverstöße eine Verletzung des Prinzips der Gewaltenteilung: Die Suspendierung von Art. 16 a GG und §§ 95f AufenthG durch die Bundesregierung erfolgte *ohne auch nur nachträgliche Billigung durch das Parlament.* Sie geschah vielmehr ohne Befristung und ohne dass die Bundesregierung dem Parlament auch nur ansatzweise einen rechtfertigenden Notstand oder ähnliches dargelegt hätte. Viel mehr als der Hinweis, Deutschland solle ein „freundliches Gesicht" zeigen, wenn Zuwanderungswillige vor der ungarischen Grenze Probleme haben, andernfalls würde sich die Bundeskanzlerin in Deutschland nicht mehr wohlfühlen („dann ist das nicht mein Land"), wurde den Parlamentariern als Begründung nicht gegeben. – Die Opposition im Bundestag hat alle diese Verletzungen genuiner Parlamentsrechte bisher in keiner Weise thematisiert, sie sind ihr anscheinend gleichgültig.

Horst Seehofer hatte jedenfalls allen Grund zu der Aussage vom Herbst 2015: „Es gilt zur Zeit keine Ordnung, es gilt kein Vertrag, es gilt kein Gesetz." Die Bundesregierung hat Hinweise auf die Illegalität ihrer Politik meistens unkommentiert gelassen, teilweise aber auch knapp zurückgewiesen. Doch einige Halbsätze lassen erkennen, dass die Bundesregierung die zumindest teilweise Rechtswidrigkeit ihrer Grenzöffnung sehr wohl bewusst ist. Angesichts der langen Liste der ignorierten und gebrochenen Verträge, Grundgesetzartikel und einfachen Bundesgesetze bekommen jedenfalls die Worte der Bundeskanzlerin „Wo ein Wille ist, ist auch ein Weg" einen irritierenden Beiklang. Es kann ja auch bedeuten: Was scheren mich

Gesetze?! In eben diese Richtung deutet Merkels Antwort an Kritiker in der CDU/CSU-Bundestagsfraktion (29.9.2015), die Grenzöffnung sei unter Rechtsbrüchen erfolgt: „Ist mir egal, ob ich schuld am Zustrom der Flüchtlinge bin. Nun sind sie halt da!"[487]

Schroffen Klartext äußerte in diesem Sinne SPD-Vize Ralf Stegner in einer Fernsehtalkshow: „Juristerei" sei ihm „völlig schnurz, wenn es um Menschen geht"[488]. Das war im Grunde eine Absage an die Rechtsstaatlichkeit selbst, denn bei jedem Gesetz geht es um Menschen, ihr Sinn und Zweck ist es ja, die Rechte und Interessen zum Ausgleich zu bringen und so ein friedliches Miteinander zu ermöglichen. Stegner hat übrigens noch nicht einmal den Notstand konkretisiert, der den vielfachen Gesetzes-, Vertrags- und Verfassungsbruch rechtfertigen würde – bestimmte Fernsehbilder und das Gefühl, man müsse etwas tun, sollen offenbar die Mühe einer solchen Begründung ersetzen.

Wie wenig sich die Bundesregierung beim Thema Zuwanderung noch um das Recht kümmert, zeigt ihr Versuch, mit Hilfe der Türkei den weiteren Zustrom nach Europa zu begrenzen. Das Ziel ist ja völlig richtig, aber das Vorgehen falsch und unzulässig. Zunächst einmal fällt ins Auge, dass dieser Versuch viele bisherigen Zusicherungen Angela Merkels Lügen straft. Hatte sie nicht monatelang versichert, es dürfe bei der Aufnahme „keine Obergrenze" geben und zwar auch nicht für Bürgerkriegsflüchtlinge? Ebenso eklatant ist, dass die EU immer massivere Verletzungen der Menschen- und Bürgerrechte in der Türkei hinnimmt, nur um auf Drängen Berlins zu diesem „Deal" zu kommen. Aber der Haupteinwand gegen dieses Geschäft ist noch viel elementarer: Berlin und Brüssel verlangen von Ankara, dass es Flüchtlinge an der Weiterreise in die EU hindert, also schlicht am Verlassen der Türkei. Dieses Verlangen ist im Ansatz völkerrechtswidrig, denn Artikel 13 der Allgemeinen Erklärung der Menschenrechte bestimmt: „Jeder Mensch hat das Recht, jedes Land, einschließlich seines eigenen, zu verlassen sowie in sein Land zurückzukehren." Einreisebegrenzungen sind zulässig, Ausreiseverbote sind es nicht! Gerade Angela Merkel als ehemalige „Insassin" der DDR sollte das wissen.

---

487 Vgl. u.a. *Die Welt*, 28.9.2015 und *Junge Freiheit*, 29.9.2015
488 Bei Maischberger, 4.11.2015

# XV. Abschied vom deutschen Volk?
# Wenn die Umvolkung zum Programm wird

Verletzt wird mit der radikalen Grenzöffnung für Migranten schließlich die vom Bundesverfassungsgericht in einer Entscheidung von 1987[489] fixierte und an sich selbstverständliche Pflicht des Staates zur Wahrung der nationalen Identität des deutschen Volkes. Es ist bemerkenswert, dass im Grundgesetz mehrfach die Großschreibung „Deutsches Volk" verwendet wird, die Autoren der Verfassung betrachteten die Bestimmung „deutsch" also nicht als ein beliebiges Attribut, sondern als den *Namen* der deutschen Nation, was schon zeigt, welchen Wert man im Jahre 1948/49 noch der Wahrung unserer nationalen Identität beigemessen hat. Erst in den neueren Teilen des Grundgesetzes überwiegt die Kleinschreibung „deutsches Volk", also auch in der Neufassung von Präambel und Schlussartikel. Erkennbar gibt es hier einen geistigen Zusammenhang mit „Kunstwerken", die probeweise die Widmungsinschrift „DEM DEUTSCHEN VOLKE"[490] am Reichstagsgebäude ersetzen wollen durch die Worte „DER BEVÖLKERUNG". Die Wahrung der Identität des deutschen Volkes ist tatsächlich mehr als eine Verpflichtung des Grundgesetzes, es ist dessen Voraussetzung und Prämisse, denn das Grundgesetz benennt das deutsche Volk als Subjekt der Verfassung. Ginge es unter oder verlöre es seine Identität, dann verlören die im Grundgesetz benannten Rechte und Pflichten ihren Träger.

Seit langem bekunden etliche Politiker von Grünen und SPD offen ihr Desinteresse am Fortbestand des deutschen Volkes. Belassen wir es im Folgenden bei zwei Zitaten von SPD-Politikerinnen, verbunden mit dem Hinweis, dass es von den Grünen noch radikalere Formulierungen gibt. Die spätere Bundesfamilienministerin Renate Schmidt meinte schon 1987: „Die Frage, [ob die Deutschen aussterben], das ist für mich eine, die ich an allerletzter Stelle stelle, weil dieses ist mir, also so wie sie hier gestellt wird, verhältnismäßig wurscht."[491] Und die Bundesvorsitzende der SPD-Nachwuchsorganisation „Jusos", Franziska Drohsel, bekannte: „Ja, also deutsche

---

489 Beschluss des Bundesverfassungsgerichts vom 21.10.1987 (2 BvR 373/83), auch bekannt als Teso-Urteil.
490 Die durchgehende Großschreibung wird beibehalten, weil nicht völlig sicher entscheidbar ist, ob in dieser Inschrift „deutsches Volk" mit großem oder kleinem „d" zu schreiben wäre.
491 Im *Bayerischen Rundfunk*, 14.3.1987

Nation, das ist für mich überhaupt nichts, worauf ich mich positiv beziehe. Würde ich politisch sogar bekämpfen."[492] Gemünzt auf beispielsweise das polnische Volk wäre mit derartigen Sprüchen womöglich der Tatbestand der Volksverhetzung erfüllt, jedenfalls ein Aufschrei der Öffentlichkeit (Neudeutsch sagt man dazu gerne „shitstorm") die unweigerliche Folge. In der politischen Praxis unseres Landes führen Äußerungen, die auf die Abschaffung der deutschen Nation abzielen, heute noch nicht einmal zu einem Eintrag im Verfassungsschutzbericht.

Müsste nicht wenigstens der Bundespräsident als oberster Repräsentant des deutschen Volkes klar zu dieser an sich selbstverständlichen Prämisse der Verfassung stehen und allen Mehrdeutigkeiten in der Frage der Wahrung der nationalen Identität der Deutschen entgegentreten? Müsste er nicht wenigstens denen eine klare Absage erteilen, denen die Zukunft der Deutschen „verhältnismäßig wurscht" ist oder die ihre Aufgabe darin sehen, die deutsche Nation „politisch sogar [zu] bekämpfen"? Die Zuwanderungskrise hätte Joachim Gauck reichlich Gelegenheit gegeben, in dieser Frage klug im Sinne der Verfassung und des Naturrechts Stellung zu beziehen. Die sehr große Zahl gerade junger Zuwanderer verändert ja unweigerlich die nationale Identität der Deutschen, womit die Frage aufgeworfen ist. Das wird vom höchsten Repräsentanten unseres Staates durchaus auch gesehen – aber nicht problematisiert, sondern ohne Weiteres geradezu begrüßt.

Bundespräsident Gauck meinte in einem Interview mit dem Bonner *Generalanzeiger* am 25. August 2015 (publiziert am 29.8.), die Deutschen sollten sich „von dem Bild einer Nation lösen, die sehr homogen ist, in der fast alle Menschen Deutsch als Muttersprache haben, überwiegend christlich sind und hellhäutig". Man müsse feststellen, dass die Lebenswirklichkeit hierzulande schon erheblich vielfältiger sei. „Der Kopf weiß das auch, aber das Gemüt ist da manchmal noch ein wenig hinterher." Und weiter: „Ich meine, wir müssen Nation neu definieren: als eine Gemeinschaft der Verschiedenen, die allerdings eine gemeinsame Wertebasis zu akzeptieren hat."[493] Womöglich ist dem Bundespräsidenten die oben erwähnte Festlegung des Verfassungsgerichts auf die Wahrung der nationalen Identität der Deutschen unbekannt. Sicher ist: Der Bundespräsident hat in diesem Interview eine Politik begrüßt, die Karlsruhe 1987 – wenn auch in einem

---

492 In *Cicero.tv* im Streitgespräch mit Philipp Mißfelder (Junge Union) April 2009 oder früher, nachzusehen unter https://www.youtube.com/watch?v=Kb_8dC2-F1E
493 Nachlesbar auf der Internetsete des Bonner *Generalanzeiger*s und des Bundespräsidialamtes, aufgerufen am 23.5.2016

ganz anderem Kontext – letztlich als verfassungswidrig charakterisiert hat. Oder geht Gauck davon aus, dass die von ihm beschriebene und gutgehei-ßene Entwicklung gar nicht Resultat einer bewussten Politik sei? Dagegen stehen freilich die eindeutigen, öffentlichen Erklärungen der Bundeskanzle-rin, die sich im Sommer 2015 für die sehr großen Zuwandererzahlen noch hat feiern lassen[494]. Die verbreitete Einschätzung, dass Angela Merkel eine Wesensänderung unserer Nation und unseres Landes nicht nur in Kauf nimmt, sondern anstrebt, teilt auch der bayerische Ministerpräsident Horst Seehofer: „Die Kanzlerin hat sich meiner Überzeugung nach für eine Vision eines anderen Deutschland entschieden."[495]

---

494 Beispielsweise erklärte sie im Juli 2015 bei der 70-Jahr-Feier der CDU voller Stolz: „Wir sind das zweitbeliebteste Einwanderungsland" (weltweit), und die CDU werde „noch lernen", darüber mehr zu reden.
495 Zunächst am 12.9.2015 parteiintern, am 29.9. öffentlich, vgl. *Die Welt* vom 29.9.2015

# XVI. „Noch ist Deutschland nicht verloren." Wie geht es wohl weiter?

„In der Erkenntnis der Aussichtslosigkeit"

„Gegen einen Verkaufserfolg von mehr als dreißig Millionen Exemplaren weltweit scheinen auch politisch wie ästhetisch argumentierende Kommentatorinnen nicht mehr antreten zu wollen"[496], schreibt Julika Griem anlässlich des Siegeszuges von E. L. James' erotischer Roman-Trilogie „Fifty Shades of Grey" und fragt, ob der Erfolg wirklich nur auf der latenten Unterwerfungslust scheinbar emanzipierter Frauen beruht. Ganz offenbar spielt hier Unterwerfungslust ähnlich wie beim bizarren Erfolg von Goldhagens Buch „Hitlers willige Vollstrecker" eine große Rolle, während ein Text, der diese Lust bekämpft und stattdessen an Würde, Selbstachtung und an das Gerechtigkeitsempfingen appelliert, kaum auf ähnlich große Resonanz hoffen kann. Aber darf uns der weit verbreitete Masochismus zur Untätigkeit verleiten?

Hans Reichmann, Syndikus des Centralvereins deutscher Staatsbürger jüdischen Glaubens, hat gleich nach KZ-Aufenthalt und Ausreise 1939 seinen Leidensweg vor und nach dem Novemberpogrom aufgezeichnet. Gegen Ende zitiert er Jakob Wassermann mit den Worten: „In der Erkenntnis der Aussichtslosigkeit der Bemühung wird die Bitterkeit in der Brust zum tödlichen Kampf."[497] Worum geht es? „Es ist vergeblich, das Volk der Dichter und Denker im Namen seiner Dichter und Denker zu beschwören" – antwortet Wassermann.[498] Reichmann gibt trotz seines viel schlimmeren Loses eine andere Antwort: „Und ich klage auch nicht an die Gleichgültigen, die Masse des deutschen Volkes, die unpolitische, stumpfe, ängstliche Masse."[499] Dieser Befund – „gleichgültig", „unpolitisch", „stumpf", „ängstlich" –, passt er nicht auch auf die Gegenwart? Die Masse, die stumpf ist für das Unrecht, das man den Vorfahren antut, indem man sie als Täter denunziert. Groß ist auch die Zahl jener, die aus Angst heraus das Unrecht tolerieren. Dabei ist

---

496 Julika Griem „Eine literarische Magersuchttherapie" *Frankfurter Allgemeine Zeitung* 13.11.2012. Inzwischen ist die Zahl der Verkäufe auf über 70 Millionen emporgeschnellt; allein in Deutschland 6 Millionen.

497 Hans Reichmann „Deutscher Bürger und verfolgter Jude" München 1998, S. 275.

498 Wassermann 1987: 128.

499 Reichmann 1998: 248.

die Lage heute unter dem Grundgesetz doch eine ganz andere als damals unter Hitler und es geht insgesamt auch um weniger, wobei die Ehre von Millionen Verstorbenen und die Freiheit des Wortes auch keine geringen Güter sind. Also wie Wassermann resignieren?

## Kleine Erfolge

Reichmann, der Wassermann zitiert, teilt dessen Schlussfolgerung nicht. Trotz der schrecklichen Erlebnisse bleibt er Optimist: „Können wir noch einmal um die Seele des deutschen Menschen ringen, mir wäre um den Ausgang dieses Kampfes nicht bange.“[500] Darf ich an dieses elementare Ringen denken, wenn es mir „nur“ um die Ehre unserer Eltern und Großeltern geht? Ich kann nicht umhin, dies zu tun: Ich teile Reichmanns Optimismus nicht. Mir ist um den Ausgang bange. Aber darf man die Hände in den Schoß legen, wenn der Erfolg nicht gewährleistet ist? Dass der Versuch nicht ganz aussichtslos ist, zeigt der Erfolg vor dem Bundesverfassungsgericht und die Stornierung des Vertriebs von „Hitler und sein Volk“ durch die Bundeszentrale für politische Bildung.

Hierzu zählt auch, wovon eingangs schon die Rede war, dass im *Deutschland Archiv*, wo der Streit um diese Schlüsselfrage 2004 seinen Ausgang nahm und wo meine Position lauthals der Makulierung preisgegeben wurde, jetzt mit Blick auf meine Forschungsresultate zu lesen steht: „... *zunächst sollte man sich erst einmal in aller Ruhe mit dieser historiographischen Kritik auseinandersetzen und ihre Stichhaltigkeit überprüfen.“*[501]

Nicht zu vergessen sind die namhaften Helfer, die mit ihren guten Namen für die wissenschaftliche Solidität der hier vertretenen Erkenntnisse bürgen, so Klaus von Dohnanyi, Joachim Fest, Alfred Grosser, der deutsche Botschafter in Israel Niels Hansen[502] und gleich im Nachwort hier der US-amerikanische Völkerrechtler Alfred de Zayas. Doch die Tabuisierung und der teilweise Boykott sind noch nicht beendet. Ein Rückblick auf andere Vorgänge bestärkt den Mut.

---

500 Reichmann 1998: 275.
501 Günther Heydemann „„Ich bin nicht ohne Hilfe geblieben‘“ *Deutschland Archiv* 4/2011, S. 637.
502 Ihm verdanke ich das Vorwort zu „Die Münchner und ihre jüdischen Mitbürger 1900–1950 im Urteil der NS-Opfer und -Gegner“ München 2008.

## Wider alle Erwartung

1984 wurde ich von der Hochschule für Politik München eingeladen, über die Chancen einer Wiedervereinigung Deutschlands zu referieren. Ich stellte meine Überlegungen unter die Überschrift: „Noch ist Deutschland nicht verloren", eingedenk der Parole der Polen nach der Dreiteilung ihres Landes unter drei Großmächte der damaligen Zeit: „Noch ist Polen nicht verloren", lautet die Parole, die später zur polnischen Nationalhymne werden sollte. Ich verhieß nicht die baldige Wiedervereinigung, beschwor aber meine Landsleute, die Hoffnung nicht aufzugeben: „Breschnew, Andropow und Tschernenko sind Exponenten einer Gerontokratie... Ist es wirklich reine Utopie zu hoffen, dass sich unter den jüngeren sowjetischen Kommunisten anständige Leute befinden, die schrittchenweise die Konsequenzen aus den leeren Versprechungen ... ziehen, denen das Glück der Mitmenschen mehr Wert ist als die eigene Macht?" Im Februar 1985 wurde mein Text in der Beilage der *Bayerischen Staatszeitung* veröffentlicht. Wenige Wochen später begann sich mit der Wahl von Michail Gorbatschow zum Generalsekretär der Kommunistischen Partei der Sowjetunion (KPSU) die Hoffnung zu erfüllen.

Die Chancen der Wiedervereinigung standen bis dahin nicht gut. Zu mächtig waren die Gegner einer Überwindung der deutschen Teilung, nicht nur in der UdSSR, sondern auch in Frankreich und England. Die Chancen, dass die seit den 1990er Jahren durchgesetzte Revision des deutschen Geschichtsbilds im Sinne eines rechtsstaatlich unhaltbaren Kollektivschuldvorwurfs zurückgewiesen wird, stehen trotz der eindeutigen Quellensituation vorerst ebenfalls nicht gut. Zu mächtig ist die Fronde der Mediengewaltigen, zu groß sind die machtpolitischen und materiellen Vorteile, die ein von Schuldkomplexen beladenes Deutschland für andere hat. Aber immer werden sich Journalisten und Historiker finden, die sich keine Scheuklappen anlegen lassen, sondern auch jene Quellen berücksichtigen, die den Vorgaben der seit einigen Jahren herrschenden Linie der Geschichtspolitik widersprechen.

Von der Wanderausstellung „Vernichtungskrieg. Verbrechen der Wehrmacht 1941 bis 1944" war schon die Rede. Auch ihr Schicksal gibt Hoffnung: „Noch im Sommer 1999 glaubten viele, dass ‚die Ausstellung die Wahrnehmung deutscher Geschichte und Gegenwart in den kommenden

Jahren nachdrücklich bestimmen' werde, und zwar nicht nur in Deutschland." Sie sollte in mehreren Weltmetropolen, so in New York, gezeigt werden. „Dazu kam es jedoch nicht mehr, denn wenige Wochen davor wurde die Ausstellung suspendiert und ein Jahr später geschlossen."[503] Das ist durchaus ermutigend, trotz der oben dargestellten Problematik der Folgeausstellung, die dasselbe Zerrbild einer angeblich allgemein und massenhaft in Verbrechen verwickelten Wehrmacht in weniger reißerischer Form weiter verbreitet hat.

Noch erfreulicher ist die Debatte um die Thesen des australisch-britischen Historikers Christopher Clark zu den Ursachen des Ersten Weltkriegs: Die sich abzeichnende Rückkehr zu mehr Objektivität auch bei diesem Thema ist beachtlich. Dass etablierte deutsche Historiker in der Debatte um sein neues Buch „Die Schlafwandler" einräumen mussten, Wissenschaftler hätte „besessen von der deutschen Kriegsschuld" (am Ersten Weltkrieg, wohlgemerkt!) die europäischen Perspektiven aus dem Blick verloren, ist geradezu sensationell[504].

Die Wahrheit ist zumutbar – Was müssen wir tun?

In ihrer Autobiographie schreibt Charlotte Knobloch: „Wir Juden in diesem Land sind meiner Ansicht nach noch nicht selbstbewusst genug."[505] In dieser Feststellung steckt ein Appell. Ihn sollten sich alle, Juden wie Deutsche, zu Herzen nehmen, die sich gewissenhaft eine eigene Meinung gebildet haben.

Das Ringen um die „Staatswahrheit" deutsche Schuld ist im Gange. Die Wahrheit ist zumutbar, nicht eine verordnete „Staatswahrheit", ein von oben verfügtes Quasi-Dogma. Die Wahrhaftigkeit, das Streben nach der rechten Erkenntnis, muss wieder als hohe Tugend anerkannt werden, neben Klarheit und Mut. Die so oft eingeforderte und gewiss wünschenswerte Zivilcourage hat sich daran zu orientieren.

Es geht
– um die Ehre jener Vorfahren, die Hitlers Judenpolitik nicht bejaht haben.
– um die Ehre unseres Namens.

---

503 Musial 2011: 573.
504 S. o., S. 164 f.
505 Charlotte Knobloch mit Rafael Seligmann „In Deutschland angekommen" München 2012, S. 325.

– um ein Geschichtsbild, das der Wirklichkeit so nahe wie irgend möglich kommt.

– um die Freiheit des Geistes in unserem Land.

– um den gebotenen Respekt vor den Zeugen von damals.

„Noch ist Deutschland nicht verloren", war die Devise einiger weniger vor 1989, die am Wiedervereinigungsgebot des Grundgesetzes festhielten.[506] 1990 wurde sie Wirklichkeit. Auch was die Jahre 1933–1945 betrifft, darf mit „deutsche Schuld!" nicht das letzte Wort gesprochen sein. Dem Urteil muss ein anerkannter Maßstab zugrunde liegen, und elementare rechtsstaatliche Prinzipien wie die Vermutung der Unschuld bis zum Beweis des Gegenteils und das Grundprinzip, dass Schuld ebenso wie Verdienst eine individuelle und keine kollektive Kategorie ist, müssen gelten. Auf keinen Fall dürfen bei der Klärung der Frage, wie viele Deutsche die Judenverfolgung gutgeheißen haben, ausgerechnet die jüdischen Zeugnisse als Quelle ignoriert werden. *Ad fontes!* Zu den Quellen!

Das seit einigen wenigen Jahren quasi amtlich gewordene Zerrbild unserer Vorfahren ist im Grunde eine Geschichtsrevision im Sinne der stalinistischen Historiographie: Was Stalin schon 1941 den Wolga-Deutschen und ein paar Dutzend weiteren Völkern und Ethnien vorwarf, nämlich die kollektive Verübung strafwürdiger Verbrechen, soll nun für alle Deutschen gelten. Dieses Geschichtsbild wieder der historischen Wirklichkeit anzupassen, ist eine Verpflichtung für alle, die diesen Skandal durchschauen. Mit der Hilfe aller, die „Vater und Mutter ehren"[507] oder denen jedenfalls die historische Wahrheit nicht egal ist, kann es erreicht werden.

---

506 Siehe Konrad Löw „…bis zum Verrat der Freiheit. Die Gesellschaft der Bundesrepublik und die ‚DDR'" München 1994, S. 295.
507 Exodus 20,12. Wie treffend Michael Wolffsohn: „Wer … nicht einmal die Toten, die Verluste des eigenen Volkes betrauern kann, sondern sie eher diffamiert und beschuldigt, der wird erst recht nicht die Toten, die Verluste anderer Völker betrauern." Exodus 20,16 ist nicht minder einschlägig und wichtig: „Du sollst kein falsches Zeugnis geben wider deinen Nächsten!" Und Jesus Sirach 3, 10: „Such deinen Ruhm nicht darin, den Vater herabzusetzen, denn das ist keine Ehre für dich."

# Nachwort

Mit dieser Schrift geht Professor Konrad Löw der Frage nach, warum sich das Bild der Deutschen, die unter Hitler lebten, immer mehr verfinstert. Seine Überlegungen geben Anlass zu ernstem Nachdenken. Bereits als junger Geschichtsstudent an der Harvard Graduate School of Arts and Sciences 1967–70 wurde ich mit „Warum der Holocaust?" und „Warum in Deutschland?" konfrontiert. Seinerzeit fanden wir keine Antwort. Allerdings war es mir schon damals klar, dass es „die" Deutschen nicht gab, genauso wenig wie „die" Amerikaner oder „die" Franzosen. Als Fulbright Stipendiat im Deutschland der 70er Jahre interviewte ich Hunderte von Zeitzeugen, jüdische Überlebende der Shoah, deutsche Überlebende von Konzentrationslagern, Diplomaten, Politiker, Militärs, ehemalige NSDAP Mitglieder, NS-Sympathisanten, NS-Gegner, Deutsche der Kriegsgeneration und der Generation der Kinder und Enkel, immer nach der Maxime *audiatur et altera pars,* um möglichst viele Meinungen zu hören. Ich fragte und hinterfragte sie. Ich war bemüht, mich in die Situation der Jahre 1933–45 zu versetzen, um die komplexe Problematik nicht – bzw. jedenfalls nicht vorrangig oder gar ausschließlich – aus der Perspektive der Nachkriegszeit und mit dem Wissenstand nach den Nürnberger Prozessen zu interpretieren, sondern im Kontext der Epoche.

Löw weist in diesem Buch auf wissenschaftliche, gesellschaftliche, moralische und menschenrechtliche Dimensionen der Beschäftigung mit der Frage der Schuld hin. Es geht ihm u. a. um die Forschungs- und Meinungsfreiheit, um die Notwendigkeit des Pluralismus in einer demokratischen Gesellschaft.

Erst kürzlich hat der UNO-Menschenrechtsausschuss in seinem General Comment Nr. 34 über Artikel 19 des Paktes über bürgerliche und politische Rechte dieses Recht der Bürger, sich eine eigene Meinung zu bilden und diese ohne Einschüchterung oder Diffamierung zu verbreiten, bekräftigt[508]. Die UN Hochkommissarin für Menschenrechte hat außerdem das „Recht auf Wahrheit" bekräftigt und der UN Menschenrechtsrat hat 2012 die Funktion eines Sonderberichterstatters über das Recht auf Wahrheit etabliert[509].

---

508 Alfred de Zayas/Aurea Roldan „Freedom of Opinion and Freedom of Expression" in Netherlands International Law Review 2012, (vol. LIX, S. 425–455)
509 www.ohchr.org/EN/Issues/TruthJusticeReparation/Pages/Index.aspx – Stand 25.10.2013

Dieses neue Recht ist in erster Linie ein Informationsrecht: Die Angehörigen von Opfern schwerer Menschrechtsverletzungen sollen das international abgesicherte Recht erhalten, Auskunft über den Verbleib ihrer Familienangehörigen zu bekommen und darüber, wer für das Leiden und den Tod
dieser Menschen verantwortlich ist. Es ist aber auch ein Freiheitsrecht: Medien und Wissenschaftler haben das Recht auf Zugang zu Dokumenten
über solche Verbrechen, staatliche oder eventuell auch privat organisierte
Vertuschung und Verfälschung soll in Zukunft selbst als ein Verstoß gegen
die Menschenrechte gelten. Es wäre dagegen ein Missverständnis, den Begriff „Recht auf Wahrheit" so zu verstehen, dass ein Gesetzgeber eine bestimmte Deutung der Vergangenheit als einzig zulässig fixieren und danach
abweichende Sichtweisen – womöglich mit den Mitteln des Strafrechts –
sanktionieren dürfte. Das „Recht auf Wahrheit", genauer: „Das Recht, die
Wahrheit zu erfahren" („The right to know the truth"), an dessen Formulierung und Durchsetzung die UNO heute arbeitet, soll also die Freiheit der
Wissenschaft keineswegs einschränken, sondern fördern.

In diesem Sinne liefert Löw Impulse, wie man „die Frage aller Fragen"
über die Haltung der Deutschen in der NS-Zeit umfassender und methodisch korrekt untersuchen kann. Pauschale Urteile helfen niemandem. In
einem *FAZ*-Artikel moniert der tschechische Professor Bohumil Doležal
den merkwürdige Kult um die deutsche Schuld: „Auch die Deutschen haben
sich mit dem Zweiten Weltkrieg nicht wirklich auseinandergesetzt: Sie finden sich nur ab mit der Rolle des ewigen Prügelknaben. Doch eine spektakuläre Selbsterniedrigung zeugt noch nicht von wirklicher Reflexion."[510]
Löw zeigt uns, dass die Wahrheitsfindung, die „Bewältigung" der Vergangenheit, nur durch offene Diskussion möglich ist – und jedenfalls nicht
durch Dogmen, Tabus oder die Einschüchterung Andersdenkender. Die
Usurpierung der Schuld durch manche deutsche Journalisten, Politiker und
Zeithistoriker stellt einen epistemologisch unredlichen Sonderweg dar, eine
Zumutung gegenüber allen, die eine differenzierte Betrachtung der Geschichte verlangen.

Als Wissenschaftler ist es mir zuwider, wenn billige Verallgemeinerungen die Geschichte einer Epoche prägen. Auch als Präsident des PEN International Centre Suisse romand[511] bin ich stets für Forschungs- und Meinungsfreiheit eingetreten, und habe gegen Stereotype, Vorurteile und

---

510 Bohumil Dolezal, *Frankfurter Allgemeine Zeitung*, 26. Juni 2005.
511 www.pensuisseromand.ch/membres.html – Stand 25.10.2013

Karikaturen Front gemacht. Als Chef der Petitionsabteilung im Büro des UNO Hochkommissars für Menschenrechte habe ich dafür Verantwortung getragen, dass die Gleichberechtigung aller Menschen respektiert wird und habe für die Anerkennung und Rehabilitierung aller Opfer – ob Juden, Palästinenser, Polen, Russen, Bosnier, Kosovaren, Ruander, Amerindios, Aborigenes oder Deutsche – plädiert.

Aus Löws Schriften geht hervor, dass sich die deutsche Geschichtswissenschaft zur Zeit in einer Art Identitätskrise befindet, wenn nicht in einer Krise ihrer professionellen Standards, denn manche Historiker scheinen die Rankesche Devise vergessen zu haben, wonach es bei der Geschichtsschreibung primär um Tatsachen geht, und betreiben stattdessen eine Art „axiomatische" Geschichtsschreibung, eine ideologische, politisierende, polemisierende Darstellung der Vergangenheit. Eine absurde Pointe dieses Sonderweges ist, dass damit sogar methodische Fehlentwicklungen der deutschen Geschichtswissenschaften im Nationalsozialismus wiederholt werden – nur mit umgekehrten Vorzeichen.

Als amerikanischer Beobachter des deutschen Zeitgeschehens kann ich aus eigener Erfahrung feststellen, dass in den 70er und 80er Jahren deutlich größere Freiheit der Wissenschaft herrschte als heute, dass Historiker wie u. a. Gordon Craig, Immanuel Geiss, Thomas Nipperdey, Hagen Schulze, Andreas Hillgruber durchaus ausgewogene Zeitgeschichte schrieben. Dies erlebte einen schweren Rückfall durch den so genannten „Historikerstreit" 1986/1987, der in Unterstellung, Diffamierung, Mobbing, Denunziantentum und Niederträchtigkeit ausartete. Wissenschaftler schämten sich nicht, andere Wissenschaftler nach der Maxime *calumniare audacter, semper aliquid haeret* zu verleumden. Das Ergebnis war eine Verkrampfung und Verarmung der Geschichtswissenschaft in Deutschland. Schlimmer noch: eine Atmosphäre der Intoleranz ist entstanden, die die normalen Regeln der Geschichtsschreibung und des zivilisierten Diskurses sprengt. Anstatt mehr Objektivität und mehr Distanz zu gewinnen, verfestigten sich die Fehlurteile und die politisch erwünschten Geschichtsklitterungen. Es scheint, dass je länger die Kriegszeit zurückliegt, umso undifferenzierter ihre Geschichte gehandhabt wird. Eine Täter-Opfer-Schablone bewirkt eine primitive Schwarz-Weiß-Malerei. Darin sehe ich einen Niedergang der professionellen Standards und Sitten, eine Attacke gegen die Unabhängigkeit der Forschung, gegen das Ethos der Wissenschaft, ein Abrutschen schlechthin in totalitäre Paradigmen, wo ein

„Wahrheitsministerium" bestimmt, was Geschichte eigentlich sei und welche Staatswahrheiten widerspruchslos zu akzeptieren seien.

Der verkrampfte Sonderweg, der nach dem Historikerstreit eingeschlagen worden ist, hat bereits manche faule Früchte getragen. Eine menschenverachtende Sprache ist entstanden, die z. B. die Kriegsgeneration als „Tätervolk" und als „Volk der Mörder" bezeichnet. Waren sie alle Täter? Waren sie alle Mörder? Wie steht es mit den großen unpolitischen Massen – damals wie heute? Wie steht es mit den Tausenden von Hitler-Gegnern, die ihren Widerstand mit dem Leben bezahlten? Es sind auch andere aus menschenrechtlicher Sicht problematische Wortschöpfungen entstanden, so z. B. „Relativierung", „Aufrechnung", „Berührungsängste" und gar „Einzigartigkeit". Was bedeutet eigentlich „Einzigartigkeit"? Wenn man damit meint, dass ein bestimmtes Geschehen einzigartig ist, ist die Feststellung banal, denn in diesem Sinne ist jedes Ereignis einzigartig. Wenn der Begriff aber bedeuten sollte, dass, wenn ein bestimmter Völkermord als einzigartig eingestuft wird, dann die anderen Völkermorde harmloser sind, dann stellt dies eine Verharmlosung dar, eine Art Negationismus des Leidens anderer Opfer.

In den letzten Jahren lässt sich bei manchen Journalisten und Politikern in Deutschland ein pseudo-moralischer Sonderweg beobachten, wonach wachsende Teile der heutigen Nachkriegsgeneration einfach die Kriegsgeneration richten. Ich meine, man kann an die eigene Brust klopfen und sich schämen für das, was man getan oder unterlassen hat. Aber ohne konkreten Schuldnachweis auf die Brust anderer, der Eltern und Großeltern, zu schlagen scheint mir ganz unaufrichtig – und zudem nicht überzeugend. So ergibt sich die Vermutung, dass die zur Schau getragene bundesdeutsche Reue genauso opportunistisch und verlogen ist wie die Reue des Saliers Heinrichs IV. in Canossa. Diese Megalomanie der Reue und die ganze Kollektivschulddogmatik sind offensichtlich unwissenschaftlich. Darüber hinaus sind sie mit ihrem Schuldvorwurf an objektiv Unschuldige menschenverachtend und illustrieren eine totalitäre, anti-demokratische Gesinnung. Man fragt sich: wo bleibt die nüchterne Stimme der Historikerzunft? Warum schweigen so viele Historiker?

Keine rechtsstaatlich denkende Gesellschaft, kein integrer Wissenschaftler sollte einer solchen Fehlentwicklung tatenlos zuschauen. Gegen solche intellektuelle und moralische Unredlichkeit muss Protest erhoben werden. Als Amerikaner spanischer Herkunft kenne ich die Massenmorde, begangen an den amerikanischen Autochthonen, von den Dominikanern Antonio de Montesinos und Bartolomé de las Casas eindrucksvoll dokumentiert und als Sünde gebrandmarkt. Auch ich halte den Völkermord an den „Indianern" in Nord und Südamerika für eine Sünde, für ein „einzigartiges Verbrechen". Aber man darf daraus keine allgemeine Verurteilung des spanischen oder des US-amerikanischen Volkes ableiten – und niemand käme auf den Gedanken, es zu tun. Genauso wenig dürfte man das gesamte russische Volk für die Verbrechen Stalins, das gesamte chinesische Volk für die Verbrechen Maos haftbar machen. Man verabscheue die Verbrechen und versuche zu begreifen, wie und warum sie geschehen sind.

Ich begrüße die Aufrichtigkeit Löws, „die Frage aller Fragen" zu stellen, sowie seinen Appell, darüber nachzudenken und ohne Polemik darüber zu diskutieren.

Eigentlich ist Löws Anliegen ein eminent menschenrechtliches, denn es geht um die Ehre von Millionen Menschen, um die Menschenwürde einer ganzen Generation, die immer öfter und keineswegs nur von extremistischen Randfiguren pauschal verurteilt wird. Darum ist dieses ehrliche Buch so aktuell und notwendig, als ein Appell für eine umfassende Kontextualisierung der Geschichte und gegen Pauschalierung und Verallgemeinerung. Möge die deutsche Historikerzunft diesem Appell Folge leisten. Mit Immanuel Kant kann man nur sagen: *Sapere aude!*

*Prof. Dr. iur. et phil. Alfred de Zayas*

Ehemaliger Sekretär des UNO-Menschenrechtsausschusses und Chef der Petitionsabteilung im Büro des UNO Hochkommissars für Menschenrechte; Präsident, PEN International Zentrum Suisse romand.

Autor des Buches „Völkermord als Staatsgeheimnis" (Olzog Verlag, 2011) und Träger des „Educators Award 2011" der Canadians for Genocide Education.

Am 23. März 2012 wurde de Zayas vom UNO-Menschenrechtsrat zum „Unabhängigen Experten der Vereinten Nationen zur Förderung einer demokratischen und gerechten internationalen Ordnung" *(United Nations Independent Expert on the Promotion of a Democratic and Equitable International Order)* ernannt.

# Anhang I

*Der folgende Aufsatz war Gegenstand der in diesem Buch geschilderten Kontroverse des Autors mit der Bundeszentrale für politische Bildung (bpb). Er wurde in der Zeitschrift* Deutschland-Archiv *der bpb, Jahrgang 2004, S. 230–240 veröffentlicht.*

## Deutsche Identität in Verfassung und Geschichte

Deutsche Identität, was ist das?

*„Denk ich an Deutschland in der Nacht,*
*Dann bin ich um den Schlaf gebracht,"*[512]
schrieb Heinrich Heine 1843 unter der Überschrift „Nachtgedanken" in der *Zeitung für die elegante Welt.* Mit dem Wort „Deutschland" verband er bestimmte Vorstellungen, Erwartungen, Empfindungen.

Die Vorstellungen, die das Wort „Deutschland" bei den Deutschen auslöst, können als der Begriff Deutschland, als „deutsche Identität" (nach den subjektiven Urteilen und Empfindungen) bezeichnet werden.[513] Denn, so belehrt uns „Das große Wörterbuch der deutschen Sprache", Identität bedeutet in der Psychologie die „als Selbst erlebte innere Einheit der Person"[514], hier also der imaginären Kollektivperson „deutsches Volk".

Woran denken wir Deutsche, wenn von Deutschland die Rede ist? Eine schriftliche Befragung, z. B. hier und jetzt, würde sicherlich zeigen: Die Antworten sind sehr mannigfaltig und reichen von Land und Leuten auf Sylt und in Berchtesgaden, in Cottbus und Aachen, über Sprache und Symbole,

---

512 Manfred Windfuhr „Heinrich Heine. Historisch-kritische Gesamtausgabe der Werke" Bd. 2, o.O. 1983 S. 129.
513 Vgl. u. a. Peter Berglar u. a. „Deutsche Identität heute" Mainz 1983; Peter Brandt (Hg.) „Deutsche Einheit. Nationales Selbstverständnis. Sozialistische Emanzipation. Texte von 1980 bis heute" Berlin 2001; Peter Eisenmann u. a. (Hg.) „Die deutsche Identität und Europa" München 1991; Edelbert Richter „Erlangte Einheit – verfehlte Identität. Auf der Suche nach den Grundlagen für eine neue deutsche Politik" Berlin 1991; Richard von Weizsäcker „Die Deutschen und ihre Identität. Reden des Bundespräsidenten" Landeszentrale für politische Bildung Schleswig-Holstein, Kiel 1986.
514 Duden „Das große Wörterbuch der deutschen Sprache in sechs Bänden" Mannheim 1977 „Identität".

über Kultur und Geschichte, Politik und Staat, Recht und Philosophie bis
hin zu Wirtschaft und Industrie, made in Germany, Sport und Spaß.[515]
    Der folgende Beitrag beschränkt sich auf Verfassung und Geschichte,
Geschichte, so weit sie die Besonderheiten der Verfassung verständlich
macht.

## Das Grundgesetz als Baustein deutscher Identität

„Eingedenk seiner mehr als tausendjährigen Geschichte" hat sich, wie es in
der Präambel heißt, das Bayerische Volk seine Verfassung gegeben. Auch
die deutsche Geschichte reicht über tausend Jahre zurück. Deutschland
wurde im 10. Jahrhundert nach der Dreiteilung des Karolingerreiches der
Verband der Franken, Sachsen, Schwaben und Bayern. Im 11. Jahrhundert
erhielt dieses „Ostfränkische Reich" die Bezeichnung *Regnum Teutonicum*.
Doch die Landesherren und die Städte erstarkten. Das Reich verlor im Laufe
der Jahrhunderte an Bedeutung. In den Wirren der Napoleonischen Kriege
legte der besiegte Kaiser Franz von Österreich die römisch-deutsche Kaiser-
krone nieder.
    Erst 65 Jahre später konnte wieder ein deutscher Kaiser gekrönt werden,
ausgerechnet im Spiegelsaal von Versailles, wo die preußische Streitmacht
und ihre Alliierten infolge des Sieges über Frankreich das Sagen hatten.
Eine Reichsverfassung regelte den Aufbau des Staates und die Kompetenzen
der Reichsorgane. Sie hatte 47 Jahre Bestand, bis die Monarchie in den Wirren der Niederlage im Ersten Weltkrieg unterging. Die erste deutsche Republik gab sich, obwohl staats- und völkerrechtlich mit dem Kaiserreich
identisch, eine gänzlich neue Verfassung, die den Reichstag zum obersten
staatlichen Machtorgan emporhob und den organisatorischen Teil um
einen umfangreichen Grundrechtsabschnitt ergänzte.
    Das „Dritte Reich" hat diese Verfassung, die Weimarer Reichsverfassung,
nie förmlich außer Kraft gesetzt. Dennoch blieb, bildlich gesprochen, kein
Stein auf dem anderen. Der radikale Umbau begann mit der „Verordnung
zum Schutz von Volk und Staat" (28. Februar 1933), durch die alle politisch
relevanten Grundrechte suspendiert wurden. Weitere rasche Schritte auf
dem Wege zur absoluten Macht tragen die Namen: Ermächtigungsgesetz,

---

515 Vgl. das Ergebnis der *ZDF*-Befragung „Unsere Besten" (Nov. 2003) vergegenwärtigen, mit Daniel
Küblböck als Gesangswunder auf Platz 16; siehe Ulrich Weidner „Aufgekehrt..." *Das Parlament*
12.1.2004.

Gleichschaltungsgesetz, NSDAP-Gesetz, Neuaufbaugesetz, Staatsoberhaupt-gesetz. Schon im Sommer 1934 war Hitler in einer Person: Reichspräsident, Reichskanzler, Reichsgesetzgeber, oberster Befehlshaber der Wehrmacht, Regierungschef und oberster Gerichtsherr. Alle Merkmal des totalitären Staates waren geradezu idealtypisch erfüllt: eine Partei, Medienmonopol, terroristische Geheimpolizei und die für alle verbindliche einheitliche Welt-anschauung. Damit wäre die politische deutsche Identität jener Ära knapp, aber doch aussagekräftig skizziert.

Es ist eine Selbstverständlichkeit, dass das Grundgesetz alle diese Ver-fassungsgrundsätze des „Dritten Reiches" Punkt für Punkt entschieden negiert. Doch das Resultat war nicht die Wiederherstellung der Weimarer Verfassung, vielmehr gab es im Verhältnis zu ihr zahlreiche fundamentale Neuerungen.

Klaus Stern, einer der namhaftesten deutschen Staatsrechtslehrer, be-gann einen Vortrag mit der Feststellung: „Dem Grundgesetz standen 1948/49 bei seiner Entstehung mehrere ausländische Verfassungen Pate, etwa die der USA, der Schweiz, Österreichs und Italiens. So gab es Rezep-tionen bei den Grundrechten, bei der Verfassungsgerichtsbarkeit, aber auch beim Vermittlungsausschuss zwischen Bundestag und Bundesrat."[516]

Als das Grundgesetz entstand, war Deutschland ein besetztes Gebiet und den Weisungen der Sieger ausgeliefert. Dennoch waren die Westmächte nach dem Scheitern der Viermächtekonferenz (25. November – 15. Dezem-ber 1947) bestrebt, die Zügel locker zu lassen, um dem Eindruck entgegen-zuwirken, die rechtliche Basis der zu schaffenden Bundesrepublik sei ein Oktroi der Alliierten. Auch kam hinzu, daß sie untereinander längst nicht in allen Fragen einer Meinung waren. So befürwortete Frankreich, selbst das Muster eines Einheitsstaates, für Deutschland einen extremen Föde-ralismus.

Die Empfehlungen der Westmächte „beschränkten sich in Dokument Nr. 1 auf die Errichtung eines demokratischen, föderalistischen Staates, der mit einer hinreichenden Zentralgewalt ausgestattet, eine Gewähr von Recht und Freiheit für die Bewohner bieten sollte."[517] Dokument Nr. 2 hatte den Föderalismus zum Gegenstand, wobei im Prinzipiellen die Meinungen der Beteiligten nicht geteilt waren. Dafür gab es eine Reihe von Gründen, so auf

---

516 Klaus Stern „Heißbegehrte Paragraphen" *Rheinischer Merkur* 21.5.1999.
517 Heinrich Wilms „Der Einfluss europäisch-amerikanischer Verfassungsideen auf die Entstehung des Grundgesetzes" *Zeitschrift für Rechtsphilosophie* 03, 107.

deutscher Seite die romantische Erinnerung an „glücklichere Zeiten", von denen Friedrich Schiller in Notizen zu einem Gedicht „Deutsche Größe" schwärmt: „Keine Hauptstadt und kein Hof übte eine Tyrannei über den deutschen Geschmack aus. So viele Länder und Ströme und Sitten, so viele eigne Triebe und Arten."[518] Hinzu kam die im Bewusstsein aller gegenwärtige Tatsache, daß der überwundene NS-Staat die äußerste Machtkonzentration verkörpert hatte und auch die als Bedrohung empfundenen Sowjets den Einheitsstaat favorisierten.

Weithin bekannt ist der große Einfluss der US-Gegebenheiten, insbesondere des US Supreme Court, auf die Ausgestaltung des Bundesverfassungsgerichts.

Doch wenn wir den Rang einer Norm vor allem nach seiner Stellung im Grundgesetz bemessen und daher den ersten Artikeln besondere Bedeutung zusprechen, so ist das Grundgesetz weit mehr als nur ein Derivat aus zahlreichen anderen Urkunden. Es hat eine ganz eigene Note und sucht unter allen ausländischen Verfassungen ihresgleichen. Dieser „Sonderweg" wird schon mit der Präambel beschritten, deren erste Worte bekanntlich lauten: „Im Bewusstsein seiner Verantwortung vor Gott und den Menschen […] hat sich das deutsche Volk kraft seiner verfassunggebenden Gewalt dieses Grundgesetz gegeben."

Auch andere einschlägige Urkunden sprechen von Gott, so die englische Magna Charta des Jahres 1215 und die Bundesverfassung der Schweizerischen Eidgenossenschaft, die wie ein Gebet beginnt: „Im Namen Gottes, des Allmächtigen!" Doch dann ist dort der Transzendenz Genüge getan und der Staatsaufbau wird nüchtern beschrieben. Im Grundgesetz hingegen wird die Anrufung Gottes ergänzt durch die feierliche, fast sakrale Feststellung: „Die Würde des Menschen ist unantastbar. Sie zu achten und zu schützen ist Verpflichtung aller staatlichen Gewalt." Der zweite Absatz des ersten Artikels nennt eine der wichtigsten Konsequenzen: „Das deutsche Volk bekennt sich darum zu unverletzlichen und unveräußerlichen Menschenrechten […]" Artikel 2 Absatz 1 verdient gleichfalls besondere Erwähnung, da das in ihm angesprochene Sittengesetz mit der Verpflichtung, die Menschenwürde zu achten und zu schützen und mit dem Bekenntnis zu den Menschenrechten korrespondiert: „Jeder hat das Recht auf die freie Entfaltung seiner Persönlichkeit, soweit er nicht die Rechte anderer verletzt und nicht gegen die verfassungsmäßige Ordnung oder das Sittengesetz verstößt." Dies

---

518 Dieter Langenwiesche „War da was vor 1871?", in: *FAZ* 12.12.2000.

alles beweist einen fundamentalen Mentalitätswandel des Grundgesetzes nicht nur gegenüber dem Geist des „Dritten Reiches", sondern auch gegenüber der Weimarer Republik, wo wir dergleichen vergeblich suchen. Natürlich sind auch „Rechtsstaat", „Demokratie", „Sozialstaat" usw. Steckbriefmerkmale der Bundesrepublik, doch ist insofern die Eigenheit im internationalen Vergleich weit geringer.

Der Schluss liegt nahe, dass wir diesen neuen Geist dem Parlamentarischen Rat verdanken, der das Grundgesetz erarbeitet hat. Dem ist aber nicht so. Bereits in der ersten deutschen Nachkriegsverfassung, der des Landes Württemberg-Baden vom 24. November 1946, begegnen wir den charakteristischen Schlüsselworten Gott, Würde, Menschenrechte und Sittengesetz. Der erste Absatz des ersten Artikels lautet: „Der Mensch ist berufen, in der ihn umgebenden Gemeinschaft seine Gaben in Freiheit und in der Erfüllung des ewigen Sittengesetzes zu seinem und der anderen Wohl zu entfalten." Die Präambel hat den Wortlaut: „In einer Zeit großer äußerer und innerer Not hat das Volk von Württemberg und Baden im Vertrauen auf Gott sich diese Verfassung gegeben als ein Bekenntnis zu der Würde und zu den ewigen Rechten des Menschen als einen Ausdruck des Willens zu Einheit, Gerechtigkeit, Frieden und Freiheit."

In dem erwähnten Essay schildert Klaus Stern die Ausstrahlung des Grundgesetzes auf eine Reihe von Verfassungen anderer Staaten. Er nennt Griechenland, Portugal, Spanien und ehemalige Mitglieder des Ostblocks. Doch die Gemeinsamkeiten reichen nicht so weit, daß die zitierten ersten Artikel des Grundgesetzes nicht länger für die deutsche Identität bezeichnend wären.

Auswirkungen dieses rechtsphilosophischen Mentalitätswandels sind wohl bis heute spürbar, auch wenn sie nicht exakt zu beweisen sind. Jede Diskussion über Embryonenschutz, Schutz des ungeborenen Lebens, Organtransplantation und Euthanasie vollzieht sich in Deutschland vor dem Hintergrund einerseits dieser Verfassungsvorgaben, andererseits der menschenverachtenden Praktiken und Prinzipien des NS-Staates, weshalb der Lebensschutz in Deutschland auf den genannten Problemfeldern strenger ist als in den meisten anderen europäischen Staaten.

Die zitierten Passagen des Grundgesetzes aus dem Jahre 1949 wurden bis heute nicht geändert, ja die in Artikel 1 niedergelegten Grundsätze sind gemäß Artikel 79 Absatz 3 jedem Zugriff entzogen. Aber Gesetze, auch Verfassungen, unterliegen häufig einem stillen Wandel, der sich um Ewigkeitsklauseln wenig kümmert. Was zur deutschen Verfassungsidentität zählt, bleibt von diesem Erosionsprozess nicht verschont. Die *Frankfurter Allgemeine Zeitung* brachte am 3. September 2003 einen ungewöhnlich umfangreichen Aufsatz unter der Überschrift: „Die Würde des Menschen war unantastbar. Abschied von den Verfassungsvätern. Die Neukommentierung von Artikel 1 des Grundgesetzes markiert einen Epochenbruch"[519]. Verfasser der frühere Richter des Bundesverfassungsgerichts Ernst-Wolfgang Böckenförde. Die ausführliche Überschrift skizziert den Inhalt. Was er unter dem Stichwort „Menschenwürde" an Verfassungswandel veranschaulicht, hat sich längst vorher mit Blick auf die Zentralbegriffe „Verantwortung" und „Sittengesetz" zugetragen. Die Sammlung der Entscheidungen des Bundesverfassungsgerichts füllt mehr als einhundert Bände, vom Sittengesetz des Artikels 2 war aber nur einmal die Rede, und das liegt fast fünfzig Jahre zurück. Seit dieser Zeit ist das Sittengesetz für die Richter geradezu inexistent ebenso wie die „Verantwortung vor Gott und den Menschen". Dabei kommt weder das moderne Recht noch die moderne Philosophie ohne die Annahme eines auf Kernaussagen komprimierten Sittengesetzes, einer rechtsverbindlichen Minimalmoral aus, auch wenn andere Bezeichnungen dafür gewählt werden.[520]

Die Ausblendungen zentraler Vorgaben der Verfassung werden dadurch noch brisanter, dass sie durch andere Worte ersetzt werden, die geradezu das Gegenteil des Intendierten besagen. So deutet das Gericht den „ethischen Standard" des Grundgesetzes als „Offenheit gegenüber dem Pluralismus weltanschaulich-religiöser Anschauungen angesichts eines Menschenbildes, das von der Würde des Menschen und der freien Entfaltung der Persönlichkeit in Selbstbestimmung und Eigenverantwortung bestimmt ist"[521]. Die Worte „freie Entfaltung der Persönlichkeit" sind dem Artikel 2 entnommen, an die Stelle des dort als Schranke genannten Sittengesetzes ist die Selbstbestimmung getreten, an die Stelle der Verantwortung vor Gott und den Menschen die Eigenverantwortung. Eigenverantwortung und

---

519 Ernst-Wolfgang Böckenförde „Die Würde des Menschen war unantastbar. Abschied von den Verfassungsvätern" *Frankfurter Allgemeine Zeitung* 3.9.2003.
520 In einem „Mauerschützenprozess" hat das oberste Gericht in Strafsachen, der Bundesgerichtshof, festgestellt (Az. 5 StR 370/92): „Wenn [positives] Recht in einem unerträglichen Widerspruch zur Gerechtigkeit steht, muss das Recht weichen." Ferner sei verwiesen auf eine Podiumsdiskussion zwischen Kurienkardinal Ratzinger und Jürgen Habermas, in der dieser die Existenz eines vor- und überstaatlichen Rechts anerkannte („Vorpolitische moralische Grundlagen eines freiheitlichen Staates" *zur debatte* 1/2004, S. 1 ff.).
521 Bundesverfassungsgerichtsentscheidungen Bd. 41, S. 50.

Selbstbestimmung passen besser zur Fun-Gesellschaft unserer Tage als die ernsten Verfassungsworte der Nachkriegszeit. Aber folgt daraus, dass das Vermächtnis derer, die den schlimmsten Fall Deutschlands durchleiden mussten und 1948/49 das Grundgesetz schufen, en passant weggewischt werden darf?

Die Auswirkungen dieser Entwicklung sind geradezu mit Händen greifbar und müssen zumindest kurz veranschaulicht werden, da andernfalls die deutsche Identität in einem falschen Lichte erscheint. Erwähnt sei nur der weitgehend durchlöcherte Ehrenschutz, der nach Auffassung bestqualifizierter Verfassungsrechtler kaum noch existiert,[522] und die faktische Schutzlosigkeit des ungeborenen menschlichen Lebens gegenüber der eigenen Mutter. Zwar stellt das Bundesverfassungsgericht in ständiger Rechtsprechung fest: „Das Grundgesetz verpflichtet den Staat, menschliches Leben, auch das ungeborene, zu schützen… Menschenwürde kommt schon dem ungeborenen menschlichen Leben zu… Rechtlicher Schutz gebührt dem Ungeborenen auch gegenüber seiner Mutter… Der Schwangerschaftsabbruch muß für die ganze Dauer der Schwangerschaft grundsätzlich als Unrecht angesehen und demgemäß rechtlich verboten sein."[523]

Tatsächlich werden aber Jahr für Jahr in Deutschland allein nach der amtlichen Statistik 130.000 Kinder im Mutterleib getötet. Die Kosten, soweit sie der Staat trägt, belaufen sich auf 40 Millionen Steuer-Euro im Jahre 2003, Beihilfen des Staates für in der Regel rechtswidrige Tötungen menschlichen Lebens.[524] Das hätten sich die Väter und Mütter des Grundgesetzes nicht träumen lassen, als sie ihre Verantwortung vor Gott und den Menschen beteuerten.

„Eigenverantwortung" und „Selbstbestimmung" leisten der Selbstsucht Vorschub, die in unseren Tagen immer mehr in diverse Süchte entartet, Magersucht, Freßsucht, Spielsucht, Trinksucht, Drogensucht usw. Auch diese Feststellung ist Teil der deutschen Identität, eine ihrer tristen Seiten.

---

522 Walter Schmitt Glaeser („Private Gewalt im politischen Meinungskampf" Berlin 1992 S. 112): „Im politischen Bereich, zumal wenn es sich um eine Wahlkampfsituation handelt, findet Ehrenschutz nicht mehr statt." Ausführlich Erich Schwinge „Ehrenschutz heute – die Schutzlosigkeit der Führungskräfte" Tübingen 1988.
523 Bundesverfassungsgerichtsentscheidungen Bd. 88, S. 203.
524 Georg Paul Hefty „Die Subventionierung der Abtreibungen" *FAZ* 5.1.2004.

## Der Holocaust als Teil der historischen Identität

Die Biographie eines Menschen prägt weitgehend seine Identität. Ähnlich verhält es sich mit menschlichen Gemeinschaften. Deutsche Identität und deutsche Geschichte sind aufs engste miteinander verwoben. Die deutsche Geschichte reicht, wie erwähnt, tief zurück ins Mittelalter. Allein mit der Aufzählung der einschneidenden Ereignisse könnte ein langer Vortrag gefüllt werden. Daher ist auch insofern eine radikale Beschränkung angezeigt, die uns die Texte der Nachkriegsverfassungen nahelegen.

Vom prägenden Einfluss der Verfassung des Landes Württemberg Baden auf die ersten Artikel des Grundgesetzes war schon die Rede. In der Präambel dieser Länderverfassung wird mit größtmöglicher Deutlichkeit jene Kraft erwähnt, die den geradezu einmaligen geistigen Umschwung im Verfassungsdenken ausgelöst hat: „In einer Zeit großer äußerer und innerer Not…" Insofern noch anschaulicher das Vorwort der gleichaltrigen Bayerischen Verfassung: „Angesichts des Trümmerfeldes, zu dem eine Staats- und Gesellschaftsordnung ohne Gott, ohne Gewissen und ohne Achtung vor der Würde des Menschen die Überlebenden des zweiten Weltkrieges geführt hat…" Die zwölf Jahre Nationalsozialismus bilden also ein wesentliches Element deutscher Identität, und es gibt, wenn ich recht sehe, niemanden, der dies bestreitet, der diese zwölf Jahre verschweigt, auch wenn wir sie noch so gerne ungeschehen machen möchten. Mehr noch: Schon der erste Kanzler der Bundesrepublik Deutschland, Konrad Adenauer, hat auf historisch einmalige Weise begonnen, Wiedergutmachung zu vereinbaren, die nun schon über 50 Jahre geleistet wird.

Das offene, nachdrückliche Bekenntnis zu den dunkelsten Seiten der deutschen Geschichte und die Wiedergutmachung im Rahmen des Möglichen sind keine Selbstverständlichkeiten. Frankreich, La Grande Nation, rühmt sich der Revolution von 1789. Als erste Nation auf dem Kontinent habe sie den Ideen der Aufklärung zum Durchbruch verholfen.[525] Sie verschwieg lange die Hunderttausende, die im Verlauf der Revolution ermordet wurden. Noch vor zehn Jahren war es für französische Staatsmänner selbstverständlich: Vichy ist nicht Frankreich. Mit anderen Worten: Die Verbrechen

---

525 Ausführlich dazu: Manfred Kittel „Der Mythos von 1789 in Frankreich – Entstehung und Wirkungen von der Ersten bis zur Fünften Republik" in: Bayerische Landeszentrale für politische Bildungsarbeit, München 2003, S. 75 ff.

der Regierung der Jahre 1940–1944 wurden nicht als genuiner Bestandteil der französischen Geschichte wahrgenommen.

Detlef Junker, von 1994 bis 1999 Direktor des Deutschen Historischen Instituts in Washington D.C., schildert, was er auf den Stufen des Kapitols erlebte: „wie diese Hunderttausende, umgeben von patriotischen Denkmälern wie dem Washington Monument, dem Jefferson- und Lincoln-Memorial, in Liedern und Hymnen die amerikanische Dreieinigkeit von Gott, Vaterland und Freiheit besingen; wie diese Nation von Einwanderern... sich an solchen Festtagen immer aufs neue konstituiert, indem sie ihrem Gründungsmythos vom ‚süßen Land der Freiheit‘ (‚sweet land of liberty‘) Dauer und Zukunft verleiht."[526]

Junker beschreibt den „ironischen" Verlauf des Streits um neue Richtlinien für die Vermittlung von Geschichte. Eine von Präsident Bush sen. unter patriotischen Vorzeichen eingesetzte Kommission kam zu dem Schluss, dass die mangelnden Geschichtskenntnisse durch neue, nationale Standards verbessert werden müssten. Doch die von Historikern erarbeiteten Richtlinien erregten einen Teil der Öffentlichkeit und den Senat so sehr, dass der Senat die Richtlinien mit 99 zu 1 Stimmen als unverantwortlich verdammte. Die Vertreibung und Vernichtung großer Teile der Indianer, die Ausbeutung und Misshandlung der schwarzen Sklaven sollen tunlichst nicht thematisiert werden.

Der Holocaust spielte, als er sich ereignete, in der amerikanischen Publizistik nur eine geringe Rolle. Daran änderte der Sieg der Alliierten über die Achsenmächte nicht viel.[527] Der Schock, den die Bilder aus befreiten Vernichtungslagern und von Leichenbergen auslösten, hielt nicht lange vor. Erst Jahrzehnte später kam es zu einer Rückbesinnung auf das Schreckliche, das fast vergessen schien. „Amerikanisierung des Holocausts" ist zum Schlagwort geworden.[528] Henryk Broder zählt auf, was in den nächsten zehn Jahren auf diesem Gebiet alles geschah und resümiert: „Amerika erlebt einen Holocaust-Rausch". Ein brennendes Verlangen sei ausgelöst worden, „sich nachträglich ein Stück Geschichte anzueignen, bei dessen Erstaufführung

---

526 Detlef Junker „‚History Wars‘ – Geschichte und nationale Identität der USA" in: Bayerische Landeszentrale für politische Bildungsarbeit „Geschichtsdeutungen im internationalen Vergleich", München 2003, S. 49 ff.

527 Den Alliierten wird sogar vorgeworfen, sie hätten die Verbrechen der Nazis toleriert; siehe Richard Breitman „Staatsgeheimnisse. Die Verbrechen der Nazis – von den Alliierten toleriert" München 1999.

528 Henryk Broder „Das Shoah-Business. Über die Amerikanisierung des Holocaust" *Der Spiegel* 16/93 S. 248 ff.; Detlef Junker „Die Amerikanisierung des Holocaust..." in: Petra Steinberger (Hg.) „Die Finkelstein-Debatte" München 2001, S. 122.

man lange Zeit uninteressiert abseits gestanden hatte."[529] „Der wichtigste
Grund der Popularität des Holocaust bei den 98 Prozent der nichtjüdischen
Bevölkerung der Vereinigten Staaten [scheint] allerdings gerade der zu sein,
dass die Amerikaner sich selbst in ihrer Rolle als Erlöser der Welt bestätigen
können. Die Erinnerung an das Verbrechen eines fremden Volkes, der Deutschen, führt zugleich zu einer Externalisierung des Bösen und einer Bestätigung der eigenen, heroisch-patriotischen Geschichtsbetrachtung."[530]

Dass sich Deutschland insofern ganz anders verhält, könnte von uns
Deutschen als Teil der positiven deutschen Identität empfunden und ausge-
spielt werden, könnte uns mit etwas Nationalstolz erfüllen. Aber bekanntlich ist das Gegenteil der Fall, war unsere Verteidigungsbereitschaft in der
Zeit des Kalten Krieges die geringste und ebenso verhält es sich mit dem
nationalen Selbstbewusstsein, dem Nationalstolz. Danach gefragt, lag
Österreich auf Platz eins gefolgt von den USA, Deutschland aber auf dem
vorletzten Platz, vor der Slowakei.[531]

Welches sind die Gründe für diese miese deutsche Stimmung? In einer
Untersuchung, die den Titel trägt: „Der deutsche Umgang mit dem Nationalsozialismus in der Nachkriegszeit" stellt Hans-Ulrich Thamer zutreffend fest:
„Die deutsche Zusammenbruchsgesellschaft, die von Millionen Flüchtlin-
gen, Vertriebenen, Ausgebombten und Kriegsinvaliden geprägt war und eine
Gesellschaft in Bewegung darstellte, haderte vor allem mit dem eigenen
Schicksal und war auf dessen Bewältigung bedacht; sie war weniger dazu
bereit, über die persönliche oder kollektive Mitverantwortung an dieser Situation nachzudenken: Man verstand sich als Opfer, nicht als Täter."[532] Dann
kam Ende der 60er Jahre die rebellische Generation der Söhne, die, so Thamer, „ihre Väter pauschal als Täter oder Helfershelfer anklagten, die Bundesrepublik als neofaschistischen Nachfolgestaat des Dritten Reiches denun-
zierten, sich selber allzu rasch auf das hohe Ross des Anklägers setzten…"[533]

---

529 Henryk Broder „Das Shoah-Business. Über die Amerikanisierung des Holocaust" *Der Spiegel* 16/93,
S. 248.
530 Detlef Junker „Die Amerikanisierung des Holocaust…" in: Petra Steinberger(Hg.) „Die Finkelstein-Debatte" München 2001, aaO S. 137.
531 Detlef Junker „,History Wars' – Geschichte und nationale Identität der USA" in: Bayerische Landeszentrale für politische Bildungsarbeit „Geschichtsdeutungen im internationalen Vergleich", München
2003, S. 51.
532 Hans-Ulrich Thamer „Der deutsche Umgang mit dem Nationalsozialismus in der Nachkriegszeit"
in: Bayerische Landeszentrale für politische Bildungsarbeit „Geschichtsdeutungen im internationalen
Vergleich", München 2003, S. 15.
533 Ebenda S. 19.

Einer dieser Ankläger von damals ist Außenminister Joseph Fischer.
Auch heute klagt er, so am 11. Mai 2002 in der *Frankfurter Allgemeine
Zeitung*[534]: „Salomon Korn stellt fest, daß viele der deutschen Juden sich in
diesen Monaten allein gelassen fühlen. Er beschreibt das Gefühl, als Jude in
Deutschland in ‚Kollektivhaftung' genommen zu werden für jegliches Vor-
gehen Israels gegen die Palästinenser."

Diese Klage des Vizepräsidenten des Zentralrates der Juden in Deutschland ist gerechtfertigt, zumal kein deutscher Jude die israelische Regierung
gewählt haben dürfte. Aber ist dieser Vorwurf nicht verständlich angesichts
der Tatsache, dass bis heute den Deutschen, die unter Hitler lebten, Kollektivhaftung, ja Kollektivschuld angelastet wird, auch von Samuel Korn? In
der *Frankfurter Rundschau* vertritt er die Auffassung, dass in Deutschland
kaum „das Bewusstsein einer zwischen 1933 und 1945 verursachten tief-
greifenden kulturellen und zivilisatorischen Selbstamputation [zu spüren
sei]. Dazu hätte es eines Unrechtsbewusstseins der Deutschen nach Kriegsende bedurft."[535]

„… der Deutschen", das heißt doch aller oder fast aller Deutschen. Doch
wer hat bis heute den Nachweis für die Richtigkeit dieses Vorwurfs angetreten? Als Sohn eines behördlich anerkannten NS-Opfers spreche ich nicht
*pro domo.* Es geht mir nicht um die Rettung der deutschen Ehre um jeden
Preis, nicht: *right or wrong my country,* sondern um die historische Wahrheit. Je intensiver man die zeitgeschichtlichen Aufzeichnungen heranzieht,
umso deutlicher zeigt sich, warum Hitler die Vernichtung der Juden mit
allen Mitteln geheimhalten wollte. Das Volk, das ihn mehrheitlich über
Jahre hinweg fast abgöttisch verehrte, hatte kein Verständnis für seine brutale Judenpolitik.[536]

Der Antisemitismus war um die Jahrhundertwende in Europa weit verbreitet, manifest vor allem in Russland mit den zahlreichen Pogromen (dieses russische Wort steht für Terror, Verwüstung) und Frankreich, Stichwort:
Dreyfus-Affäre (1894 ff.). Deutschland blieb von diesen Strömungen nicht
gänzlich verschont. Aber sie gewannen im politischen Raum keine Oberhand, so dass die rechtliche Emanzipation der Juden unangetastet blieb und

---

534 Joseph Fischer „Deutschland, deine Juden" *Frankfurter Allgemeine Zeitung* 11.5.2002.
535 Samuel Korn „Die viel beschworene deutsch-jüdische Symbiose ist bloß ein Mythos" *Frankfurter
Rundschau* 15.6.2002.
536 Vgl. zum Folgenden: Konrad Löw „Die Schuld. Christen und Juden im Urteil der Nationalsozialisten und der Gegenwart", Gräfelfing 2003, S. 21 ff.

sogar noch weiter ausgebaut werden konnte.[537] Daher fühlten sich die Juden mehrheitlich in Deutschland recht wohl. „Im europäischen Kontext galt bis zum Aufkommen des Nationalsozialismus die deutsch-jüdische Geschichte durchaus als eine Erfolgsgeschichte. In kaum einem anderen Land war die Integration, aber auch die Assimilation der Juden so weit fortgeschritten wie in Deutschland."[538]

Ein Jude erinnert sich: „Was Amram die ersten Schritte im Leben erleichterte, waren gute Freunde. F., aus dem selben Milieu wie er und aus derselben Schule... und S. aus einer ostjüdischen Familie, die wie viele andere Juden mit dem Beginn antisemitischer Ausschreitungen aus Osteuropa nach Deutschland geflüchtet waren, das nach Ende des Ersten Weltkrieges als eines der freundlichen Zufluchtsländer galt."[539]

Die meisten Juden empfanden gesellschaftliche Brüskierungen als geradezu notwendige Begleiterscheinungen einer heterogenen Gesellschaft, in der die Bayern und Sachsen ihre antipreußischen Ressentiments kultivierten und umgekehrt, in der die Diskriminierung der Katholiken als rückständige, unzuverlässige Ultramontanisten an der Tagesordnung war, die ihrerseits das Laisser-faire der Liberalen tadelten. Die Juden wußten, daß sie selbst nicht verlegen waren, wenn es galt, eigene Interessen zu vertreten oder andere auf die Schippe zu nehmen. Martin Buber pries die „Symbiose von deutschem und jüdischem Wesen" und ihre große „Fruchtbarkeit".[540]

Die turbulenten Jahre nach dem Ersten Weltkrieg, die Vorgänge in Rußland, die Massenimmigration von Juden aus dem Osten, die von Juden angeführte Räterepublik in Bayern gaben dem Antisemitismus Auftrieb, obwohl, bildlich gesprochen, in München Juden auf beiden Seiten der Barrikaden standen. Es waren turbulente, ja chaotische Tage. Der Jude Kurt Eisner wurde in München ermordet. Doch auch der Mörder war ein Jude.

---

537 Stefan Scheil „Die Entwicklung des politischen Antisemitismus in Deutschland…" Berlin 1999, S. 271 in seiner Zusammenfassung einer gründlichen wissenschaftlichen Untersuchung, aaO, S. 271: „Insgesamt ergibt sich für die antisemitische Parteipolitik der wilhelminischen Ära ein diffuses Bild: Diese Politik scheiterte, soweit sie sich als grundsätzliche Alternative zum bestehenden Partei-, Regierungs- und Wirtschaftssystem verstand und das deutsche Judentum als Repräsentanten dieses Systems angriff."
538 Dirk Blasius u. a. (Hg.) „Zerbrochene Geschichte. Leben und Selbstverständnis der Juden in Deutschland" Frankfurt a. M. 1991, S. 7.
539 Martin Hauser „Auf dem Heimweg. Aus dem Tagebuch eines deutschen Juden 1929–1945" Bonn 1975, S. 10.
540 Olaf Blaschke „Katholizismus und Antisemitismus im Deutschen Kaiserreich" Göttingen 1997, S. 228.

Der oben zitierte Walther Rathenau fand als „Erfüllungspolitiker", wie das
Schimpfwort lautete, einen gewaltsamen Tod ebenso wie auch der nichtjüdische Zentrumsabgeordnete Matthias Erzberger und andere. Der Mün-
chener Kardinal Faulhaber wurde bestürmt, dem Anschwellen judenfeind-
licher Hassgesänge entgegenzutreten. Nur wenige Tage vor Hitlers Marsch
zur Feldherrnhalle am 9. November 1923 sprach er in seiner Allerseelenpre-
digt „von der gegenseitigen Liebe im gemeinsamen Leid." Mit blindem Hass
gegen Bauern und Bayern, gegen Juden und Katholiken würden keine Wun-
den geheilt.[541] Der Text verdeutlicht, wie weite Teile der Bevölkerung gegenseitig Animositäten schürten und keineswegs nur die Juden zur Zielscheibe
solcher Angriffe wurden. Das Ende der Inflation 1923 verbesserte die wirtschaftliche Lage und hob so die allgemeine Stimmung.

Viele deutsche Juden als Teil der deutschen Gesellschaft sonnten sich
nun im Licht der „Golden Twenties", wie wir den Erinnerungen Nahum
Goldmanns, 1949 zum Präsidenten des Jüdischen Weltkongresses gewählt,
entnehmen: „Der Höhepunkt jüdischen Einflusses wurde in der Weimarer
Republik erreicht – wohl eine der größten Kulturepochen deutscher Geschichte. Die drei bedeutendsten deutschen Banken – Deutsche Bank, Dis-
conto-Gesellschaft und Dresdner Bank – hatten jüdische Direktoren; die
drei größten Tageszeitungen – Berliner Tageblatt, Vossische Zeitung und
Frankfurter Zeitung – gehörten Juden und wurden meist von Juden re-
digiert; die zwei einflussreichsten deutschsprachigen Zeitschriften – Die
Fackel und Die Weltbühne – wurden von Juden geleitet; der wichtigste The-
aterdirektor dieser Epoche – Max Reinhardt – war Jude…"[542] Also kann
man mit Fug und Recht behaupten, dass gerade Juden den Geist dieser Jahre
nachhaltig beeinflusst haben.

Der schöne Schein der zwanziger Jahre wurde etwas getrübt durch anti-
semitische Kriminalität, schwankend entsprechend der Stärke der NSDAP.[543]
Die Ideologie, die sie propagierte, war nicht tonangebend, wenngleich sie
gerade in akademischen Kreisen ein positives Echo auslöste. Ein schöner
Beleg für jüdische Integration ist die Tatsache, daß noch 1932, als der FC
Bayern zum ersten Male deutscher Meister wurde, sowohl der Präsident,
Kurt Landauer, als auch der Trainer Juden waren.[544]

---

541 Ludwig Volk (Bearb.) „Akten Kardinal Michael von Faulhaber 1917–1945" Bd. 1, Mainz 1975, S. 18.
542 Nahum Goldmann „Juden und andere Deutsche" *Das Beste aus Readers Digest* 4/79, S. 78.
543 Siehe Dirk Walter „Antisemitische Kriminalität und Gewalt. Judenfeindschaft in der Weimarer
Republik" Bonn 1999.
544 Michael Brenner „Die Steine mit Leben füllen" *Süddeutsche Zeitung* 8./9.11.2003

Hitlers NSDAP, die Antisemitenpartei, nahm erstmals an den Reichstagswahlen des Jahres 1924 teil und erhielt die Stimmen von 6,5 Prozent der
Wähler im Mai und 3,0 Prozent im Dezember; am 20. Mai 1928 waren es
noch 2,6 Prozent, die NSDAP also eine Splitterpartei. Innerhalb von nur 28
Monaten schnellte der Anteil auf 18,3 Prozent empor. Die Zahl der Abgeordneten stieg von 12 auf 107. Für Hitlers rasanten Aufstieg gibt es nur eine
Erklärung, nämlich die sprunghaft steigende Arbeitslosigkeit, die schier unvorstellbare Not, gegen die die etablierten Parteien offenbar kein Rezept
hatten; Hitlers Antisemitismus spielte eine untergeordnete Rolle. In ihrer
Verzweiflung versuchten es die Massen mit Hitler, der eine rasche Besserung versprach und der nur darum bat: „Gebt mir vier Jahre Zeit!"

Die raschen innen- und außenpolitischen Erfolge Hitlers als Kanzler
dürften, so wird allgemein angenommen, ursächlich dafür gewesen sein,
dass eine große Mehrheit der Deutschen von der neuen Regierung sehr angetan gewesen ist. Gilt dies auch für die Judenverfolgung, die Reichspogromnacht und die Tage danach, die Stigmatisierung durch den Judenstern, die Judenvernichtung?

Die Übergriffe der ersten Jahre wurden offenbar nicht von oben angeordnet, wenngleich auch nicht energisch unterbunden. Eingang in die
Medien fanden sie nicht. Der Boykott jüdischer Einrichtungen am 1. April
1933 war ein Gegenboykott[545] und wurde als solcher gerechtfertigt. Was die
Reaktion der Bevölkerung auf die Ausschreitungen insbesondere der SA in
und nach der Reichspogromnacht anlangt, so heißt es in einer eingehenden
Untersuchung zusammenfassend: „Fast alle diplomatischen Berichte stellten die Passivität der Bevölkerung heraus, das stumme Entsetzen, Zornesausbrüche einiger weniger, die Scham der meisten. Die Diplomaten beobachteten Leute, die die Entehrung der Juden unmittelbar als Verletzung der
eigenen Ehre, als Entehrung des deutschen Namens empfanden. Die auswärtigen Beobachter nahmen vor allem ein Volk in tiefer Depression wahr.
Jeder, der widersprechen wollte, hatte längst begriffen, daß er auf keinerlei
Schutz durch Behörden, Gerichte oder Nachbarn hoffen durfte."[546]

Dompropst Bernhard Lichtenberg betete am 10. November 1938 in der
katholischen Hauptkirche Berlins, in der St. Hedwigskathedrale: „für die
Priester in den Konzentrationslagern, für die Juden, für die Nichtarier" und

---

545 So lautete die Schlagzeile des *Daily Express* vom 24.3.1933: „Judea declares War on Germany" und
eine andere Überschrift: "Boycott on German goods".
546 Günther Gillessen „Die Benennung des Fürchterlichen", in: *FAZ* 6.11.1999; vgl. Dieter Obst „Reichskristallnacht" Frankfurt a. M. 1991, S. 319 ff. wo er Hunderte von Handlungen zugunsten von Juden belegt.

fügte hinzu: „Was gestern war, wissen wir. Was morgen ist, wissen wir nicht. Aber was heute geschehen ist, haben wir erlebt. Draußen brennt der Tempel. Das ist auch ein Gotteshaus."[547] Lichtenberg betete weiter für alle Verfolgten, auch für die Juden, und zwar fast drei Jahre lang, bis sich am 29. August 1941 zwei nichtkatholische Mädchen in die Hauptkirche Berlins verirrten und Anzeige erstatteten, was zu seiner Verhaftung führte. Vor diesen Mädchen haben im Verlaufe der Jahre Tausende die Fürbitten gehört, jedoch gegenüber der Geheimen Staatspolizei geschwiegen, ja die meisten wohl für die Juden mitgebetet.

Die Tochter eines Berliner Juden erinnert sich: „Mein Vater trug am Mantel den gelben Stern, so dass alle verstanden, wer er war. Die Menschen machten alle sehr betretene und beschämte Gesichter, es herrschte tiefes Schweigen. Rechts und links wurde mein Vater von seiner Frau und mir gestützt, um die Stufen [beim Einsteigen in die Straßenbahn] nehmen zu können. Was ich damit sagen will: Die von Herrn Bubis und anderen so häufig zitierte Judenhetze von damals hat doch ein sehr viel differenzierteres Gesicht. Kein Einziger hat ein verunglimpfendes Wort gesagt, die wartenden Menschen bildeten ganz betreten schweigend ein Spalier."[548]

Noch weit aussagekräftiger ist der Abschnitt seines Buches, in dem er schildert, dass der ganze Ort, nämlich Blankenburg, über sein Versteck Bescheid wusste. Doch niemand verriet ihn an Hitlers Geheime Staatspolizei.[549] Blankenburg war nicht der einzige Ort, wo alle Bewohner den Häschern ihre Mitarbeit versagten.

In einer einschlägigen Untersuchung, herausgegeben im Auftrag des Zentrums für Antisemitismusforschung, Berlin, heißt es: „Es zeichnet sich auch ab, dass für jede untergetauchte Person bis zu zehn, bisweilen auch erheblich mehr, nichtjüdische Helfer aktiv wurden, um das Überleben im Untergrund zu ermöglichen. Hinzu kamen oft zahlreiche Mitwisser, die zwar nicht selbst den Mut oder die Gelegenheit zur Hilfe hatten, die aber die Rettungsaktion deckten, indem sie schwiegen."[550] So gelang es in Berlin rund 1500 Juden, den Häschern, darunter auch Juden, zu entkommen.[551]

---

547 Nach Erich Kock „Er widerstand. Bernhard Lichtenberg" Berlin 1996, S. 137.
548 Margot Schmidt „Durchgestanden" Gräfelfing 2003, S. 102.
549 Eugen Herman-Friede „Für Freudensprünge keine Zeit", Berlin 2002, S. 38 ff. Vgl. Rosemarie Kilius „Sei still Kind! Adolf spricht". Gespräche mit Zeitzeugen, Leipzig 2000, S. 205.
550 Beate Kosmala u. a. (Hg.) „Überleben im Untergrund" Berlin 2002, S. 22.
551 Claudia Schoppmann „Rettung von Juden" in: Beate Kosmala u. a. (Hg.) „Überleben im Untergrund" Berlin 2002, S. 114.

Gibt es einen zuverlässigeren Chronisten der deutsch-jüdischen Symbiose unter dem Hakenkreuz als den Juden und Literaten Victor Klemperer, dessen Tagebuchaufzeichnungen der Jahre 1933–1945 sieben Bände füllen? Im Februar und März 1942, als Hitler noch im Zenit seiner Macht stand, musste der mit dem Gelben Stern stigmatisierte Professor in Dresden Schnee schaufeln. In dieser Zeit erlebte er Mitgefühl („Das ist doch zu schwer für Sie"), Anstand („Der Pg., vor dem wir gewarnt waren: Fünfzig Jahre, das Gesicht scharf geschnitten, ein bißchen an die Lieblingstypen der NSDAP erinnernd, leidenschaftlicher Arbeiter… wurde bald gegen uns alle freundlich zutunlich, plauderte, half, trieb niemanden…") ebenso wie antisemitische Ausfälle von Passanten („Laßt die nur arbeiten! Gut, daß sie auch mal arbeiten.") und von Pimpfen („… verfolgten uns mit Hohngeschrei"), aber auch politische Resignation („So weit ist es in Deutschland gekommen.") und stillen Widerstand („Verteilung der Lohnbeutel. Name ohne ‚Israel' (Straßenmeister: ‚Dazu bin ich zu taktvoll.')[552] Klemperer fasst seine Eindrücke zusammen: „…ich glaube, auf *einen* solchen (Hitler-)Gläubigen kommen doch wohl schon fünfzig Ungläubige. Genauso ist wohl das Verhältnis derer, die uns mit Vergnügen arbeiten sehen oder beschimpfen, zu den Sympathiekundgebern…"

Nach den Erfahrungen Klemperers kamen also auf einen deutschen Judenhasser fünfzig Deutsche, die Mitleid mit den verfolgten Juden empfanden. In die gleiche Richtung weisen die anderen zitierten Dokumente. Nimmt es wunder, dass sich die Sympathisanten der Juden und jene, die aus Anstand ihr Wissen nicht der Gestapo preisgaben, nach Kriegsende nicht schuldig fühlten? Auch sie lebten häufig in Angst, litten Not, waren auf vielfältige Weise Opfer des Krieges. Alles das ist bei Klemperer und in den anderen einschlägigen Werken nachzulesen. Würde man ganz konkret auf die Schicksale der Einzelnen eingehen, würde man wohl zu der Einsicht gelangen, dass sie weit mehr Opfer als Täter waren, Opfer freilich in nicht so schrecklichem Ausmaße wie das Gros der Juden. Sicherlich haben viele dieser Deutschen in den dreißiger Jahren Hitler zugejubelt. Aber dieser Jubel galt dem Manne, der die Schmach des „Versailler Diktatfriedens" – so das Urteil aller deutschen Parteien, die KPD nicht ausgenommen – getilgt hatte. Dieser Jubel begründet doch keinen Vorwurf mit Blick auf den Holocaust, der damals noch nicht einmal geplant war.[553]

---

552 Alle Juden mussten den Vornamen mit „Israel" ergänzen, die Frauen mit „Sarah".
553 Vgl. Christian Hartmann „Verbrecherischer Krieg – verbrecherische Wehrmacht? in: *VfZ* 1/04 S. 1, hier S. 35 f.: „Viele Soldaten haben diese Entwicklung [Völkermord] hingenommen, manche haben sie auch dezidiert gebilligt. Doch waren die meisten dieser Soldaten – wenn überhaupt – nicht mehr als

Es darf nicht übersehen werden, dass das „Dritte Reich" vom ersten Tag seines Bestehens an schwere Menschenrechtsverletzungen begangen hat. Aber, verglichen mit später, d.h. ab Kriegsbeginn, waren die Zahlen gering; die Medien durften nicht darüber berichten. Viele entschuldigten Hitler mit der Annahme, dass er davon nichts wisse, es sich um Exzesse im Siegesrausch handle, anderswo, so in der Sowjetunion und später in Spanien, der Terror noch weit schlimmere Ausmaße angenommen habe.

Daher die Schlussfolgerung: Wir dürfen nicht zögern, die Verbrechen des NS-Regimes als wichtigen Teil der deutschen Geschichte, der deutschen Identität zu bekennen. Aber wir sollten jenen entgegentreten, die allgemein von deutscher Schuld sprechen, wenn damit gemeint ist, daß die große Mehrheit der damals lebenden Deutschen mitschuldig gewesen sei an einem der größten Verbrechen in der Menschheitsgeschichte. Ein solcher Vorwurf ist ungeheuerlich, wenn er nicht bewiesen wird. Dieser Nachweis wurde bis heute nicht erbracht. Das Grundgesetz deklariert in Art. 20. Abs. 4 ein Recht zum Widerstand. Von Pflicht ist nicht die Rede. Wo ist die Ethik, die ohne Rücksicht auf eigene Gefährdung den Widerstand gegen eine mörderische Gewalt zur Norm erhebt?

## Deutsch-jüdische Symbiose als künftiges Element deutscher Identität

Wie kann es zu einer fruchtbaren deutsch-jüdischen Symbiose als neuem Element der deutschen Identität kommen? In dem Essay des deutschen Außenministers, aus dem bereits zitiert wurde, heißt es ferner: „…recht uneigentlich lauert, wie immer, wenn es in Deutschland um Israel geht, eine urdeutsche Identitätsdebatte gleich hinter der nächsten Ecke. Darf man Israel kritisieren? … Die deutsche Demokratie hat seit damals … die fortgeltende historische Verantwortung Deutschlands für den Völkermord am deutschen und europäischen Judentum angenommen, und diese Verantwortung ist der feste und zentrale Grundstein der Selbstbegründung der deutschen Demokratie nach 1945. Nur so konnte über den tiefen Graben zwischen den Tätern und Opfern von einst neues Vertrauen wachsen."

Nun, zwischen den „Tätern und Opfern von einst" ist kein Vertrauen gewachsen. Mit den Tätern würden die allermeisten Opfer gar kein Gespräch führen. Vermutlich meint er mit „Täter" die Deutschen. Wer leicht-

---

Zeugen des Holocaust. Die Zahl der Komplizen scheint dagegen sehr klein geblieben zu sein, noch kleiner die der Täter selbst."

fertig mit Blick auf ein furchtbares Verbrechen den Tätervorwurf erhebt, begründet neue schwere Schuld. Wenn jemand so ungehemmt den Schuldvorwurf ausstreut, möge er konkret werden und mitteilen, ob er auch seine Eltern und Großeltern anspricht. Falls ja, warum, falls nein, warum nicht. Andernfalls setzt er sich dem Vorwurf aus, dass er einem substanzlosen Kult mit der Schuld huldigt, der die Vortragsreise eines Daniel Goldhagen im Oktober 2002 zu einem Triumphzug gemacht hat, wie ihn noch kein seriöser Wissenschaftler erleben durfte.

Aber Goldhagen hat doch bewiesen, dass Hitler schier zahllose Helfer bei der Umsetzung seiner Endlösungspläne fand: Deutsche, Ukrainer, Letten usw. Was nicht in sein Bild passt, sind Juden. Doch auch von ihnen leisteten einige einen beachtlichen Beitrag als Judenräte, als Häscher, als Polizisten, in den Gaskammern. Bei den Juden war es sicherlich ausnahmslos Angst um das eigene nackte Leben, bei den anderen überwiegend Mordlust oder Sadismus, Kollektivgeist, soweit die Täter nicht von der absoluten Verbindlichkeit eines Befehls ausgingen (Befehlsnotstand?), oder die Sorge, andernfalls der Ächtung durch Vorgesetzte und Kameraden zu verfallen, eine Schwäche, die selbst in einem freiheitlichen Gemeinwesen auf Schritt und Tritt anzutreffen ist. Lieber beim Unrechttun nicht abseits stehen, als gegen den Teamgeist verstoßen, die „Solidarität" aufkündigen! Wäre Antisemitismus das Hauptmotiv gewesen, hätten die Vollstrecker nicht den anderen „Minderwertigen" gegenüber, den geistig Behinderten, den Polen, den Russen, den Sinti und Roma, die gleiche Brutalität gezeigt wie gegenüber den Juden.

Michael Wildt ist in seiner Habilschrift des Jahres 2002 den Lebensläufen von 221 leitenden Mitarbeitern des aus Gestapo, Kriminalpolizei und Sicherheitsdienst zusammengefügten Reichssicherheitshauptamtes (RSAH) nachgegangen und fand bei keinem „zu Beginn des ,Dritten Reiches' irgendwelche Anzeichen für einen ,eliminatorischen' Antisemitismus, obgleich etliche von ihnen ein paar Jahre später die Mordaktionen der SS-Einsatzgruppen befehligten"[554]. Die Mordbereitschaft entstand und wuchs in und mit dem NS-System.

Das alles sind für viele unbequeme Wahrheiten. Aber eine fruchtbare Symbiose auf wissenschaftlicher Ebene kann es nur geben, wenn alle Beteiligten auf der Suche nach der deutschen Identität folgende Grundsätze respektie-

---

[554] Norbert Frei „Volksgemeinschaft und ,kämpfende Verwaltung'" in: *FAZ*, 30.1.2004.

ren: Keine Tabus; keine Vergleichsverbote, auch wenn die Vergleiche anstößig sein sollten; gleiche Maßstäbe für alle Völker und Menschen; *in dubio
pro reo*; die Wirklichkeit ist zumutbar.

# Anhang II

Aus einem Brief des Autors an den Präsidenten des Deutschen Bundestages vom 13. März 2013[555]

Hochverehrter Herr Präsident!

Am 30. Januar 2013 äußerte Inge Deutschkron, eine Überlebende der NS-Judenverfolgung, in der Gedenkstunde für die Opfer des National-sozialismus vor dem Deutschen Bundestag: „Das deutsche Volk jener ersten Nachkriegsjahre wurde beschützt von seinem ersten Kanzler, der im Parlament in einer Regierungserklärung behauptet hatte, die Mehrheit der Deutschen wären Gegner der Verbrechen an den Juden gewesen. Viele von ihnen hätten sogar den Juden geholfen, ihren Mördern zu entkommen. Ach wäre das doch die Wahrheit gewesen!" Das Protokoll vermerkt am Ende ihrer Ansprache: „Anhaltender Beifall – Die Anwesenden erheben sich".

Laut Plenarprotokoll des Deutschen Bundestages (1/165, S. 6698) hat Konrad Adenauer am 27. September 1953[556] vor dem Bundestag ausgeführt: „Die Bundesregierung und mit ihr die große Mehrheit des deutschen Volkes sind sich des unermesslichen Leides bewusst, das in der Zeit des National-sozialismus über die Juden in Deutschland und in den besetzten Gebieten gebracht wurde. Das deutsche Volk hat in seiner überwiegenden Mehrheit die an den Juden begangenen Verbrechen verabscheut und hat sich an ihnen nicht beteiligt." Hat Adenauer gelogen oder nicht gewusst, was er sagt? Das Protokoll vermerkte damals: „Lebhafter Beifall im ganzen Haus außer bei der KPD und auf der äußersten Rechten."

Offenbar verwerfen heute die demokratischen Fraktionen des Deutschen Bundestages das, was sie vor 60 Jahren beklatscht haben. Zumindest stand nirgendwo zu lesen, dass die Kritik an Adenauer ungerechtfertigt gewesen sei. Nirgendwo wurde der Dissens zwischen den beiden Zeitzeugen auch nur zum Gegenstand einer Debatte gemacht, offenbar auch nicht seitens der

---

555 Auszüge aus der Antwort des Bundestagspräsidenten siehe S. 183, siehe auch S. 25.
556 Durch einen Übertragungsfehler hatte ich diesen Vorgang in meinem Schreiben an den Bundestagspräsidenten auf den 27.9.1953 statt korrekt auf den 27.9.1951 datiert.

Konrad-Adenauer-Stiftung oder der Hanns-Seidel-Stiftung. Wissen die Abgeordneten heute, ohne jede eigene Erfahrung, besser, was 1933–1945 geschehen ist, als die Abgeordneten des Jahres 1953, die alle Zeitzeugen gewesen sind? Ich sage auf Grund jahrelanger Forschung nein. Die Frage gewinnt noch an Brisanz, wenn wir berücksichtigen, dass Adenauers Text mit Repräsentanten des Judentums abgestimmt worden war!

Für mich ist diese sachlich durch nichts begründete, in hohem Maße ehrenrührige Revision ein Skandal, der nicht schweigend hingenommen werden darf. Seit ich die Tagebücher des Juden und NS-Verfolgten Victor Klemperers gelesen habe und dort auf Aussagen wie: „Fraglos empfindet das Volk die Judenverfolgung als Sünde" gestoßen bin („Tagebücher 1940–1941" S. 173 = 4.10.1941; damals befand sich Hitler im Zenit seiner Macht!), ist die Auswertung aller Zeitzeugnisse unter dem hier fraglichen Gesichtspunkt meine wissenschaftliche Hauptbeschäftigung …

Im Geiste des Grundgesetzes und der Bayerischen Verfassung erzogen (meine Dissertation trägt den Titel: „Der Grundrechtsbegriff der Bayerischen Verfassung und ihre Grundrechte" München 1957), halte ich mich für verpflichtet, im Rahmen meiner bescheidenen Möglichkeiten auf die Umsetzung dieser honorigen Urkunden hinzuwirken. Mich als Christen verpflichtet auch der Dekalog, insbesondere die Gebote: „Du sollst Vater und Mutter ehren …" und „Du sollst kein falsches Zeugnis geben wider Deinen Nächsten."

Mich verpflichten ferner:
– der Respekt vor den Zeugen, die nicht selten, so Klemperer, unter Lebensgefahr ihre Sicht der Ereignisse zu Papier gebracht haben,
– die Liebe zum Vaterland und seinen Bewohnern,
– die Liebe zur historischen Wahrheit, sei sie gelegen oder ungelegen.

Makulatur, Verleumdung und Boykott, wie mir widerfahren, sind keine Maßnahmen, die mich zum Schweigen bringen können.

Bitte wirken Sie darauf hin, dass sich der eingangs aufgezeigte Dissens nicht zu einem deutschen Schulddogma gegen Adenauer und den Deutschen Bundestag von damals verfestigt, das nicht mehr hinterfragt werden darf. Wenn wir uns schon zum Thema äußern, so dürfen wir fragwürdige Positionen nicht ungeprüft übernehmen. Es gibt keine Veröffentlichung, die Adenauer und den Deutschen Bundestag in diesem Punkt widerlegen würde. Sie selbst haben mitgewirkt, dass Robert Gellatelys Buch „Hitler und sein Volk" aus dem Verteiler der bpb genommen wurde, weil es nicht bietet, was es verspricht.

Mit freundlichen Grüßen[557]

---

557 In Kapitel II. 7. dieses Buches werden frühere Äußerungen von Deutschkron zitiert. Sie zeigen, dass diese die Darstellung Adenauers mittragen.

# Anhang III

*Als Kind wurde die spätere Präsidentin des Zentralrats der Juden in Deutschland, Charlotte Knobloch, fast drei Jahre lang in einem Dorf in Mittelfranken versteckt und so vor der drohenden Ermordung gerettet. Am 9. Mai 2015 hat Charlotte Knobloch sich in der Sendung „Denkzeit", Untertitel: „Die Quellen sprechen – Vom Antisemitismus zum Holocaust. Ein Gespräch über Erinnerung und neue Forschung." des Fernsehsenders BR alpha ausführlich darüber geäußert. Der Moderator Christoph Lindenmeyer eröffnete die Sendung mit folgender Frage an Frau Knobloch: „Ein Stichwort ist vielleicht nicht so bekannt, dass in Ihrer Biographie der Name Lotte Hummel ein Rolle spielt. Wollen Sie uns erklären, was es mit diesem Namen auf sich hat?" Wir dokumentieren ihre gut zehnminütige Antwort im Wortlaut. Kursiv gedruckte Worte wurden von ihr selbst deutlich betont:*

„Als die Deportationen in München begannen, wurden die ersten Deportationen durchgeführt im Auftrag der Gestapo. Und zwar hatte man da jüdische Menschen dazu verpflichtet, ihnen die Namen zu liefern. So erging es meinem Vater als er vom Chef dieses Amtes – ich seh' immer noch die Lindwurmstraße, wenn ich verbeifahr, das war die ausgebürgerte israelitische Kultusgemeinde, die dort noch ihre letzten Möglichkeiten hatte, vor allem auch – zu helfen, die Juden zu deportieren, das muss man mal ganz klar sagen, das waren jüdische Menschen, die die Namen liefern mussten

Mein Vater wurde angerufen, man hat den Auftrag, einen Transport für Kinder und einen Transport für alte Menschen zu liefern, an Menschenmaterial. Und, ich kann ihn ja nennen, das war der Herr Koronczyk[558], der Name bleibt mir ewig in Erinnerung – ich kannte ihn auch persönlich, als Kind natürlich. Und er hat meinem Vater gesagt, ein Mitglied seiner Familie muss er auf die Liste setzen. Und sie haben beschlossen, dass meine Großmutter auf die Liste gesetzt wird. Ich wusste davon natürlich nichts, über diesen Beschluss, ich wusste auch nichts von dem Telefongespräch, das hat man mir natürlich nicht erzählt.

---

558 Theodor Koronczyk, nach Kriegsende wegen Freiheitsberaubung angeklagt.

Und nach einer relativ kurzen Zeit hat mich meine Großmutter, und das
seh' ich noch wie heute, in unserer Wohnung in das *Bade*zimmer gerufen,
ich weiß bis heute nicht warum. Es war eine größere Wohnung, jedes Zimmer wär zur Verfügung gestanden, aber es war ein ziemlich dunkler Raum,
fensterlos. Und da sagte sie mir, sie geht jetzt einige Zeit auf die Kur, die man
ihr verschrieben hat. Und sie freut sich, wenn sie mich wieder sieht. Ich
wusste damals *sofort*, um was es sich handelt, weil ich war als einziges Kind
immer wieder dabei, als die Menschen mit ihren Deportationsaufforderun-
gen zu meinem Vater kamen, der damals noch von der Gestapo den Auftrag
hatte, die jüdischen Menschen juristisch zu betreuen. Das ist natürlich ein
Hohn und ein Spott gewesen, aber so haben sie's gehandhabt.

Und da kamen die Menschen zu meinem Vater mit ihren Deportationsbe-
fehlen, ich seh' die heute noch, die Namen sind auch bei uns im Gemeindezentrum verewigt, die Namen der gesamten ermordeten Münchner Juden.
Es sind einige dabei, wo ich mich an die Namen noch sehr gut erinnere.
Und da hab ich, wie meine Großmutter das gesagt hat, die Menschen in
Erinnerung gehabt, die weinenden Menschen, die gewusst haben, dass mein
Vater ihnen nicht helfen kann. Aber sie wollten halt in irgendeiner Form
eine Möglichkeit finden. Weil gerade die ersten Deportationen, die gingen
alle in die baltischen Länder, und die Menschen wurden von den Waggons
an die Gruben geführt, wo sie auch erschossen wurden[559]. Und genau diese
Vorgänge wussten die Personen, die im späteren Zeitraum dann die Depor-
tationsaufforderungen erhielten. Woher wussten sie das? Weil die Handlan-
ger dort in Litauen, haben das… die Vorgänge ihren Familien geschrieben
und genau diese Personen haben dann jüdische Bekannte gehabt, die das
dann mitgeteilt haben. Also mit der Deportationsaufforderung in der Hand
wussten die Leute, das ist gleichbedeutend mit dem Todesurteil. Und *das*
wusste ich auch als Kind als mich meine Großmutter verabschiedete. Sie
ging dann weg, das hab ich natürlich nicht mitbekommen[560], mein Vater hat

---

559 Die erste Deportation aus München ging ab am 20.11.1941 und erreichte am 24./25.11. das Ghetto
und KZ Kauen (Kaunas, Litauen). Der Transport umfasste 999 Personen, es gab offenbar keine Überlebenden.
560 Albertine Neuland wurde am 4. Juli 1942 nach Theresienstadt deportiert und ist dort 1944 umge-
kommen. Anfang Juli 1942 war Charlotte anscheinend nicht mehr zuhause, sondern entweder schon in
Arberg oder aber in einer kirchlichen Einrichtung in Petershausen bei München, in der sie zwischenzeitlich versteckt wurde (s.o., S. 75).

mir später erzählt, sehr früh. Meine Großmutter hatte zwei Söhne und genau mein Vater war ihr Lieblingssohn.

Was geschieht aber mit mir? Jetzt hat mein Vater sich Sorgen gemacht, ich nehme an, er hat sich noch mit einigen anderen Leuten besprochen. Vielleicht kriegt er mal die Aufforderung an sich, an mich – in irgendeiner Form wollte er mich, wie man heutzutage sagen würde, aus dem Verkehr ziehen. Und da ist er auf die Idee gekommen, mein Onkel war Kinderarzt in Nürnberg, ist 1936 in die Vereinigten Staaten emigriert, und der hatte eine Haushälterin [gehabt], und ich war da öfters zu Gast, sie kannte mich, ich kannte sie. Und da hat er die in ihrem – er hatte die Adresse[561] gehabt anscheinend – und da hat er die in ihrem Dorf in Mittelfranken durch Herbeirufung [kontaktiert], es hat ja kein Bauernhof oder sonst jemand ein privates Telefon gehabt, es war eine Herbeiholung durch die Post[562]. Sie hat nicht gewusst – das hat sie mir wieder erzählt – was mein Vater von ihr will, und da hat er sie nur gefragt, er möchte mich für einige Zeit vielleicht bei ihr unterbringen, ob sie das akzeptiert. Sie war natürlich begeistert, sie hat mich anscheinend sehr gern gehabt, jedenfalls hat sie das so gesagt, und – wir machten uns auf die Reise.

Wir waren damals alle schon Sternträger, also die durften wir natürlich nicht tragen, weil, es war ja den Juden schon verboten, öffentliche Verkehrsmittel zu benutzen (…), es war alles verboten, bis das Leben verboten wurde. Also wir sind dann in den Zug gestiegen, nicht zusammen in einen Waggon, mein Vater hat mir dann noch gesagt, ich soll immer an jeder Haltestelle rausschauen, wenn die betreffenden Personen den Zug besteigen, ich kannte die alle, es waren immer – jedenfalls ist das heute noch so in meiner Erinnerung, weil ich musste ja auch immer den Gehsteig verlassen, wenn die mir entgegenkamen in der Stadt – die haben immer Ledermäntel und diese großen Hüte getragen. Also, wenn ich die sehe, soll ich sofort aussteigen und in dem betreffenden Bahnhof auf ihn warten. Der Zug wurde nicht kontrolliert, wir sind ausgestiegen und zweieinhalb Stunden zu Fuß gegangen, und

---

561 Wörtlich „Nummer" – ein offensichtlicher Versprecher, wie der weitere Satz zeigt.
562 Offenbar wurde Kreszentia Hummel wie damals nicht ungewöhnlich per Brief oder Telegramm in ein nahegelegenes Postamt zum Telefonat gerufen. Ganz in diesem Sinne erklärte Charlotte Knobloch am 12.11.2014 in der *Bild*-Zeitung: „Er rief die ehemalige Hausangestellte meines Onkels an, die mich kannte und in einem mittelfränkischen Bauerndorf lebte. Mein Vater fragte sie, ob sie mich für eine kurze Zeit zu sich nehmen würde."

ich war in einer neuen Welt. Ich kam aus einem schönen Bürgerhaus in eine
Welt, die ich nicht kannte, mit all den Themen, die ich da vorgefunden hatte.

Mein Vater hat mir schon vorher gesagt, er will eben aufgrund der Um-
stände, und die kannte ich ja durch die ganzen Probleme, die wir vorher
schon hatten, will er mich momentan von München wegnehmen. Er hat
aber den Leuten noch nicht gesagt, um was es geht[563], und da hat er dann
kurz um ein Gespräch gebeten, es waren zwei Schwestern und ein alter
Vater, die Brüder waren bei der Wehrmacht – das war die Familie Hummel.
Und er hat ihnen also die volle Wahrheit gesagt, hat ihnen auch die Konsequenzen erklärt, wenn man über meine Herkunft Bescheid wissen würde,
dann hätten sie ein großes Problem. Sie sind dann in einen Familienrat zu-
sammengetreten, es hat lange gedauert, mein Vater ist immer hin- und hergegangen, immer hin und hergegangen, und ich wusste nicht, wie ich mich
zu entscheiden habe, soll ich mit ihm zurückgehen oder soll ich dableiben?
Hab ihn aber auch gefragt dann und er hat gesagt, kommt auf keinen Fall in
Frage, ich muss jetzt wenigstens auf eine gewisse Zeit hierbleiben. Es hat
mir ja überhaupt nicht gefallen. Und dann kamen sie zurück und haben
gesagt, ja sie werden mich auf alle Fälle für kurze Zeit behalten, sollten sie
eine Möglichkeit finden, mich zu legalisieren, also wer bin ich und woher
komm ich, dann könnte das auch länger sein, aber da könnten sie ihm noch
gar nichts sagen, sie haben ja auch nicht gewusst, um was es sich handelt.
Mein Vater ist dann wieder weggegangen und ich hab mir gedacht, so, jetzt
ist es der zweite Mensch in meiner Familie, den ich vielleicht nicht mehr
sehen werde.

---

563 Am Telefon hätte er das schon deswegen nicht tun können, weil er damit rechnen musste, dass das
Telefonat abgehört würde oder in der Vermittlung Gestapo-Spitzel beschäftigt sind.

# Personenregister

1   Der Vorname ist nicht 100 % gesichert